SV

DANIELLE ALLEN

Politische Gleichheit

Frankfurter Adorno-Vorlesungen 2017

Aus dem Amerikanischen von Christine Pries

Suhrkamp

Bibliografische Information der Deutschen Nationalbibliothek
Die Deutsche Nationalbibliothek verzeichnet diese Publikation
in der Deutschen Nationalbibliografie;
detaillierte bibliografische Daten sind im Internet
über http://dnb.d-nb.de abrufbar.

Erste Auflage 2020

Satz: Satz-Offizin-Hümmer GmbH, Waldbüttelbrunn
Druck: Pustet, Regensburg
Printed in Germany
ISBN 978-3-518-58751-5

Inhalt

Erstes Kapitel
Einleitung: Politische Gleichheit und ökonomische Ermächtigung 9
I. Ein blinder Fleck im 20. Jahrhundert 11
II. Eine Alternative für das 21. Jahrhundert . . . 19
III. Differenz ohne Herrschaft und ökonomische Ermächtigung 28
IV. Ökonomische Ermächtigung und Einwanderung 35

Zweites Kapitel
Eine neue Theorie der Gerechtigkeit: Differenz ohne Herrschaft 44
I. Einleitung 44
II. Politische Gleichheit als multivalentes menschliches Gut: Ein Neuanfang für die Theorie der Gerechtigkeit 47
III. Die Alten gegen die Modernen über politische Gleichheit als menschliches Gut . 51
IV. Rawls' Fehler 56
V. Neubeginn bei der Gleichheit 62
VI. Die Definition politischer Gleichheit 68
a. Herrschaftsfreiheit 69
b. Gleichberechtigter Zugang zum Regierungsapparat 71
c. Epistemischer Egalitarismus 73
d. Gegenseitigkeit 76

e. Miteigentümerschaft an politischen Institutionen 79
VII. Gleiche Grundfreiheiten und ihr paradoxes Potenzial, Ungleichheitsdynamiken zu erzeugen 81
VIII. Differenz ohne Herrschaft: Gleiche Grundfreiheiten und die soziale Frage 84
IX. Differenz ohne Herrschaft: Gleiche Grundfreiheiten und die ökonomische Frage 91
X. Schluss 97

Drittes Kapitel
Auf dem Weg zu einer vernetzten Gesellschaft 100
I. Differenz ohne Herrschaft und Sozialpolitik 100
II. Von Differenz ohne Herrschaft zu sozialer Verbundenheit 105
III. Jenseits von Assimilation und Multikulturalismus 113
IV. Soziale Verbundenheit: Ein neues Ideal . . . 123
V. Kulturelle Rahmenbedingungen für die Schaffung einer vernetzten Gesellschaft . . . 131
VI. Fähigkeiten, Qualifikationen und Kenntnisse, die für soziale Verbundenheit erforderlich sind 142
VII. Schluss 147

Viertes Kapitel
Polypolitanismus 150
I. Einleitung: Was ist mit der Zugehörigkeit? . 150
II. Wie die Rahmenbedingungen von Zugehörigkeit die Ökonomie strukturieren . 164

III. Ökonomischer Profit aus Migration und Zugehörigkeit 168
IV. Eine Alternative: Polypolitanismus 175
V. Schluss 189

Fünftes Kapitel
Ökonomische Ermächtigung 192
I. Einleitung: Ökonomische Ermächtigung 192
II. Einbeziehung ökonomischer Schlüsselideen in die Argumentation des Buches 195
III. Produktivkräfte – Freie Arbeit 202
IV. Demokratische Steuerung der Verteilung . . 212
V. Schluss 228

Epilog
Gerechtigkeit mit demokratischen Mitteln 231

Danksagung 238
Namenregister 239

Erstes Kapitel
Einleitung: Politische Gleichheit und ökonomische Ermächtigung

Die große Wirtschaftskrise des Jahres 2008, Thomas Pikettys *Kapital im 21. Jahrhundert* und welterschütternde Wahlausgänge während der letzten vier Jahre in den USA, in Großbritannien und ganz Europa haben nicht nur in den Augen von Ökonomen, sondern für jedermann Fragen der politischen Ökonomie, der Einwanderung und bezüglich deren Verflechtung auf die Tagesordnung gesetzt. Sind die politischen Überraschungen der letzten Jahre auf den dramatischen Anstieg der Einkommens- und Vermögensungleichheit in den entwickelten Ländern und auf die plötzlich auseinanderdriftenden Schicksale der Menschen mit und ohne Universitätsausbildung zurückzuführen? Es hat viele Rufe nach einem Überdenken unserer Herangehensweise an die politische Ökonomie gegeben. Doch im Grunde genommen geht eine Neuerfindung der politischen Ökonomie zwingend über den ökonomischen Rahmen hinaus. Meiner Ansicht nach haben die Ökonomen die Fragen beantwortet, die ihnen von politischen Philosophen und der allgemeinen Öffentlichkeit gestellt worden sind. Wenn wir andere Antworten möchten, müssen wir uns andere Fragen einfallen lassen. Ziel dieses Buches – ursprünglich einer Reihe von Adorno-Vorlesungen – ist es, neue Fragestellungen anzuregen, insbesondere in Bezug auf politische Gleichheit.

Zuhörer – bzw. Leser – zum Nachdenken über einen so hochabstrakten Begriff wie politische Gleichheit aufzufordern, ist ein bisschen so, als würde man eine Lehrveranstaltung um acht Uhr morgens ansetzen. So sorgt man gewissermaßen dafür, dass diejenigen, die kommen bzw. nicht bloß die Einleitung lesen, auf etwas Ernsthaftes gefasst sind. Ist dies der Fall, hoffe ich, eine Reise in die politische Philosophie und Überlegungen über ein paar der Grundbegriffe anbieten zu können, die Demokratie und demokratische Bestrebungen definieren. Meines Erachtens geht ein großer Teil der Erfahrungen, die wir heute auf so verschiedenartigen Gebieten wie dem Politischen, Sozialen und Ökonomischen machen, auf Denkfehler zurück, die uns in den letzten Jahrzehnten regelmäßig unterlaufen sind und deren Ursprünge noch weiter in die Tradition der politischen Philosophie zurückreichen. Diese Fehler möchte ich korrigieren. Das heißt, ich bin der Meinung, dass sowohl ein Verständnis der jüngsten Ereignisse als auch die Grundsteinlegung für eine neue politische Ökonomie von uns eine Reise zurück in die Tradition der politischen Philosophie verlangen. Allerdings lade ich vor allem deshalb zu einer solchen Reise ein, um – sowohl am Ende der Einleitung zu diesem Buch als auch an seinem Schluss – auf die konkreten politischen und ökonomischen Gegebenheiten zurückzukommen.

In der heutigen Welt lässt das Anführen von politischer Gleichheit (in den USA) meistens unmittelbar an tagesaktuelle Herausforderungen wie die Reform der Wahlkampffinanzierung, die Entrechtung von Straftätern und die Gesetze zur Wähleridentifizierung denken. In Europa ruft das Thema Probleme der Funktion von Parteien, der Zugehörigkeit und der Demokratiedefizite bei Abläufen in der Europäischen Union auf den Plan. Wenn man vor einigen Jahren jemanden gefragt hätte, worum es bei politischer Gleichheit vorrangig gehe, wäre meiner Meinung nach diese Art von Problemen als Antwort angeboten worden. Doch das war, bevor wir alle ernsthaft von den Ereignissen wie zum Beispiel der Wahl von Donald Trump und dem Brexit oder auch davon überrascht worden sind, wie die Flüchtlingskrise die deutsche Politik auf den Kopf gestellt hat. Tatsächlich dürfte der beste Weg zum Verständnis, worum es grundsätzlich bei politischer Gleichheit geht, in einer Untersuchung der Frage bestehen, warum uns jene Ereignisse so überrascht haben. Eine solche Fragestellung fördert zutage, dass die in den letzten Jahrzehnten gebräuchlichen politischen Paradigmen blinde Flecken aufweisen, die unsere Überraschung erklären. Ich bin der Meinung, dass eine Verlagerung unserer Aufmerksamkeit auf politische Gleichheit, und zwar auf eine gehaltvollere Auffassung von politischer Gleichheit dazu beiträgt, diese blinden Flecken zu beheben. Im Folgenden werde ich versuchen, die blinden Flecken in den heute vorherrschenden politischen Paradigmen zu identifizieren und zu erklären – und ich werde ein alternatives Paradigma vorschlagen, wie man über ökonomische Fragen nachdenken könnte. Wie wir sehen werden, macht dieses alternative Paradigma denn auch eine umfassende Neuordnung der politischen Agenden erforderlich. Kurz gesagt, bemüht sich dieses kleine Buch darum, den Grundstein für eine Neuorganisation der politischen Debatten über den Wert von politischer Gleichheit zu legen.

I. Ein blinder Fleck im 20. Jahrhundert

Natürlich haben uns nicht nur der Brexit, Trump und das Wanken von Angela Merkels Autorität überrascht, sondern auch die Wirtschaftskrise des Jahres 2008. Aus diesem Grund leben wir schon seit fast zehn Jahren in einem intellektuellen Überraschungszustand. Warum haben wir uns so überrumpeln lassen? Meiner Meinung nach liegt die Antwort in den tonangebenden liberalen Paradigmen der Politikgestaltung.

Im tonangebenden liberalen politischen Paradigma, das seinen Ausgang von Orten wie Harvards Kennedy School of Government nimmt und in den Washingtoner Think Tanks und Politikgestaltungszirkeln verfochten wird, verschmelzen zwei Dinge: utilitaristisches ökonomisches Wohlfahrtsdenken und rawlsianisches Wohlfahrtsdenken. Dies möchte ich kurz erklären.

Nach dem utilitaristischen Modell besteht das politische Ziel in der Maximierung des Glücks, besser gesagt des Nutzens, wie die Ökonomen sagen, für die Gesellschaft. In seiner krudesten Form stützt sich das Bemühen, den Gesamtnutzen zu maximieren, auf Kosten-Nutzen-Analysen in Verbindung mit Präferenzen, die sich normalerweise an materiellen Gütern festmachen. Viele Modelle der Nutzenmaximierung im Zusammenhang mit Präferenzen abstrahieren von den kontextbezogenen, sozialen, psychologischen und kulturellen Partikularitäten individueller ökonomischer Akteure. Das Streben nach utilitaristischer Wohlfahrtsmaximierung konzentriert sich gewöhnlich auf die Maximierung des Gesamtwachstums – im Hinblick auf Einkommen und Vermögen – und auf die Inanspruchnahme von politischen Umverteilungsmaßnahmen bei der Ausschüttung dieses Wachstums.

Unter dem Titel *Eine Theorie der Gerechtigkeit* hat der Philosoph John Rawls im Jahr 1971 ein wichtiges Buch veröffentlicht und eines seiner Hauptziele war die Überwindung des Utilitarismus. Sein Versuch, nicht das Streben nach irgendeinem Einzelgut, nicht einmal nach Nutzen oder Glück, sondern den Schutz der rechtlichen Rahmenbedingungen zum Zweck der politischen Ordnung zu machen, war darum bemüht, dem Recht höhere Priorität als dem Guten einzuräumen. Doch obwohl er philosophisch gesehen die Überwindung des Utilitarismus anstrebte, hat der Rawlsianismus in vielerlei Hinsichten dessen praktische Anwendungsmöglichkeiten erhöht.

Nach dem Rawlsschen Modell besteht das Ziel einer gerechten Gesellschaft in zwei Dingen: Das erste Ziel ist der Schutz einer Reihe von Grundfreiheiten. Zu diesen Grundfreiheiten gehören Dinge wie das Vereinigungsrecht, das Recht auf freie Meinungsäußerung und das Recht auf politische Teilhabe bzw. Partizipation. Das zweite Ziel ist das Streben nach sozialen und ökonomischen Strukturen innerhalb des durch den Schutz dieser Rechte vorgegebenen Rahmens, die den in der Gesellschaft am schlechtesten Gestellten zu Gute kommen (»Differenzprinzip«) und in der Gesamtgesellschaft faire Chancengleichheit gewährleisten.

An Rawls' neuartigem und einflussreichem Differenzprinzip hat sich ein Großteil der Rezeption seines Werkes festgemacht. In den philosophischen Diskussionen über Gerechtigkeit hat dies dazu geführt, dass der Hauptschwerpunkt auf ökonomischen Fragen der Verteilungsgerechtigkeit lag. Diesen Fragen wurde weit mehr Aufmerksamkeit geschenkt als Rawls' Auseinandersetzung mit den Grundrechten. In der Welt der Politik hat der Rawlsianismus denn auch zu einer grundsätzlichen Konzentration auf steuerliche Umverteilung als Ausgangspunkt für die politische Rahmenbildung geführt. Ohne dies zu beabsichtigen, hat Rawls das utilitaristische Paradigma eben dadurch verstärkt, dass er durch das Differenzprinzip die Betrachtung der Grundrechte von seinen Überlegungen zur sozialen und ökonomischen Sphäre abgekoppelt hat. Soweit sie mit Umverteilung verbunden war, förderte Rawls' Ansatz die utilitaristische Konzentration auf das Wachstum.

So wie sie sich in der Welt der Politik niederschlagen, ist materielle Verteilung sowohl im utilitaristischen Wohlfahrtsdenken als auch im rawlsianischen Wohlfahrtsdenken die Kernfrage im Hinblick auf Gerechtigkeit. Dies ist leicht erkennbar. Wenn jemand sich auf den Begriff »soziale Gerechtigkeit« beruft, sind Fragen der ökonomischen Verteilung und der sozialen Wohlfahrtsrechte wahrscheinlich das erste, was einem in den Sinn kommt. Und wenn jemand umgekehrt auf den Begriff der Ungleichheit zu sprechen kommt, ist die Art von Ungleichheit, an die er dabei denkt, fast ausnahmslos ökonomische Ungleichheit. Damit kennen Wissenschaftler und die allgemeine Öffentlichkeit sich dank der intellektuellen Schützenhilfe durch politische Paradigmen aus, die zum einen auf das utilitaristische Wohlfahrtsdenken und zum anderen auf das rawlsianische Wohlfahrtsdenken zurückgehen.

Zwei Eigenschaften dieses vereinigten utilitaristisch-rawlsianischen politischen Paradigmas verdienen Aufmerksamkeit. Erstens nehmen sowohl das utilitaristische Paradigma als auch das rawlsianische Paradigma Universalisierungen vor. Das heißt, beide abstrahieren von den kontextbezogenen Eigentümlichkeiten einer konkreten Gesellschaft, um ihre übergeordneten politischen Leitlinien zu entwickeln (Nutzenmaximierung auf der einen und Differenzprinzip auf der anderen Seite). In seiner *Theorie der Gerechtigkeit* macht John Rawls sich zum Beispiel auf die Suche nach der Definition des Rechten, indem er von uns verlangt, uns in der Vorstellung hinter »einen Schleier des Nichtwissens« zu begeben, hinter dem wir nichts mehr über unsere eigene soziale Lage wissen; aus der Perspektive dieser Vorstellung sollen wir dann versuchen, die Prinzipien zu erkennen, die eine gerechte Gesellschaft ausmachen, welche wir unabhängig davon als solche betrachten würden, ob wir in dieser Gesellschaft zu den Wohlhabenderen oder zu den Ärmeren gehören, ob wir männlich sind oder weiblich, schwarz oder weiß, Christen, Buddhisten, Muslime, Juden, Hindus, Atheisten oder Agnostiker und so weiter. Die Gerechtigkeitsprinzipien müssen ungeachtet aller einer Gesellschaft zugrunde liegenden demografischen Merkmale ausgearbeitet werden. Zudem sollen sie universelle Geltung besitzen, das heißt sich auf jeden sozialen Kontext anwenden lassen.

Im utilitaristischen Kontext geht das Abstrahieren von sozialer Partikularität nicht unbedingt auf ein gezieltes Theoriedesign zurück, sondern stellt eher eine notwendige Folge der utilitaristischen Mathematisierung dar. Nutzen ist ein Begriff, der grundsätzlich nicht bloß die bestehenden Präferenzen von Akteurinnen und Akteuren für materielle Ergebnisse abdecken kann, sondern auch ihre Werte und Normen. Aber das Ziel einer »Maximierung« des Nutzens macht eine Umrechnung der Präferenzen in etwas Arithmetisches erforderlich und deshalb dienen gewöhnlich finanzielle Interessen als Stellvertreter für den Nutzen, wodurch die partikularen Präferenzen eingeebnet werden, die dem Leben der einzelnen Akteurinnen und Akteure womöglich erst Sinn und Form verleihen. Wie bei Rawls erlaubt der Schritt, materiellen Gewinn bzw. Geld als Stellvertreter für den Nutzen zu verwenden, eine Universalisierung. Finanzieller Einsatz lässt sich in Zahlungsmittel übersetzen und land- und kontextübergreifend vergleichen, ohne dass auf die örtlichen demografischen Faktoren oder Bedingungen in einem konkreten Land Bezug genommen werden müsste. Beide intellektuellen Paradigmen ziehen mit anderen Worten unter anderem unsere Aufmerksamkeit von den demografischen und institutionellen Modalitäten ab, die einer Gesellschaft zugrunde liegen. So kommen wir gar nicht mehr auf den Gedanken, Fragen danach zu stellen, wer Macht hat und auf welchen institutionellen Strukturen und welcher Art von Ressourcenallokation und Chancenzuweisung sie beruht. In dem Maße, wie wir uns verstärkt ein utilitaristisches und / oder rawlsianisches Wohlfahrtsdenken angewöhnen, verlieren wir die Angewohnheit, die demografischen und politischen Eigentümlichkeiten einer konkreten Gesellschaft zu analysieren.

Als konkretes Beispiel für die Art von Abstraktion, auf die ich hinauswill, kann man die historische Vorgehensweise der Weltbank im späten 20. Jahrhundert heranziehen. Eine Reihe von Standardbausteinen für ökonomische Liberalisierung wurde gegenüber sich entwickelnden Volkswirtschaften zur Bedingung dafür gemacht, dass sie Darlehen von der Bank erhielten.

Dass die Stabilität dieser politischen Paradigmen des Wohlfahrtsdenkens uns dazu verleitet hat, die ihnen zugrunde liegenden sozialen und politischen Phänomene nicht zu beachten, rührt meiner Meinung nach von einem kleinen philosophischen Fehler her, der im frühen 19. Jahrhundert begangen wurde und seitdem die meisten Varianten des Liberalismus gekennzeichnet hat. Der Fehler bestand darin, dass zwei Hälften der vom Liberalismus zu wahrenden Grundrechte unterschieden wurden. Den Begriff der Grundrechte habe ich eingeführt, als ich Rawls' *Theorie der Gerechtigkeit* beschrieb, und als Beispiele habe ich Vereinigungsfreiheit, freie Meinungsäußerung und das Recht auf politische Teilhabe bzw. Partizipation genannt. Mit diesen drei Beispielen habe ich das volle Spektrum der Grundrechte unter Einbeziehung beider im frühen 19. Jahrhundert unterschiedenen Hälften abgebildet.

Was genau soll das heißen? Der französische Denker Benjamin Constant gehörte im frühen 19. Jahrhundert zu den ersten, die Grundrechte, grundlegende Menschenrechte, in zwei Kategorien unterteilt haben. Er bezeichnete sie als Rechte der Alten und als Rechte der Heutigen, also der

Modernen. Zu den Rechten der Alten gehörten die Rechte auf politische Teilhabe, das Recht, das gemeinsame Leben in einer Gesellschaft zu gestalten. Wir nennen diese Rechte heute positive Freiheiten. Zu den Rechten der Modernen gehören dagegen das Recht auf Eigentum und das Recht, sich das Eigentum, auf das man ein Recht hat, unbehelligt anzueignen und im Streben nach dem eigenen Wohl nach Gutdünken geschäftliche Transaktionen vorzunehmen. Diese Rechte nennen wir negative Freiheiten.

Die Rechte der Alten waren politische Rechte – das Recht, Teil einer Gesellschaft zu sein, die durch kollektive Entscheidungsfindung gemeinsam den eigenen Kurs festlegte. In den Rechten der Modernen ging es in Constants Augen um private Autonomie: Man hatte das Recht, den Kurs des eigenen Lebens festzulegen und dabei im Großen und Ganzen von jeglicher kollektiver Entscheidungsfindung so weit wie möglich unbehelligt gelassen zu werden.

Diese Unterscheidung ist in die philosophische Tradition eingegangen und wurde im frühen 20. Jahrhundert von Isaiah Berlin ausgeweitet (der die Begriffe negative und positive Freiheit eingeführt hat). In seiner *Theorie der Gerechtigkeit* behauptet Rawls, er habe die beiden Arten von Rechten wieder zusammengeführt und dass wir die gesamte Palette der Grundrechte schützen müssten. Tatsächlich sind die politischen Rechte aber letzten Endes für seine Argumentation entbehrlich, wie ich ausführlich in Kapitel 2, »Differenz ohne Herrschaft«, untersuchen werde. Was den großen Bogen der *Theorie der Gerechtigkeit* anbelangt, konzentriert sich unser politisches Denken letztendlich in erster Line auf die Verknüpfung unserer persönlichen Rechte (das Recht auf Autonomie, Eigentum, Vereinigung, Meinungsäußerung und so weiter) mit den mit diesen Rechten verbundenen ökonomischen Fragen: dem mit dem Eigentum verbundenen Vermögen und dem Umverteilungsbedarf, der sich aus dem ungleichen Fließen der Produktivitätsgewinne innerhalb einer Gesamtbevölkerung ergibt. Wenn man die politischen Rechte aus dem Blick verliert und sich in erster Linie auf die persönlichen Rechte oder negativen Freiheiten konzentriert, richtet man mit anderen Worten sein Augenmerk leicht ausschließlich auf ökonomische Fragen und verliert die politischen Fragen aus dem Blick. Dies ist meiner Meinung nach in den politischen Paradigmen geschehen, die im späten 20. Jahrhundert die politische Entscheidungsfindung in den liberalen Demokratien dominiert haben.

Die Entwicklung einer verkürzten – die zugrunde liegenden politischen Fragen außer Acht lassenden – Aufmerksamkeit für ökonomische Fragen hat außerdem damit zu tun, dass der Einfluss des Rechts auf die öffentliche Ordnung im Laufe des 20. Jahrhunderts auf die Ökonomie übergegangen ist. Die Soziologin Elizabeth Popp Berman[1] hat die verschiedenen Faktoren gut erfasst – zu denen auch neue Rechenkapazitäten gehören –, die hinter diesem Wandel standen und es ließe sich noch sehr viel mehr über diesen Übergang vom Recht zur Ökonomie sagen. Aber er untermauert auch das, worauf ich hinauswill. Rechtliche Erwägungen betreffen grundsätzlich die Institutionen *spezifischer* Gesellschaften und die Folgen dieser institutionellen Partikularitäten für die spezifische Gesellschaft, in der sie anzutreffen sind. Selbst Subdisziplinen wie die Rechtsvergleichung, die Rechtssysteme an verschiedenen Orten vergleicht, müssen zu Beginn die Spezifität der Rechtsinstitutionen an jedem der zum Vergleich stehenden Orte zur

1 Elizabeth Popp Berman, »Thinking like an Economist. On Expertise and the U.S. Policy Process«, in: *Occasional Paper Series*, Institute for Advanced Study, Paper Nr. 52, 2014, ⟨https://www.sss.ias.edu/files/papers/paper52.pdf⟩, zuletzt aufgerufen am 30.1.2020.

Kenntnis nehmen. Als das Recht die politische Entscheidungsfindung dominierte, gab es kaum Universalisierungen vornehmende Herangehensweisen an die Politik, die von den demografischen und sozialen Eigentümlichkeiten abstrahierten.

Die abstrahierenden, Universalisierungen vornehmenden Bestandteile des vereinigten utilitaristischen / rawlsianischen Wohlfahrtsdenkens, das die politische Entscheidungsfindung im späten 20. Jahrhundert dominiert hat, scheinen meinem Eindruck nach die blinden Flecke in Bezug auf Gesellschaft, Politik und politische Rechte hervorgebracht zu haben, die dafür verantwortlich sind, dass nicht nur 2008, sondern auch der Brexit, Trump und das Wiederaufleben des Rechtsradikalismus in Deutschland uns überrascht haben.

II. Eine Alternative für das 21. Jahrhundert

Lässt sich ein alternatives Paradigma für die politische Ökonomie erkennen, das uns nicht so anfällig für Überraschungen der Art macht, wie wir sie in jüngerer Zeit erlebt haben? Ich glaube ja, und zwar vor allem, wenn wir hinsichtlich der politischen Philosophie einen alternativen Weg verfolgen. Meiner Ansicht nach täte es unserem Gerechtigkeitsdenken gut, wenn wir anfingen, über politische Gleichheit nachzudenken.

Welcher Zusammenhang besteht zwischen Gerechtigkeit und politischer Gleichheit? Um eine Antwort auf diese Frage zu finden, müssen wir uns die Zeit nehmen, den Begriff der Gleichheit und deren verschiedenen Ausdrucksformen zu überdenken. Meiner Erfahrung nach nehmen sich normalerweise nur sehr wenige von uns die Zeit herauszufinden, welcher Zusammenhang zwischen den verschiedenen Arten von Gleichheit besteht. Fangen wir also mit einer grundlegenden Liste an: Es gibt eine moralische Gleichheit unter Menschen, es gibt politische Gleichheit, es gibt soziale Gleichheit oder ökonomische Gleichheit bzw. ökonomischen Egalitarismus, und die Liste ließe sich beliebig fortsetzen. Es gibt zum Beispiel auch Rassengleichheit und Gleichheit der Geschlechter und so weiter. In welchem Verhältnis stehen alle diese Gleichheitskategorien zueinander?

Für die Verhältnisbestimmung, die ich unter ihnen vorschlagen möchte, ist die moralische Gleichheit der Menschen fundamental.[2] Die moralische Gleichheit der Menschen geht zurück auf das menschliche Bedürfnis, Autor des eigenen Lebens zu sein, das unverzichtbar für das grundsätzliche Wohlergehen von Menschen ist. Den Kern des Gedankens menschlicher Gleichheit bildet ein Begriff von Autonomie als einem notwendigen Bestandteil von Wohl und Wert. Doch dabei kommt es unmittelbar zu einer Komplikation. Für ein auf Autonomie beruhendes Wohl reicht es keineswegs aus, als bloßes Individuum in einem autonomen Raum Autor des eigenen Lebens zu sein. Wir alle leben unter einer ganzen Reihe von gesellschaftlichen Zwängen. Es ist schlicht und einfach nicht möglich, durch die Welt zu gehen, ohne eine ganze Reihe von Zwängen anzuerkennen und sich ihnen zu beugen, die von Gesetzen, gemeinsamen kulturellen Praktiken, sozialen Normen und so weiter herrühren. Deshalb besteht die einzige Möglichkeit, vollständig autonom zu sein, im Grunde darin, diese sozialen Zwänge sowohl in politischer als auch in kulturel-

2 Siehe auch Jeremy Waldron, *One Another's Equals. The Basis of Human Equality*, Cambridge, Mass. 2017.

ler Hinsicht mitzugestalten. Daraus folgt, dass menschliches Wohlergehen eine Frage sowohl privater Autonomie als auch öffentlicher Autonomie ist, wobei letztere eine sinnvolle Beteiligung an der kollektiven Entscheidungsfindung nach sich zieht. Das soll heißen, dass volles menschliches Wohlergehen eine Erfahrung politischer Gleichheit verlangt. In meinen Augen besteht eine solche Verbindung zwischen grundlegendem menschlichem Wohlergehen und politischer Gleichheit als einem Grundbestandteil menschlichen Wohls und deshalb auch als intrinsisch wertvoll für Menschen.

Doch was geschieht, wenn man anfängt, mit Blick auf dieses Bedürfnis nach politischer Gleichheit über Gerechtigkeit nachzudenken und dabei die ökonomischen Fragen erst einmal kurz beiseitelässt? Eben diese Frage möchte ich zur Diskussion stellen. Zu diesem Zweck muss man natürlich zunächst einmal politische Gleichheit etwas umfassender definieren. An der grundlegenden Bedeutung, die ich politischer Gleichheit beimesse – ich halte sie tatsächlich für den Kern der Definition von Gerechtigkeit –, dürfte deutlich werden, dass ich nicht der Meinung bin, ein Verweis auf Themen wie die Wahlkampffinanzierungsreform, das Wahlrecht und so weiter würde dem ausreichend Rechnung tragen, was politische Gleichheit ausmacht. Themen wie diese greifen eher einige der formalen institutionellen Mechanismen auf, die wir in Anspruch nehmen, wenn wir versuchen, politische Gleichheit herzustellen. Doch welcher umfassendere Begriff von politischer Gleichheit spiegelt sich in diesen institutionellen Mechanismen wider bzw. wird von ihnen im Erfolgsfall operationalisiert?

Zum Auftakt möchte ich einen Begriff mit fünf Facetten vorschlagen. Diese fünf Facetten bilden den Inhalt von politischer Gleichheit nicht vollständig ab. Vielmehr fungieren sie als begriffliche Grundausstattung für das Nachdenken über politische Gleichheit. Ausführlicher habe ich in meinem Buch *Our Declaration. A Reading of the Declaration of Independence in Defense of Equality* für sie plädiert, und in Kapitel 2 buchstabiere ich sie detaillierter aus.[3] Hier werde ich die fünf Facetten einfach nennen und sie nicht konkreter ausarbeiten. Die erste Facette von politischer Gleichheit besteht darin, dass sowohl in sozialen Kontexten als auch im Kontext der Betätigung in politischen Institutionen Erfahrungen von Nicht-Beherrschung erforderlich sind. Eine zweite Facette stellt der gleichberechtigte Zugang zum Regierungsapparat, das heißt die gleiche Chance auf Beteiligung an den Schaltstellen der Entscheidungsfindung innerhalb der politischen Institutionen dar. Die dritte Facette ist etwas, das ich als epistemischen Egalitarismus bezeichne. Darin schlägt sich die Vorstellung nieder, dass jede gut funktionierende Demokratie richtige Entscheidungen treffen muss, die auf den richtigen Erkenntnisprozessen beruhen, das heißt auf Verfahren, die Erkenntnisse sammeln, einordnen und auf ihrer Grundlage Urteile fällen. Erfolgreiche demokratische Erkenntnisprozesse stützen sich zwingend sowohl auf Expertenwissen als auch auf das soziale Wissen, über das gewöhnliche Menschen verfügen. Für epistemischen Egalitarismus müssen mit anderen Worten Verfahren entwickelt werden, bei denen eine enge Verbindung zwischen Fachwissen und Laienwissen besteht, sodass Entscheidungen in einem repräsentativen Sinne auf der Grundlage des Wissens der Gesamtbürgerschaft getroffen werden können. Die vierte Facette politischer Gleichheit ist Gegenseitigkeit. Diese betrifft die relationale ethische Einstellung, welche die einzelnen Bürgerinnen und Bürger einander ge-

3 Siehe Danielle Allen, *Our Declaration. A Reading of the Declaration of Independence in Defense of Equality*, New York 2014.

genüber einnehmen: dass man sich in die Augen sehen kann, dass man die Notwendigkeit einer Wiedergutmachung in der sicheren Erwartung geltend machen kann, dass eine solche Wiedergutmachung innerhalb vernünftiger und rechtlicher Grenzen möglich ist, und so weiter. Einige der Auseinandersetzungen um das Problem der Polizeigewalt haben zum Beispiel auf das Gegenseitigkeitsbedürfnis der Bürger gepocht, das in Verfahren zur Wiedergutmachung von Missständen zum Ausdruck kam. Die fünfte Facette von politischer Gleichheit ist etwas, das ich als Miteigentümerschaft an den politischen Institutionen bezeichne. Dazu gehört, dass der gesamte demokratische Apparat, alle Versammlungen, Kongresse, Parlamente und Richterämter als Aktivposten anerkannt werden. Dieser Riesenapparat ist eine Form von Eigentum, das uns allen gehört. Was heißt es für uns, dass dieser ganze Besitz uns allen gehört, dass wir im Hinblick auf ihn Miteigentümer sind? Mit Hilfe des Begriffs der Miteigentümerschaft an unseren politischen Institutionen sollten sich Grenzen von deren Zuständigkeit bestimmen, sich beispielsweise die Privatisierung von Gefängnissen ausschließen lassen. Meiner Meinung nach umfasst der Begriff der politischen Gleichheit also mindestens diese fünf Facetten oder Prinzipien, über Institutionendesign und kulturelle Normen nachzudenken.

Nach der Auffächerung dieses Begriffs und der Bitte, sich im Nachdenken über politische Gleichheit zu üben, ohne über ökonomische Fragen nachzudenken, ist es nun aber vernünftig und notwendig, die verschiedenen Teile wieder zusammenzufügen und sich die Frage zu stellen, was man vom Verhältnis zwischen politischer Gleichheit und den Gebieten des Sozialen und des Ökonomischen halten soll. Was ändert sich an unserer Herangehensweise an die politische Ökonomie, wenn wir über eine Theorie der Gerechtigkeit verfügen, die auf der Unentbehrlichkeit von politischer Gleichheit im oben definierten Sinne beruht?

Ich möchte kurz erklären, was ich damit meine und worauf ich hinauswill. Wenn man versucht, über politische Gleichheit an und für sich nachzudenken, würde man sich wahrscheinlich zuerst instinktiv die Frage stellen, wie wir unsere politischen Institutionen so reformieren können, dass wir einige der gerade dargelegten fünf Facetten verwirklichen. In den USA würde das zu Problemen wie der Wahlkampffinanzierung und der Gesetze zur Wähleridentifizierung zurückführen. In Europa würde es auf die Funktionsweise von Partien zurückführen, auf repräsentative Frauenquoten und auf Demokratiedefizite im Arbeitsablauf der EU. Die fünf Facetten der politischen Gleichheit können mit anderen Worten direkt zum Nachdenken über politische Institutionen und wie wir sie reformieren könnten, zurückführen.

Ich möchte mich nun aber – um politisches und ökonomisches Denken wieder zusammenzuführen – lieber einer anderen Art von Problem zuwenden, nämlich dem Problem, wie sich analysieren lässt, inwiefern die Bereiche des Sozialen und des Ökonomischen politische Gleichheit fördern können und dies auch tun oder es eben gerade nicht tun.[4] Mit anderen Worten möchte ich die Frage ökonomischer Gerechtigkeit unter dem Gesichtspunkt wie-

---

4 Siehe zum Beispiel Jacob Hacker, »The Institutional Foundations of Middle-Class Democracy«, in: *Policy Network*, 2011, und Martin Gilens, *Affluence and Influence. Economic Inequality and Political Power in America*, Princeton 2012, die analysieren, welche Auswirkungen die Einkommens- und Vermögensungleichheit angesichts der Tatsache auf die amerikanische Politik gehabt hat, dass die politische Entscheidungsfindung vorzugsweise von der Wohlstandselite dominiert wird.

der aufgreifen, wie sich eine Wirtschaftspolitik entwickeln lässt, die politische Gleichheit fördert. Was kommt dabei heraus, wenn wir Wirtschaftspolitik und Sozialpolitik in einem gewissen Sinne als sekundär bzw. als Mittel zum Zweck der Erzeugung egalitärer Ermächtigung, politischer Gleichheit, verstehen?

Diese Frage konfrontiert uns mit einem Paradox im Hinblick auf unsere Betrachtungsweise der Grundrechte. Meiner Meinung nach lässt sich dieses Paradox auflösen, aber zunächst sieht es ganz nach einem Paradox aus, nämlich folgendermaßen: Wenn man anfängt, Grundrechte wie die Vereinigungsfreiheit zu schützen, führt dies unweigerlich zu sozialen Differenzen. Dies ist eine großartige und wunderbare Folge der Freiheit, aber soziale Differenzen gehen auch leicht eine Verbindung mit Herrschaft und kastengesellschaftlichen Strukturen ein und so weiter. Wichtig ist, dass es nicht möglich ist, ohne das Auftreten von sozialen Differenzen über Grundrechte zu verfügen, woraus sich offenkundig die Frage ergibt, wie man Rechte schützen und das Auftreten von sozialen Differenzen begünstigen kann, ohne dass diese Unterschiede sich mit Herrschaftsstrukturen verbinden. Entsprechend ergeben sich, wenn man die Vertragsfreiheit, das Grundrecht auf Eigentum schützt, unweigerlich ökonomische Strukturen, die sich mit Herrschaft, also mit der Art von Ungleichheit verbinden können, die eben gerade nicht zur Ermächtigung, sondern zur Entmündigung der Bürgerinnen und Bürger beitragen. Der Schutz unserer Grundrechte scheint also schnell Anstalten zu machen, unser Streben nach politischer Gleichheit zu untergraben. Was können wir dagegen tun?

Wenn wir den Schutz der politischen Gleichheit mit dem Schutz anderer Grundfreiheiten vereinbaren möchten, müssen wir über ein Prinzip nachdenken, das nach unserem Verständnis der Welt des Sozialen das Auftreten von Herrschaft verhindert. Ich bezeichne das entsprechende Prinzip als »Differenz ohne Herrschaft« und werde in Kapitel 2 näher darauf eingehen. Kurz gesagt, führt dieses Prinzip dazu, dass wir unsere Institutionen auf das Vorhandensein von Unterscheidungsmustern hin untersuchen müssen, dass wir feststellen müssen, ob sie auf Herrschaft zurückgehen oder Herrschaft fördern und für den Fall, dass sie das tun, die Institutionen so umgestalten müssen, dass die darin wirkenden, zu Herrschaft führenden Kräfte nicht mehr vorhanden sind. Ich werde gleich ein Beispiel nennen, wo in den Vereinigten Staaten im rechtlichen Umfeld bereits so etwas wie ein Prinzip der »Differenz ohne Herrschaft« in Kraft ist.

Entsprechend benötigen wir auch in der Welt der Ökonomie ein Prinzip, das unsere politischen Leitlinien davon abbringt, Ungleichheit zu ermöglichen, die sich mit Herrschaft verbindet. Meiner Meinung nach muss hier die Frage gestellt werden, welche wirtschaftspolitischen Leitlinien Ermächtigung erzeugen. Das Prinzip sollte hier eine Politik sein, die »ökonomische Ermächtigung«, also wirtschaftspolitische Formen anstrebt, die dazu beitragen, Menschen in die Lage zu versetzen, tatsächlich als Bürger zu fungieren. Diese politisch-ökonomische Frage unterscheidet sich von der Frage, die sich stellt, wenn man mit Verteilungsfragen beginnt. Die Verfügbarkeit von Zeit könnte sich zum Beispiel als genauso wichtig erweisen wie die Verfügbarkeit von Einkommen.[5] Zwischen dem Prinzip des Strebens nach einer »Differenz ohne Herrschaft« und dem Ideal »ökonomischer Ermächtigung« dient ein anderes Prinzip als begriffliche Verbindung. Dabei handelt es sich um das Ideal der Schaffung von »vernetzten Gesellschaften«. Wie

---

5 Siehe Julie Rose, *Free Time*, Princeton 2016.

ich in Kapitel 3 zeigen werde, wird eine vernetzte Gesellschaft dem Prinzip der Förderung einer Differenz ohne Herrschaft gerecht und schafft dadurch die Grundlage für ökonomische Ermächtigung. Neben diesem Ideal benötigen wir noch ein viertes neues Prinzip, um über die Zugehörigkeit zu einer politischen Gesellschaft nachdenken zu können. Als Ersatz sowohl für Nationalismus als auch für Kosmopolitismus führe ich in Kapitel 4 das Ideal des »Polypolitanismus« ein. Dieser Begriff stellt die Tatsache in den Vordergrund, dass jedes Individuum die Möglichkeit besitzt, gleichzeitig Mitglied in mehr als einer politischen Gemeinschaft zu sein und dass schon diese Tatsache allein mit einer neuen Flexibilität in Bezug darauf einhergeht, was wir über Grenzen, Zugehörigkeit und Einwanderung denken. Mit dem Ideal einer vernetzten Gesellschaft vor Augen und der vom Polypolitanismus ermöglichten Flexibilität werden uns neue Weisen zur Erschaffung von ökonomischer Ermächtigung zugänglich. Dies werde ich in den Kapiteln 2 bis 5 zeigen. Wenn wir mit anderen Worten »Differenz ohne Herrschaft« zum Kernprinzip unserer Analyse der Wirtschafts- und Sozialpolitik machen, kommen drei weitere Prinzipien oder Ideale in den Blick: die Schaffung einer vernetzten Gesellschaft, von ökonomischer Ermächtigung und ein Konzept von Zugehörigkeit zu politischen Gemeinschaften, das ich »Polypolitanismus« nennen werde.

Dem Rest dieser Einleitung fällt die Aufgabe zu zu erkunden, inwiefern die Anwendung von zweien dieser Prinzipien – »Differenz ohne Herrschaft« und »ökonomische Ermächtigung« – einen alternativen Rahmen für das Nachdenken über politische Ökonomie bereitstellt. Dabei werde ich kurz die Anwendung des erstgenannten Prinzips auf die Welt des Sozialen und vernetzte Gesellschaften ansprechen und dann den Großteil des verbleibenden Platzes für eine neue Rahmung der politischen Ökonomie verwenden.

III. Differenz ohne Herrschaft und ökonomische Ermächtigung

Bevor ich mich der Frage zuwende, inwiefern das Prinzip einer »Differenz ohne Herrschaft« für das Nachdenken über politische Ökonomie hilfreich ist, möchte ich kurz die Welt des Sozialen streifen, um ein interessantes Beispiel dafür zu nennen, wo ein solches Prinzip womöglich bereits in Kraft ist. Es handelt sich um ein Beispiel, bei dem das Recht an der kollektiven sozialen Praxis entlang »denkt«. Der US-amerikanische »Fair Housing Act« ist ein Gesetz, das Vermietern untersagt, bei der Auswahl ihrer Mieter bestimmte Personen zu diskriminieren, und das eine Klausel enthält, die als »Mrs. Murphys Ausnahme« bekannt ist. Diese Ausnahme besagt, dass es, wenn man Mrs. Murphy ist und ein Haus mit vier oder weniger Wohneinheiten besitzt, zulässig ist, die Wohnungen ausschließlich an andere irischstämmige Amerikaner zu vermieten. In dieser Größenordnung ist Diskriminierung nicht untersagt. Dem scheint die Vorstellung zugrunde zu liegen, die Größenordnung sei so gering, dass wir darauf vertrauen können, dass diese Art von Diskriminierung insgesamt nicht zu einer systembedingten Form von Herrschaft führen wird, die den gleichen gesetzlichen Schutz für jeden verhindert. Interessanterweise hat sich diese Art von Kompromiss auch auf anderen Rechtsgebieten herausgebildet, und zwar abermals nicht gezielt, sondern als ein Prinzip, das sich aus der Praxis ergibt. So sind zum Beispiel Kleinunternehmen, die eine gewisse Größe unterschreiten – die Zahl schwankt je nach Bundesstaat, aber der Tendenz nach liegt sie im Bereich von 16 bis 18 Personen –, arbeitsrechtlich von den Antidiskriminierungsgesetzen ausgenommen. Dem liegt der gleiche Gedanke zugrunde wie Mrs. Murphys Ausnahme. Meines Erachtens ist auch der Fall der Kleinunternehmen ein Beispiel für Differenz ohne Herrschaft, weil unsere Gesetzgeber und Juristen davon auszugehen scheinen, dass die Diskriminierung in diesen Fällen an einer Schwelle operiert, unter der sich die Entstehung von systembedingter Herrschaft vermeiden lässt.

In Kapitel 3 (»Auf dem Weg zu einer vernetzten Gesellschaft«) werde ich meine Argumentation weiter ausfeilen, warum eine vernetzte Gesellschaft und ein Verständnis davon geschaffen werden muss, wie Bindungen, die eine Brücke zwischen in sich verschworenen und in sich ausdifferenzierten Gemeinschaften schlagen, eine egalitäre Dynamik erzeugen können, die in der sozialen Sphäre Herrschaft entgegenwirkt. In diese Richtung möchte ich die weitere Ausformulierung der Anwendung des Prinzips einer Differenz ohne Herrschaft auf die Welt des Sozialen lenken. Ich werde zeigen, dass eine vernetzte Gesellschaft Dynamiken erzeugt, die sowohl politische Gleichheit als auch ökonomische Ermächtigung fördern. Eine vernetzte Gesellschaft, behaupte ich, ist ein unverzichtbarer Baustein für ökonomische Ermächtigung.

Im Rest dieser Einleitung möchte ich mich nun aber ökonomischen Fragen und dem Problem zuwenden, wie ökonomische Ermächtigung erlangt werden kann, was auch das Thema von Kapitel 5 ist.

Zunächst einmal ist es wichtig, die allgemeine Verlagerung der Blickrichtung zur Kenntnis zu nehmen, die meine Art der Analyse mit sich bringt. Wie im ersten Abschnitt dieser Einleitung gesagt, hatten unsere Bemühungen, über

Fragen ökonomischer Gerechtigkeit nachzudenken, unter den im späten 20. Jahrhundert bis ins 21. Jahrhundert gewöhnlich verwendeten Paradigmen die Tendenz, mit Auseinandersetzungen über Verteilung, Umverteilung, Besteuerung und das wohlfahrtsstaatliche Modell zu beginnen. Statt bei der Verteilung zu beginnen, könnten wir eher damit anfangen, was Jacob Hacker als »pre-distribution«, also »Vor-der-Verteilung« bezeichnet hat und was man auch »Produktion« nennen könnte.[6] Und genau darauf, das heißt auf die Frage, wie Volkswirtschaften beschaffen sein müssen, die von vornherein zu Ermächtigung und Umverteilung führen, lenkt die Betrachtung der politischen Gleichheit das Augenmerk, wenn sie die Frage stellt, wie ökonomische Ermächtigung bewirkt werden kann. Was genau soll das heißen? Es erkennt die Tatsache an, dass Grund und Boden, Arbeitskraft und Kapital und wie diese Dinge organisiert sind, zusammengenommen große Auswirkungen auf die Art von ökonomischen Ergebnissen haben, die von der Gesellschaft hervorgebracht werden, bevor die Produktivitätsgewinne mit Hilfe von Steuern umverteilt werden. Die Konzentration auf ökonomische Ermächtigung lenkt die Aufmerksamkeit auf die Gesetze zurück, die unsere Organisationsweise von Grund und Boden, Arbeitskraft und Kapital strukturieren.[7] Die deutsche Industriepolitik und Mitarbeiterbeteiligung sind gute Beispiele für Verfahren, die eine Volkswirtschaft im Hin-

6 Hacker, »The Institutional Foundations«.

7 Wie wichtig es ist, hier zu beginnen, wird hervorgehoben in Karl Polanyi, *The Great Transformation. Politische und ökonomische Ursprünge von Gesellschaften und Wirtschaftssystemen*. Übers. von Heinrich Jelinek, Frankfurt/M. 1978 [1944], Hacker, »The Institutional Foundations«, sowie Daron Acemoğlu, James Robinson, »The Rise and Fall of General Laws of Capitalism«, in: *Journal of Economic Perspectives* 29 (2015), S. 3-28.

blick auf eine ausgeglichene Machtverteilung strukturieren.

Bemerkenswerterweise verfügen die Vereinigten Staaten über eine Tradition, die darüber nachdenkt, wie sich die Produktion organisieren lässt, damit sie egalitäre Auswirkungen hat. Abraham Lincolns Überlegungen zur »freien Arbeit« und was es heißt, sie zu fördern und zu ermöglichen, gehen in diese Richtung, und das gilt auch für einen Großteil des politischen und ökonomischen Denkens in der damals noch jungen Republik.[8] Für ein paar kleine, konkrete Beispiele müssen wir in die Gründungsphase der amerikanischen Republik und darauf zurückgehen, was Thomas Jefferson und andere über das Verhältnis von politischer Gleichheit und ökonomischem Egalitarismus gedacht haben.

Zur Zeit der Amerikanischen Revolution war das Land in ökonomischer Hinsicht egalitärer als alles, was sich in Europa beobachten ließ.[9] Ungefähr 60 Prozent der weißen

---

8 Siehe Daniel Mandell, *The Lost Tradition of Economic Equality in America, 1600-1880*, in Vorbereitung; Daniel Walker Howe, *The Political Culture of the American Whigs*, Chicago 1984 [1979]; Francis Wayland, *Elements of Moral Science* (1835), und ders., *Elements of Political Economy* (1837); Olivier Frayssé, *Lincoln, Land and Labor, 1809-1860*. Übers. von Sylvia Neely, Champaign 1994, und Gabor Borrit, *Lincoln and the Economics of the American Dream*, Champaign 1994.

9 Allan Kulikoff, *The Agrarian Origins of American Capitalism*, Charlottesville 1992; ders., »The American Revolution and the Making of the American Yeoman Classes«, in: Alfred Young (Hg.), *Beyond the American Revolution. Further Exploration in the History of American Radicalism*, DeKalb 1993, S. 80-119; ders., »Was the American Revolution a Bourgeois Revolution?«, in: Ronald Hoffman, Peter J. Albert (Hg.), *The Transforming Hand of Revolution. Reconsidering the American Revolution as a Social Movement*, Charlottesville 1996, S. 58-89; ders., *From British Peasants to*

Männer waren Grundeigentümer. Ein solcher Grad an Grundeigentum war in Europa aufgrund der Nachwehen des Feudalismus adliger Großgrundbesitzer noch nicht erreicht worden. Den Gründervätern war klar, dass ihre Mittelklassen-Ökonomie zur Ermöglichung ihres Strebens nach einem demokratisch-republikanischen Regierungssystem und politischer Gleichheit beitrug. Thomas Jefferson wandte sich zum Beispiel gegen das Erstgeburtsrecht, dem zufolge das gesamte Erbe dem Erstgeborenen zufällt. Der Grund, warum er das Erstgeburtsrecht aufheben wollte, bestand in der Schaffung einer Volkswirtschaft, die im Laufe der Zeit große Ländereien zerschlagen und die allgemeine Bewirtschaftung in einer eher mittleren Größenordnung belassen würde.

Ein weiteres Beispiel für eine derartige egalitäre Herangehensweise an die Verkopplung von politischer Gleichheit und Ökonomie stammt aus Georgia.[10] Dieses Beispiel zeigt sowohl die Kehrseite als auch die positive Seite des ökonomischen Egalitarismus der Gründerjahre und der jungen Republik. In den 1830er Jahren gab es in Georgia die sogenannte Georgia Land Lottery. In gleich großen Parzellen wurde Land an weiße Männer, weiße Witwen und weiße Waisen verlost. Diese egalitäre Herangehensweise betraf weite Teile des Territoriums, beinahe Dreivier-

---

Colonial American Farmers, Chapel Hill 2000; James Hutson, *Securing the Fruits of Labor. The American Concept of Wealth Distribution, 1765-1900,* Baton Rouge 1998; Sean Wilentz, »America's Lost Egalitarian Tradition«, in: *Daedalus* 131 (2002), S. 66-80.

10 Hoyt Bleakley, Joseph P. Ferrie, »Up from Poverty? The 1832 Cherokee Land Lottery and the Long-run Distribution of Wealth«, National Bureau of Economic Research (NBER), Arbeitspapier Nr. 19175, veröffentlicht im Juni 2013, überarbeitet im August 2013, ⟨https://www.nber.org/papers/w19175⟩; siehe auch Daniele Allen, »Recovering Equality in America«, in: *Foreign Affairs*, 2016.

tel des heutigen Staatsgebiets von Georgia. Doch woher hatte der Staat das Land, das er verteilte? Die neuen Amerikaner raubten das Land der indigenen Völker, die sie gerade auf dem Pfad der Tränen aus Georgia vertrieben hatten. Der Egalitarismus der Gründerjahre ging mit räuberischen und ausbeuterischen ökonomischen Maßnahmen einher. Dieser Geschichtsverlauf lehrt uns zwei Dinge: Das Streben nach politischer Gleichheit in den Gründungsjahren der USA war mit der Erkenntnis verbunden, dass ökonomischer Egalitarismus für die Förderung politischer Gleichheit notwendig ist. Doch die in diesem Rahmen entwickelte politische Ökonomie, die diese Verkopplung von politischer Gleichheit und ökonomischem Egalitarismus sicherstellen sollte, stützte sich auf extreme Ungerechtigkeit. Weil sie die amerikanischen Ureinwohner nicht in den Kreis der Menschen aufnahmen, für die politische Gleichheit galt oder die zumindest den Schutz grundlegender Menschenrechte genossen, machten die amerikanischen Gründerväter die moralische Legitimität ihres Unterfangens zunichte.

Für den Weg zur Schaffung einer politischen Ökonomie, deren Ausgangspunkt in der Vorstellung besteht, dass Gerechtigkeit auf politischer Gleichheit beruht, können wir nun also mit mehreren Denkanstößen in die Gegenwart zurückkehren. Der erste besteht ganz einfach in der Erkenntnis, dass für politische Gleichheit ökonomischer Egalitarismus erforderlich ist. Das hat zur Folge, dass wir darüber nachdenken müssen, wie wir Grund und Boden, Arbeitskraft und Kapital organisieren – und worauf es ankommt, wenn man die ökonomische Grundlage so organisiert, dass die Wahrscheinlichkeit, dass dabei ökonomischer Egalitarismus herauskommt, eher steigt als sinkt. Im modernen Kontext bedeutet das meiner Meinung nach, dass man das Augenmerk nicht in erster Linie auf Besteuerung und Umverteilung, sondern auf das richtet, was noch davor kommt: Wohnungsbau, Verkehrswesen, arbeitsrechtliche Fragen und darauf, welche Erfahrungen am Arbeitsplatz und in den Betrieben gemacht werden. (Ausführlicher werde ich dieses Thema in Kapitel 5 behandeln.)[11] Im Hinblick auf Letzteres könnten wir zum Beispiel versuchen zu verstehen, welche Auswirkungen die Übertragung des Eigentums von Unternehmen auf Risikokapitalfirmen auf den Ermächtigungsgrad hat, den eine Volkswirtschaft gewöhnlichen Arbeitnehmern gewährt. Malcom Salter, Professor an der Harvard Business School, hat dies in Bezug auf den US-amerikanischen Fall so ausgedrückt, dass jetzt aufgrund des Outsourcings viele Menschen für die Risikokapitalgesellschaft General Atlantic arbeiten, von denen früher viele beim Industrieriesen General Motors angestellt waren.[12] Wenn die Arbeitsplätze in Form von Outsourcing organisiert werden, hat das zur Folge, dass zwischen Managern, Arbeitnehmern und Eigentümern keine direkte Verbindung mehr besteht. Solche Dynamiken verringern den Schutz der Arbeitnehmer. Ihre Aufstiegsmöglichkeiten liegen nicht mehr in dem Betrieb, bei dem sie tatsächlich angestellt sind. Sie mögen für die Reinigung der Flure in einer Universität oder einem Krankenhaus zuständig sein, aber sie können sich nicht von solchen hausmeister-

---

11 Zum letzten Punkt, siehe Elizabeth Anderson, *Private Regierung. Wie Arbeitgeber über unser Leben herrschen (und warum wir nicht darüber reden).* Aus dem Amerikanischen von Karin Wördemann, Berlin 2019 [2017]; Carol Gould, *Interactive Democracy. The Social Roots of Global Justice*, New York 2014, Kap. 4, 11-15, und dies., »Democratic Management and International Labor Rights«, in: Yossi Dahan u.a. (Hg.), *Global Justice and International Labour Rights*, New York 2016, S. 266-284, sowie Rose, *Free Time*.

12 Malcom S. Salter, »Implications of Reciprocal Justice Theory for Corporate Purpose«, 2017, unveröffentlicht.

lichen Tätigkeiten zu einer anderen Arbeit innerhalb des Gebäudekomplexes hocharbeiten, in dem sie ihre Zeit verbringen. Dies verringert ihre Mobilität und auch ihre Ermächtigung sowohl in dem Betrieb, bei dem sie angestellt sind, als auch in dem Betrieb, in dem sie ihre Arbeit verrichten. Es gäbe noch viele andere, ähnliche – den Wohnungsbau, das Verkehrswesen und das Arbeitsrecht betreffende – mikropolitische Fragen, die für die Schaffung einer die politische Gleichheit fördernden ökonomischen Ermächtigung relevant sind, aber im letzten Abschnitt meiner Einleitung möchte ich den Blick auf eine der größten politisch-ökonomischen Fragen richten, die vor uns liegt.

IV. Ökonomische Ermächtigung und Einwanderung

Wenn man politische Gleichheit zum Ausgangspunkt nimmt und ernsthaft die Ansicht vertritt, dass sie von intrinsischem Wert für das menschliche Wohlergehen ist, wie lässt sich dann eine politische Ökonomie schaffen, die auf dem Grundprinzip beruht, dass keine anderen Menschen ausgebeutet werden? Die Gründerväter der USA haben das nicht vermocht. Für uns heute stellt sich die Frage, wie es uns gelingen kann. Meiner Meinung nach handelt es sich dabei um die wichtigste politisch-ökonomische Frage, mit der wir konfrontiert sind.

Ich möchte ein konkretes Beispiel nennen, inwiefern wir bereits mit ihr konfrontiert sind. Im Jahr 2014 haben der Ökonom Glen Weyl und der Juraprofessor Eric Posner, die damals beide an der University of Chicago lehrten, in der Zeitschrift *New Republic* einen Artikel mit dem Titel »A Radical Solution to Global Income Inequality. Make the U.S. More like Qatar« veröffentlicht.[13] Weyls und Posners Argumentation war zweistufig angelegt. Zunächst behaupteten sie, die globale Einkommensungleichheit ließe sich am besten angehen, wenn die entwickelten Länder ihre Aufnahmequote von Einwanderern maximieren könnten und so durch Überweisungen in die Heimat, aber auch durch die höheren Einkommen der Einwanderer in den entwickelten Ländern eine globale Umverteilung des Reichtums bewirken würden. Doch jetzt kommt die zweite Stufe. Weyl und Posner machten geltend, dass die entwickelten westlichen Länder, um ihre Aufnahmequote von Einwanderern zu maximieren, die Vorstellung aufgeben sollten, dass Arbeitsmigranten Aussicht auf Staatsbürgerschaft besäßen. Vielmehr sollten sie, wie Katar, auf Dauer eine arbeitende Klasse ohne Rechte akzeptieren. Die Idee dahinter ist, dass entwickelte Demokratien zur Zeit der Einwanderung Grenzen setzen, weil sie sich vor der Aufnahme kulturell fremdartiger Einwanderer in ihr bürgerschaftliches und politisches Leben fürchten. Weyl und Posner legen nahe, dass die entwickelten Länder, wenn sich diese Furcht neutralisieren ließe, mehr Einwanderer aufnehmen und so eine radikale Verringerung der globalen Einkommensungleichheit erreichen würden. In ihrem Buch *Radical Markets* aus dem Jahr 2018[14] legen Weyl und Posner eine leicht überarbeitete Version derselben Argumentation vor, nach der nicht Regierungen, sondern Einzelpersonen für die Sponsorschaft von Arbeitskräften in einem Rahmen verantwortlich sind, der Vertragsknechtschaft nahekommt.

---

13 »A Radical Solution to Global Income Inequality. Make the U.S. More like Qatar«, in: *The New Republic* 7.11.2014, ⟨https://newrepublic.com/article/120179/how-reduce-global-income-inequality-open-immigration-policies⟩, zuletzt aufgerufen 31.1.2020.

14 Dt. *Wir sind der Markt. Eine radikale Utopie für das digitale Zeitalter.* Aus dem Englischen von Claudia Kotte, Darmstadt 2019.

Sie treten kurz gesagt dafür ein, dass die entwickelten Demokratien, damit sie von einem verteilungstheoretischen Standpunkt aus den Nutzen und den ökonomischen Egalitarismus maximieren können, aufhören sollten, politische Gleichheit als unentbehrlichen Bestandteil ihres politischen Systems zu behandeln, und von der Vorstellung absehen sollten, dass politische Gleichheit ein menschliches Grundbedürfnis und Bestreben darstellt.

Weyls und Posners Argumentation mag übertrieben wirken, aber die Vereinigten Staaten stehen wirklich vor einem Problem ungefähr des Zuschnitts, den sie skizzieren. Eine derartige politische Grundsatzfrage steht in den USA auf der Tagesordnung, weil wir ein Land mit elf Millionen Arbeitskräften ohne gültige Papiere sind, deren Schicksal sich in der Schwebe befindet. Was lässt sich innerhalb des Rahmens, den ich in dieser Einleitung konstruiert habe, über dieses Problem sagen?

Die Argumentationslinie, die ich verfolgt habe, führt zwingend zu der Aussage, dass eine Demokratie, deren ideelles Fundament im Bekenntnis zu politischer Gleichheit besteht, auf Dauer keine arbeitende Klasse ohne Aussicht auf Staatsbürgerschaft akzeptieren kann. Um die Grundlagen unserer Demokratie nicht zu erschüttern, müssen wir meiner Ansicht nach politische Gleichheit als Grunderwartung der Mitglieder unseres politischen Gemeinwesens betrachten. Hinzu kommt, dass wir aufgrund der grundlegenden Verbindung von politischer Gleichheit und Gerechtigkeit außerdem einsehen müssen, dass menschliches Wohl allgemein mit politischer Gleichheit verbunden ist, außerhalb unserer Grenzen genauso wie innerhalb, und zwar unabhängig davon, ob politische Gleichheit in anderen politischen Gemeinwesen als unserem eigenen tatsächlich vorhanden ist. Wenn wir politische Gleichheit als für alle Mitglieder unseres eigenen politischen Gemeinwesens notwendig und generell als menschliches Gut anerkennen, stehen wir vor dem schwierigen Problem herauszufinden, wie eine politische Ökonomie beschaffen sein könnte, die dies berücksichtigt. Die erste Folge dieses Argumentationsstrangs besteht meiner Meinung nach darin, dass wir Einwanderungsgrenzen akzeptieren müssen, die auf die Zahl der Neuankömmlinge abgestimmt sind, die von der bestehenden Bürgerschaft integriert werden kann, ohne dass Staatsform und Institutionen davon in Mitleidenschaft gezogen werden. Wenn man mit anderen Worten Weyls und Posners Hypothese akzeptiert, dass der Zustrom von Außenstehenden in die Körperschaft der Bürgerinnen und Bürger eine von der Bürgerschaft tolerierbare Obergrenze hat – was an und für sich nach einer vernünftigen Hypothese klingt –, und wenn man das Prinzip der Unentbehrlichkeit von politischer Gleichheit aufrechterhalten möchte, dann muss man Einwanderungsgrenzen akzeptieren, wenn auch in Verbindung mit der Aussicht auf Staatsbürgerschaft. Dies ist eine der politischen Schlussfolgerungen, zu denen ich durch den Fokus auf politische Gleichheit gelange, bei der diejenigen wohl höchstwahrscheinlich nicht angesetzt hätten, die sich auf der liberalen Seite des politischen Spektrums befinden. Die zweite politische Schlussfolgerung, auf die mich dieser Rahmen führt, besteht darin, dass wir Ökonomen bitten müssen, politische Strategien auszuarbeiten, die Wachstum und ökonomische Ermächtigung bewirken, ohne sich dabei auf ein Kastensystem zu stützen. Wenn die Ökonomen so etwas nicht bereitstellen, liegt das daran, dass wir als Volk es versäumt haben, sie darum zu bitten.

Damit ist ein wichtiger theoretischer Punkt angesprochen. Ihr Bemühen, ein Maximum an egalitärer Verteilung der Früchte der Produktivität zu erreichen, hat Ökonomen zur Befürwortung eines Kastensystems verleitet. Auf diese Weise haben sie versucht, die Fragen zu beantworten, die von der politischen Philosophie an sie gerichtet wurden. Als Beispiel kann abermals Weyls und Posners Text aus dem Jahr 2014 dienen. Das vorherrschende Paradigma hatte die Frage aufgeworfen: Wie können wir die Früchte der weltweiten Produktivität so verteilen, dass auch die am schlechtesten Gestellten davon profitieren? Ihre Antwort lautet, dass uns das gelingen kann, wenn wir die politische Gleichheit preisgeben. Sie machen geltend, dass entwickelte Länder zulassen sollten, dass sich innerhalb ihrer Grenzen eine Kategorie von Menschen aufhält, die niemals Zugang zur Staatsbürgerschaft erlangen werden, um sicherzustellen, dass systematische Überweisungen in die Heimat für einen maximalen Ausgleich der globalen Verteilung des Reichtums sorgen. Wir haben ihnen mit anderen Worten eine Frage gestellt, in der politische Gleichheit implizit aus der Gleichung herausgekürzt worden war, und sie haben diese Frage durch ihre explizite Herauskürzung beantwortet. Wir erhalten diese Antwort, *weil* wir die politische Gleichheit bereits aus der Gleichung herausgekürzt hatten, um deren Lösung wir die Ökonomen baten. Wir haben aufgehört, ihnen die Wichtigkeit der politischen Gleichheit zu vermitteln. Doch können wir eine andere politische Ökonomie entwickeln, wenn wir eine andere Frage auf die Tagesordnung setzen?

Die betreffenden Fragen könnten folgendermaßen lauten: *Um das menschliche Wohlergehen sicherzustellen, sollte jede bestehende menschliche Gesellschaft politische Gleichheit auf angemessene Weise anstreben, aber nicht alle werden das tun; angesichts der Akzeptanz interner politischer Gleichheit in den entwickelten Demokratien und angesichts des Fehlens politischer Gleichheit an anderen Orten auf dem Globus, obwohl sie ein menschliches Gut ist, wie gelingt uns (1) die größtmögliche ökonomische Er-*

mächtigung? Und welche Art von Verantwortung haben wir (2) für die Entwicklung einer politischen Ökonomie, die andere Teile des Globus weder beraubt noch ausbeutet? Der Zweck der zweiten Frage besteht darin, dass man sich fragt, wie man vermeiden kann, dass die politische Gleichheit im Inland sich auf Formen des Ausraubens der Menschen außerhalb unserer Grenzen stützt, die institutionell gesehen noch nicht unter dem Schutz eines auf politischer Gleichheit beruhenden Systems stehen. Wie können wir vermeiden, andere Teile der Erde so zu behandeln, wie die Gründerväter die indigenen Amerikaner behandelt haben?

Unsere politische Ökonomie verlangt, dass wir nicht nur über Verfahren nachdenken, die im Inland für ökonomische Ermächtigung sorgen, sondern auch darüber, wie sich solche Bemühungen mit nicht-ausbeuterischen Bemühungen im Ausland vereinbaren lassen. Der Weg zum Erreichen dieser Vereinbarkeit könnte so ähnlich aussehen wie der Plan, den George Marshall sich am Ende des Zweiten Weltkriegs hat einfallen lassen, und dessen Abfassung als Marshallplan er am 5. Juni 1947 in einer Rede an der Harvard University ankündigte.[15] Marshall argumentierte, die Aufgabe nach dem Zweiten Weltkrieg bestände darin, bei der Schaffung von funktionsfähigen Volkswirtschaften zu helfen, welche »die Entstehung von politischen und sozialen Bedingungen erlauben, unter denen es freie Institutionen geben kann.« Die Herausforderung lag darin, wie man zur Strukturierung einer Ökonomie beitragen kann, die eine stabile Grundlage für freie Institutionen bereitstellt; eine politische Ökonomie, die innerhalb eines

15 Zugänglich unter: ⟨https://www.marshallfoundation.org/marshall/the-marshall-plan/marshall-plan-speech/⟩, zuletzt aufgerufen am 27. Mai 2019.

politischen Gemeinwesens auf Dauer die Kategorie unfreier Arbeit einführt, kann keine stabile Grundlage für freie Institutionen abgeben.

Marshalls politisches Grundprinzip unterscheidet sich erheblich von der Art von Vorstellung, die zur Rechtfertigung des Einmarsches der USA im Irak gedient hat. Im letzten Fall bestand das Ziel darin, demokratische politische Institutionen zu schaffen und nicht bloß darin, Bedingungen zu begünstigen, unter denen es sie geben kann. Ist dieser Unterschied von Belang? Ich glaube ja.

Wenn man diesen Gedankengang in der heutigen Situation weiterverfolgt, würde das zu folgendem politischem Grundsatz führen: Während wir ökonomische Ermächtigung im Inland anstreben und außerdem die Zahl der Einwanderer kontrollieren, um unserer politischen Gleichheitspflicht nachzukommen, aber gleichzeitig sicherstellen, dass Einwanderer Aussicht auf Mitsprache, Repräsentation und politische Gleichheit haben, müssen wir außerdem darüber nachdenken, wie wir die Entstehung von ökonomischer Ermächtigung auch an anderen Orten fördern können, damit unser eigener Wohlstand nicht auf dem Ausrauben anderer Menschen beruht, zum Beispiel auf der Arbeit von Einwanderern aus instabilen Gesellschaften ohne gültige Papiere. Zur Stabilisierung funktionstüchtiger, legaler Regierungen in Zentralamerika und Südamerika beizutragen, könnte sich deshalb für die Vereinigten Staaten als wichtigste außenpolitische Frage erweisen. Wir haben diese Frage weitgehend aus den Augen verloren, doch ist sie eng mit unserer Volkswirtschaft verwoben.[16]

---

16 Der Antidrogenkrieg der Vereinigten Staaten hatte beträchtliche Auswirkungen auf die politische Ökonomie der Amerikas, auch auf die Migrationsmuster. Diese Tatsache wird nicht häufig zugegeben, sollte aber einer revidierten Herangehensweise an die politische

Ich möchte jetzt versuchen, meine Argumentation in Bezug auf das Überdenken politischer Ökonomie zusammenzufassen. Am wichtigsten scheint mir zu sein, dass wir, wenn wir die Grundlagen unseres Nachdenkens über eine Gerechtigkeitstheorie und Sozialtheorie dahingehend neu ausrichten, dass wir beim intrinsischen Wert von politischer Gleichheit für Menschen ansetzen, die verschiedenen Arten von Sozialpolitik schließlich mit anderen Augen betrachten – und ich habe ein Beispiel für Differenz ohne Herrschaft aus dem Wohnungswesen genannt. Wir betrachten auch ökonomische Fragen mit anderen Augen. Der neue Fokus läge zunächst einmal auf der Produktion und nicht auf der Umverteilung, im Vordergrund stände, wie im Inland für ökonomische Ermächtigung gesorgt und ökonomische Ermächtigung außerhalb unserer Grenzen gefördert werden kann. Meines Erachtens sind dies eine Reihe von Fragen, die wir Ökonomen stellen und die wir sie in die Hand zu nehmen bitten sollten. Ich sehe mich nicht zu einer vollständigen Antwort auf die Frage in der Lage, wie eine von diesem Ausgangspunkt ausgehende politische Ökonomie letzten Endes aussehen würde. Doch hier geht es darum, ob die Fragen, die ich formuliert habe, eine vernünftige Problemstellung bilden, die wir den Ökonomen vorlegen können. Wenn sie versuchen würden, auf diese Problemstellung zu reagieren, würde unsere politische Landschaft in ganz andere Richtungen steuern, als es in den letzten 30 Jahren der Fall gewesen ist.

Ökonomie und die Außenpolitik der Westhalbkugel zugrunde liegen, worauf hingewiesen wurde in Danielle Allen, »Toward a Connected Society«, in: Earl Lewis, Nancy Cantor (Hg.), *Our Compelling Interests: the Value of Diversity for Democracy and Prosperous Society*, Princeton 2016, S. 71-105, sowie George Schultz, Pedro Aspe, »The Failed War on Drugs«, in: *New York Times*, 31. Dezember 2017.

Abschließend sollte ich noch erklären, warum ich der Ansicht bin, dass ein derartiger Fokus auf politische Gleichheit und eine politische Ökonomie, die sich auf eine solche Grundlage stützt, dazu beitragen, solche Überraschungen wie den Brexit, die Wahl von Trump und so weiter zu vermeiden. Zunächst einmal macht eine politische Ökonomie, die auf der Notwendigkeit beruht, politische Gleichheit zu gewährleisten, eine tiefere, kontextbezogene Kenntnis der politischen Lage an einem konkreten Ort erforderlich. Denn man kann nicht über Politik nachdenken, ohne über die Machtverteilung und darüber nachzudenken, wie die Modalitäten von Grund und Boden, Arbeitskraft und Kapital zum politischen Stand der Dinge beitragen. Wirtschaftspolitische Fragen verlangen notwendig nach sozialer Kontextualisierung, und eine solche Bemühung erhöht den Kenntnisstand der technokratischen Berufe über die Gesellschaften, für die sie politische Strategien entwerfen.

Eine auf der Unentbehrlichkeit von politischer Gleichheit beruhende Herangehensweise an die politische Ökonomie stellt außerdem die menschliche Würde in den Vordergrund, das Verlangen, das die Menschen verspüren, einen Kollektivkörper mitzugestalten, und die Auswirkungen der politischen Strategien auf diesen Aspekt menschlicher Erfahrung. Meiner Meinung nach verhindert eine politische Ökonomie, die den soziopolitischen Kontext und die menschliche Würde ernst nimmt, dass unseren politischen Entscheidungsträgern in der Zukunft dabei Fehler unterlaufen, die Dynamik unserer politischen Situation zu verstehen.

Zweites Kapitel
Eine neue Theorie der Gerechtigkeit: Differenz ohne Herrschaft

I. Einleitung

Wenn man vorschlägt, eine Theorie der Gerechtigkeit solle nicht Fragen der Verteilungsgerechtigkeit, sondern eher das Erreichen von politischer Gleichheit in den Vordergrund stellen, wie ich es in der Einleitung getan habe, kommt das der Behauptung gleich, dass wir Gerechtigkeit mit demokratischen Mitteln erlangen können. Diese Sichtweise bedarf einer Erklärung und Verteidigung. Dafür müssen wir auf die Fragen zurückkommen, was Demokratie ist, worin ihr Wert besteht und wie wir die Prinzipien ermitteln, die am wahrscheinlichsten dazu beitragen, ihren Wert sicherzustellen. Darin besteht die Aufgabe dieses Kapitels.

Das moderne Experiment einer demokratischen Regierungsform währt seit beinahe 250 Jahren und dennoch tun wir uns noch heute mit dem Verständnis der Ideale schwer, die ihre Grundlage bilden, mit den institutionellen Strukturen, die am ehesten zur weitestmöglichen Annäherung an jene Ideale beitragen, und mit den ethischen Pflichten, die Bürgerinnen und Bürgern aufgrund ihrer Rolle in einer Demokratie zukommen. Bis zu einem gewissen Grad schlägt sich in diesen Schwierigkeiten die Tatsache nieder, dass der Grund unter unseren Füßen unablässig schwankt, weil die demografischen Gegebenheiten sich wandeln.

In der Antike hat der griechische Philosoph Aristoteles erkannt, dass die Frage, welche Institutionen und Normen eine Definition von Gerechtigkeit umsetzen oder die weitestmögliche Annäherung an sie erreichen können, von den zugrunde liegenden demografischen Faktoren abhängt: von einem ausgeglichenen Verhältnis von Arm und Reich in einer Stadt; vom prozentualen Anteil der Landwirte, Händler und feinen Leute; vom Bildungsgrad der Bürgerschaft und so weiter. Seine Sicht- und Herangehensweise stehen mit anderen Worten im Gegensatz zu einem Großteil der politischen Philosophie der Gegenwart, die sich bemüht, Gerechtigkeitstheorien zu konstruieren, die häufig von allen konkreten demografischen Mustern oder Gegebenheiten abstrahieren. Aristoteles tritt für zwei zentrale, nicht-kontextspezifische Gerechtigkeitsprinzipien ein: für ein Prinzip proportionaler Gleichheit (wie zum Beispiel die Regel, dass der Fähigste das höchste Amt bekleiden soll) und für ein Prinzip arithmetischer Gleichheit (wie zum Beispiel die Regel der Wahlgleichheit, die eine Stimme pro Kopf vorsieht). Trotzdem lernen seine Leser auch, die Vielfalt der für die Verwirklichung dieser Prinzipien oder einer Kombination aus ihnen unter unterschiedlichen demografischen Rahmenbedingungen zur Verfügung stehenden institutionellen Mechanismen mit zu bedenken.

Heute lohnt es sich, sowohl die grundlegenden demokratischen Ideale zu überprüfen als auch unsere Fähigkeit wiederherzustellen, das vielfältige Spektrum an institutionellen Formen zu erkennen, die zu ihrer Verwirklichung angesichts spezifischer demografischer Faktoren vor Ort verwendet werden können. Letzteres Projekt institutionellen Erfindungsreichtums greife ich in Kapitel 3 (»Auf dem Weg zu einer vernetzten Gesellschaft«) sowie in weiteren Aufsätzen[1] wieder auf. In diesem Kapitel möchte ich aber

---

1 Siehe Danielle Allen, Justin Pottle, »Democratic Knowledge and the Problem of Faction«, Knight Foundation White Paper, 2017; Dani-

das erste Projekt eines Überprüfens der grundlegenden demokratischen Ideale weiterverfolgen. Dieses Kapitel nennt Gründe für den Vorrang politischer Gleichheit in allen umsetzbaren Auffassungen von Gerechtigkeit und bildet so die Grundlage für jene anderen Überlegungen. Der wichtigste Beitrag dieses Kapitels wird in der Artikulation eines Prinzips – nämlich einer Differenz ohne Herrschaft – bestehen, das meiner Meinung nach einen Platz neben den anderen Prinzipien finden sollte, die seit John Rawls gewöhnlich zur Definition des demokratischen Liberalismus herangezogen worden sind: gleiche Grundrechte und -freiheiten, faire Chancengleichheit, fairer Wert politischer Freiheit und das Differenzprinzip, das verlangt, dass ökonomische Ungleichheiten »zum größtmöglichen Vorteil der am wenigsten begünstigten Gesellschaftsmitglieder wirken«. Rawls meinte, das Differenzprinzip gelte sowohl auf sozialem als auch auf ökonomischem Gebiet. In diesem Kapitel trete ich dafür ein, dass »Differenz ohne Herrschaft« in der Welt des Sozialen an die Stelle des »Differenzprinzips« treten sollte und es in der Welt der Wirtschaft wenn nicht ersetzen, so doch zumindest ergänzen sollte. »Differenz ohne Herrschaft« ist ein nachdrücklicheres egalitäres Prinzip als das rawlsianische »Differenzprinzip«.

---

elle Allen, »Talent Is Everywhere. Using Zip Codes and Merit to Enhance Diversity« (mit einem Anhang von Tina Eliasi-Rad und Branden Fitelson), in: Richard D. Kahlenberg (Hg.), *The Future of Affirmative Action. New Paths to Higher Education Diversity after Fisher v. University of Texas*, New York 2014, S. 145-159.

II. Politische Gleichheit als multivalentes menschliches Gut: Ein Neuanfang für die Theorie der Gerechtigkeit

Warum fängt man einen Streit über die Bedeutung von Gerechtigkeit mit der Erklärung an, Gerechtigkeit müsse politische Gleichheit oder Demokratie mit enthalten? Darauf gibt es zwei mögliche Antworten. Entweder ist man der Ansicht, demokratische Teilhabe sei für sich genommen gut für Menschen oder aber man meint, nur durch demokratische Teilhabe können Menschen sich der Bestandteile von Gerechtigkeit versichern. Der Wert der Demokratie kann sich mit anderen Worten intrinsisch aus ihr selbst ableiten oder instrumentell aus den Ergebnissen, die sie gewährleistet, abgeleitet werden.[2] Als Beispiel für Letzteres hat Amartya Sen bekanntlich angeführt, dass die Einführung von demokratischen politischen Institutionen garantiert, dass eine Gesellschaft keinen Hunger leidet.[3]

In den letzten beiden Jahrhunderten haben politische Philosophen im Westen (im scharfen Gegensatz zum Bei-

---

2 In »Democracy as a Universal Value« (*Journal of Democracy* 10.3 [1999], S. 3-17) lotet Amartya Sen diese beiden Rechtfertigungen von Demokratie und noch eine dritte »konstruktive« Rechtfertigung aus. Mit konstruktiver Rechtfertigung meint er das, was Demokratien tun, um in uns überhaupt Präferenzen und ein Gespür für Wert und Orientierung hervorzubringen; demokratische Entscheidungsfindungsmechanismen steuern soziale Prozesse, die der Bevölkerung in erster Linie bei der Definition von Zielen und Werten helfen und dadurch persönliche und kollektive Präferenzen prägen. Ich stimme zu, dass Demokratie sich auch auf dieser konstruktivistischen Grundlage rechtfertigen lässt, stelle diesen Punkt aber vorerst zurück.

3 Amartya Sen, *Ökonomie für den Menschen. Wege zu Gerechtigkeit und Solidarität in der Marktwirtschaft.* Aus dem Englischen von Christiana Goldmann, München, Wien 2000 [1999], Kap. 6 und 7.

spiel zu den Wissenschaftlern, die über die chinesischen Meritokratie-Traditionen arbeiten) geltend gemacht, dass Demokratie unbestreitbar instrumentellen Wert besitze: Sie stelle die Bedingungen für die Ausübung persönlicher Autonomie und möglicherweise auch verschiedene Aspekte des materiellen Wohls sicher. Sie haben außerdem geltend gemacht, dass sie intrinsischen Wert besitze und unverzichtbar für volles menschliches Wohlergehen sein *könnte*.

In den Augen von John Rawls zum Beispiel ist liberale Demokratie ein Gut, weil sie die Autonomie gewährleistet, die Individuen benötigen, wenn sie sich für eine eigene Gesamtkonzeption des Guten entscheiden und in der Lage sein sollen, aus möglichen Lebensweisen diejenige auszuwählen, die ihnen am besten erscheint.[4] Diese Konzeption ist instrumentell. Aber Rawls hat politischer Gleichheit außerdem Komponenten von intrinsischem Wert zugeschrieben. Sie sei, behauptete er, Teil unserer Selbstachtung, weil unsere Selbstachtung auf dem Respekt beruhe, den andere uns entgegenbringen. Politische Gleichheit mit anderen bedeutet, dass diese uns angemessen wertschätzen, sodass die Bedingungen für Selbstachtung gegeben sind.[5] Man kann zwar Einwände gegen eine solche

4 Den Schwerpunkt meiner Analyse bildet hier John Rawls, *Eine Theorie der Gerechtigkeit* sowohl in der Originalausgabe von 1971 als auch in ihrer überarbeiteten Fassung (1999). Einige Aspekte meiner Argumentation beruhen auf dem Unterschied zwischen diesen beiden Ausgaben. [Der deutschen Übersetzung von Hermann Vetter (Frankfurt/M. 1975) liegt ebenfalls eine überarbeitete Fassung zugrunde.]

5 In »Warum eigentlich Gleichheit?« (Aus dem Amerikanischen von Bettina Engels), in: Angelika Krebs (Hg.), *Gleichheit oder Gerechtigkeit. Texte der neuen Egalitarismuskritik*, Frankfurt/M. 2000, S. 117-171) tritt Elizabeth Anderson für eine Neuausrichtung der politischen Philosophie weg von dem sich aus John Rawls' Sichtweise ergebenden Glücksegalitarismus hin zu einer Konzentration

bescheidene, von anderen abhängige Konzeption von Selbstachtung erheben, doch dient sie dazu, kenntlich zu machen, dass politische Gleichheit zumindest etwas intrinsischen Wert besitzt.[6]

Auf der anderen Seite vertrat Rawls eine minimalistische Konzeption des mit politischer Gleichheit einhergehenden intrinsischen menschlichen Guts. Wie an seinem Streit mit Jürgen Habermas deutlich wird, erkennt er nicht alle möglichen Komponenten dieses menschlichen Guts an.[7] Im Allgemeinen hat Rawls zu zeigen versucht, dass

---

auf politische Gleichheit ein, die ihr Augenmerk auch auf die Gewährleistung der Grundlagen für Respekt richtet. Sie schreibt: »Die Theorie, die ich verteidigen werde, kann man als ›Theorie demokratischer Gleichheit‹ bezeichnen. Ihr Anliegen ist die Schaffung einer Gemeinschaft von Gleichen. Sie vereinigt dadurch Prinzipien der Verteilung mit der Forderung nach gleicher Anerkennung.« (S. 120) Dieses Kapitel baut insofern auf Andersons Argumentation auf, als ich das Hauptaugenmerk ebenfalls von Verteilungsgerechtigkeit auf politische Gleichheit verlagere. Im Gegensatz zu Anderson hat mein Interesse an einer solchen Verlagerung aber weniger mit der Notwendigkeit zu tun, die Grundlagen für gleichen Respekt zu gewährleisten, sondern eher mit der Notwendigkeit, die Funktionstüchtigkeit (Ermächtigung und Nicht-Beherrschung) zu gewährleisten, für die politische Rechte sorgen.

6 In ihrem Aufsatz »Little Rock« (1959, in: dies., *Zur Zeit. Politische Essays.* Aus dem Amerikanischen von Eike Geisel, Berlin 1986, S. 95-118) hat zum Beispiel Hannah Arendt Einwände gegen eine derart bescheidene Konzeption des Gutes Gleichheit – in ihrem Fall sozialer Gleichheit – erhoben. Diesem Argumentationsstrang ihres Aufsatzes stimme ich zu.

7 John Rawls, *Politischer Liberalismus.* Aus dem Englischen von Wilfried Hinsch, Frankfurt/M. 2003. [Im Unterschied zur amerikanischen Ausgabe befindet sich die ebenfalls von Wilfried Hinsch übersetzte deutsche Fassung von Rawls' »Erwiderung auf Habermas«, auf die Danielle Allen sich bezieht, in: Wilfried Hinsch, Philosophische Gesellschaft Bad Homburg (Hg.), *Zur Idee des politischen Liberalismus. John Rawls in der Diskussion*, Frankfurt/M. 1997, S. 196-262.]

sein Liberalismus vermeidet, den Bürgerinnen und Bürgern eines liberalen Regierungssystems eine bestimmte Konzeption des Guten aufzudrängen, aber an diesem Punkt gab er sich zurückhaltend. Seine Gerechtigkeitstheorie beruhte durchaus auf dem Gedanken, dass Autonomie für sich genommen gut für die Menschen ist und dass diesen genug Raum für deren Ausübung gelassen werden sollte. Sie enthielt auch einen knappen Ausblick auf das demokratischer Gleichheit innewohnende menschliche Gut. Doch Rawls hat Sichtweisen widersprochen, die weitreichendere Ansprüche in Bezug auf das demokratischer Gleichheit innewohnende Gut erhoben, wie zum Beispiel Habermas' Argumentation, dass Demokratie an sich wertvoll sei, weil politische Teilhabe nicht bloß für die Selbstachtung, sondern für volles menschliches Wohlergehen unverzichtbar sei. Rawls lehnte die »Wahrheit des klassischen Humanismus« ab, »d. h. [...], daß die Tätigkeiten, durch die menschliche Wesen sich in höchstem Grade entfalten (ihr höchstes Gut), eben diejenigen des politischen Lebens wären«.[8] Manche Menschen, behauptete er, zum Beispiel ein George Washington, Abraham Lincoln oder Konrad Adenauer, könnten für sich eine solche Konzeption des Guten entwickeln. Es könnte sein, dass sie ein politisch aktives Leben für ihr volles Wohlergehen benötigen. Aber wir sollten diese Konzeption des Guten nicht allen anderen aufdrängen.

Es ist lohnend, sich inhaltlich eingehender mit dem Streit zwischen Rawls und Habermas zu befassen. Dass Rawls dem Begriff der politischen Gleichheit lediglich teilweise intrinsischen Wert zugeschrieben hat, führte meiner Meinung nach dazu, dass er die falsche Wahl getroffen hat, als die Umstände eine Entscheidung zwischen politischer

8 Rawls, *Politischer Liberalismus*, S. 69 f., ders., »Erwiderung auf Habermas«, S. 237.

Gleichheit und anderen Aspekten von Gerechtigkeit zu erzwingen schienen. Wenn wir die dem Streit zwischen Rawls und Habermas zugrunde liegende Argumentation und einen Teil von deren Geschichte in der Tradition des politischen Denkens zurückverfolgen, werden wir in der Lage sein zu erkennen, dass politische Gleichheit ein multivalentes menschliches Gut ist. Ihr intrinsischer Wert hat mehrere Komponenten. Ich pflichte Rawls bei, dass eine Theorie der Gerechtigkeit von der Vorrangstellung der Grundfreiheiten ihren Ausgang nehmen sollte,[9] aber eine solche Theorie der Gerechtigkeit verlangt meiner Meinung nach eine sorgfältigere Zusammenstellung der Liste der Grundfreiheiten und ihres Verhältnisses zueinander, als sie Rawls faktisch gelungen ist. Dies scheint bloß ein kleiner Unterschied zu sein, aber diese Art von Unterschied ist ein Unterschied ums Ganze: Nachdem man eine weite Wegstrecke zurückgelegt hat, landet man an einem ganz anderen Ort, wenn der Ausgangspunkt sich auch nur leicht verändert hat.

III. Die Alten gegen die Modernen über politische Gleichheit als menschliches Gut

Der fragliche Streit zwischen Rawls und Habermas entfaltete sich auf einem Terrain, das Philosophiehistoriker als den Kampf zwischen den Freiheiten der Alten und der Mo-

---

9 Die Legitimität von Staaten hängt meines Erachtens unter anderen von ihrem Vermögen ab, bestimmte Grundrechte zu gewährleisten. Diese Position vertrete ich in meinem Buch *Talking to Strangers*, Chicago 2004.

dernen bezeichnen. Diese Gegenüberstellung hat ihre Wurzeln in einem berühmten, im 19. Jahrhundert entstandenen Aufsatz von Benjamin Constant mit ungefähr diesem Titel.[10] Für die Alten, hat Constant behauptet, hatten die politischen Rechte Vorrang: ihr Recht auf Teilhabe an der Regierung und auf Beteiligung an kollektiven Entscheidungen. Die Modernen dagegen, behauptete er zu Beginn der industriellen Revolution, hätten den Handel für sich entdeckt, dem sie weitgehend ungestört nachgehen wollten. Sie verlangten den Schutz ihrer Eigentumsrechte sowie ihrer Gedankenfreiheit, freien Meinungsäußerung, Vereinigungsfreiheit und Vertragsfreiheit, damit sie ihren kommerziellen Unternehmungen und ihren Geschäften nachgehen und reich werden konnten. Für die Modernen, behauptete Constant, hätte Politik lediglich instrumentellen Wert; sie diente dem Schutz der intrinsisch wertvollen Art von aktiver Lebensgestaltung, die durch das Geldverdienen möglich wurde.

Constants Argumentation ist auf maßgebliche Weise von Isaiah Berlin vertieft worden, der die Freiheiten der Alten in »positive Freiheiten« umbenannte; sie waren mit einem positiven Recht verbunden, mit der Freiheit »zur« Teilhabe an der Regierung. Die modernen Freiheiten wurden in seiner Terminologie zu »negativen Freiheiten«; sie waren mit der Freiheit »von« der Einmischung anderer, mit dem Recht, nicht behelligt zu werden, verbunden. Von letzteren wird – auch dank der Arbeit von Immanuel Kant und John Stuart Mill – angenommen, dass sie die Ausübung

---

10 Benjamin Constant, »Über die Freiheit der Alten im Vergleich zu der der Heutigen. Rede vor dem Athénée Royal in Paris« (1819), in: ders., *Werke in vier Bänden*, hg. v. Axel Blaschke und Lothar Gall, Deutsch von Eva Rechel-Mertens, Bd. 4, Berlin 1972, S. 363-396.

von Autonomie möglich machen und jedem Einzelnen die Chance geben, unter minimaler Einmischung von anderen eine Konzeption des guten Lebens zu entwickeln und umzusetzen.

Rawls' Liste der Grundfreiheiten ist ein Gemisch aus beiden Rechtskategorien. In dieser Hinsicht scheint er die politische Gleichheit tatsächlich einzubeziehen und die Freiheiten der Alten und der Modernen auf die gleiche Ebene zu stellen. Seine Liste weist jedoch eine Binnengliederung auf, und dieser Aspekt von Rawls' Argumentation ist gemeinhin unbemerkt geblieben. In dieser Gliederung schlägt sich die Tatsache nieder, dass die negativen Freiheiten, also die Grundfreiheiten, die im Dienst der persönlichen Autonomie stehen, in den Augen von Rawls im menschlichen Leben für vollständiges Wohlergehen intrinsisch wertvoll sind. Mit politischer Freiheit bzw. Gleichheit ist für ihn dagegen bloß eine Komponente intrinsischen Werts verbunden, nämlich ihr Stellenwert als Instanziierung der Erfahrung, von anderen respektiert zu werden. Der instrumentelle Wert politischer Freiheit für die Gewährleistung der Bedingungen für den Vollzug von Autonomie steht stärker im Vordergrund seiner Argumentation.

Unter der Oberfläche von Rawls' Theorie der Gerechtigkeit findet sich mithin das implizite Argument, das Ideal gleicher Autonomie (das auf den negativen Freiheiten beruht) sei ein besserer Ausgangspunkt für eine Theorie der Gerechtigkeit – und das Streben nach Gerechtigkeit – als das Ideal politischer Gleichheit (das auf den positiven Freiheiten beruht). Die Auswirkungen dieser Vorrangigkeit kommen am deutlichsten dort zum Vorschein, wo Rawls in der überarbeiteten Fassung der *Theorie der Gerechtigkeit* behauptet, dass »geschichtliche Situationen« und »geschichtliche Beschränkungen« (seine Formulierungen) zwar manchmal eine geringere politische Freiheit rechtfertigen, niemals aber »den Verlust der Gewissensfreiheit und der Grundrechte der Menschenwürde« rechtfertigen können (Abschn. 39, S. 279). Die »verschiedenen Freiheiten [sind] nicht alle gleichgeordnet«, schreibt er. Während die politischen Freiheiten in einer ahistorischen, wohlgeordneten Gesellschaft niemals geopfert werden würden, könne geringere politische Freiheit unter nichtidealen historischen Umständen in manchen Fällen gerechtfertigt sein, doch selbst unter solchen nichtidealen Umständen würden die negativen Freiheiten uneingeschränkten Schutz verlangen.

Ich verwende den Gegensatz von idealen und nichtidealen Zuständen hier in der Hauptsache, um Rawls' eigenem Verweis auf spezifische »geschichtliche Situationen« Rechnung zu tragen. Gleichwohl ist die Unterscheidung von idealen und nichtidealen Theorien irreführend. Selbst unter nichtidealen Umständen entscheiden wir uns für eine Richtung, in die unsere Energien und Bemühungen gehen sollen. Was wir sogar unter nichtidealen Umständen uneingeschränkt zu schützen versuchen, macht nämlich den Inhalt unserer grundlegendsten Ideale aus und wir pochen wohl oder übel darauf, mit dessen Hilfe die Welt zu gestalten. In Rawls' Augen verfügen auf seiner Liste der Vorrang genießenden Grundfreiheiten nur die negativen Freiheiten über diesen Status.[11]

---

11 In Abschnitt 82 der *Theorie der Gerechtigkeit* setzt Rawls sich mit der Entstehung eines Prinzips der Unverletzbarkeit politischer Freiheiten in einer wohlgeordneten Gesellschaft auseinander. In diesem Absatz und denen davor lege ich dagegen nahe, dass er die Rolle von Unverletzbarkeitsprinzipien missverstanden hat; sie sollten uns helfen, unter nichtidealen Bedingungen eine wohlgeordnete Gesellschaft zu erreichen und nicht dasjenige sein, was wir mit einer wohlgeordneten, und zwar nur mit einer wohlgeordneten Gesellschaft sicherstellen. Dadurch, dass Rawls bei den Grundfreiheiten Priori-

Rawls fährt fort: »Unter Bedingungen, die sich vorläufig nicht verändern lassen, könnte es unmöglich sein, diese [politischen] Freiheiten wirksam werden zu lassen; doch soweit möglich, sollten die zentraleren zuerst verwirklicht werden« (Abschn. 39). Dass Rawls für die negativen Freiheiten die Formulierung »die zentraleren« verwendet, bestätigt meinen Punkt. Seine Anmerkung hat weiter keine Folgen, denn der Begriff der Zentralität wird im Folgenden nirgends detailliert ausgearbeitet, aber sie setzt klare Prioritäten innerhalb der Liste der Grundfreiheiten. Von den Grundfreiheiten erweisen sich manche als »zentraler«, das heißt grundlegender als andere. Obwohl Rawls an keiner Stelle eine ausdrückliche Definition der zentraleren Freiheiten vorlegt, handelt es sich im Rahmen seiner Argumentation eindeutig um die Rechte, auf die sich persönliche und nicht öffentliche Autonomie stützt, also um die Rechte der Modernen, nicht der Alten.[12]

Dabei handelt es sich um eine winzige Stelle in Rawls' riesigem Textkorpus, aber ich halte sie für einen vielsagen-

---

täten setzt und bei der Anwendung eines Unverletzbarkeitsprinzips auf negative und positive Freiheiten Unterschiede macht, entstehen Rahmenbedingungen für politische Urteile, die ihrerseits etwas Ideales haben, selbst wenn sie sich unter nichtidealen Umständen entfalten. Diese Rahmenbedingungen für politische Urteile kritisiere ich.

12 In Abschnitt 32 der *Theorie der Gerechtigkeit* hatte er zuvor unter Bezugnahme auf Constant zu Recht erläutert, inwiefern es bei den langwierigen Auseinandersetzungen, wie die Freiheiten der Alten und der Modernen zu definieren seien, in Wirklichkeit um Auseinandersetzungen um den relativen Wert der verschiedenen Grundfreiheiten geht. Formal gesehen, lässt er die Frage des relativen Werts zwar beiseite, aber er scheint gleichwohl nahezulegen, dass er sich mit Constant dafür aussprechen würde, dass Gedanken- und Gewissensfreiheit, wie er sagt, der politischen Freiheit nicht »geopfert« werden sollten.

den Fehler. Wenn man die positiven und negativen Freiheiten, politische Gleichheit und die Autonomie gewährleistenden Rechte als wahrhaft gleichursprünglich und gleichwertig festschreibt, wird unter nichtidealen Bedingungen keine der beiden Gruppen eindeutig entbehrlicher als die jeweils andere sein und würde die Theorie der Gerechtigkeit – als eine Theorie, die uns aus bestimmten nichtidealen Situationen in bessere Situationen führen soll – eine dramatisch andere Form annehmen.

IV. Rawls' Fehler

Dem gerade Dargelegten zum Trotz glaubte und behauptete Rawls, dass er die Freiheiten der Alten und der Modernen in seiner Theorie der Gerechtigkeit durchgängig als gleichursprünglich und gleichwertig behandelt habe. In seiner »Erwiderung auf Habermas« schreibt er: »Auch hier sind also die alten und die modernen Freiheiten gleichursprünglich und gleichwertig, und keiner von ihnen wird ein Ehrenplatz vor der anderen eingeräumt. Die Freiheiten der öffentlichen und der privaten Autonomie werden nebeneinander ohne Rangordnung durch den ersten Gerechtigkeitsgrundsatz festgelegt. Diese Freiheiten sind auch gleichursprünglich in dem weiteren Sinne, daß beide Arten von Freiheiten jeweils in einem der beiden moralischen Vermögen (der Anlage zu einem Gerechtigkeitssinn und der Befähigung zu einer Konzeption des Guten) oder in beiden zusammen begründet liegen« (S. 229f.). Doch wenn es unter nichtidealen Umständen hart auf hart kommt, gibt Rawls faktisch den modernen Freiheiten den Vorrang gegenüber den alten. Dies liegt daran, dass er meinte, die

Ausübung persönlicher bzw. privater Autonomie sei universell ein für volles menschliches Wohlergehen notwendiges intrinsisches Gut, während er die Ausübung von öffentlicher Autonomie in erster Linie als instrumentellen Wert für alle verstand, der die Bedingungen für das Ausüben von persönlicher Autonomie gewährleiste. Im Rahmen seiner Argumentation sorgt die Ausübung von öffentlicher Autonomie bzw. politischer Gleichheit außerdem zumindest für eine intrinsisch wertvolle Komponente, nämlich für Selbstachtung, aber dies ist nur eine der intrinsisch wertvollen Komponenten, die im menschlichen Leben für volles Wohlergehen notwendig sind. In Rawls' Augen steuern die positiven Freiheiten keine intrinsisch wertvollen Komponenten im größeren Stil bei. Deshalb schreibt er: »In einem gut regierten Staat widmen vielleicht nur wenige einen wesentlichen Teil ihrer Zeit der Politik. Es gibt ja noch viele andere Formen des Guten für den Menschen.« (Abschn. 36, S. 258) Doch ist politische Gleichheit für volles menschliches Wohlergehen ein genauso notwendiges multivalentes intrinsisches Gut wie die negativen Freiheiten.

Am wichtigsten ist aber, dass private und öffentliche Autonomie sich nicht sauber voneinander trennen lassen. Eine solche Trennung strebte Rawls nun aber gerade an, was wahrscheinlich ein nur in Kontexten großer sozialer Homogenität vorstellbares Ziel ist.

In Rawls' Augen benötigen Menschen politische Gleichheit im Urzustand, um die Gerechtigkeitsprinzipien und analog dazu ein grundlegendes Verfassungssystem festzulegen (Abschn. 36), die es jedem ermöglichen, seine oder ihre Definition des guten Lebens im Kontext zivilgesellschaftlicher Vereinigungen zu verfolgen. Er hofft, dass aus diesem verfassungsgemäßen Verfahren ein Staat resultiert, der sich *nicht* in unsere Bemühungen zur Lebensgestaltung, also in unsere persönliche Autonomie einmischt. Gleichwohl zeigt Rawls sich besorgt, dass kollektive Entscheidungen für unsere Erfahrung von Autonomie eine Einmischung darstellen könnten und er betrachtet Partizipation denn auch als die notwendige, die Erfahrung von Einmischung abschwächende Reaktionsweise. Er sieht dieses Problem der Auswirkungen der kollektiven Entscheidungsfindung auf unsere persönliche Autonomie jedoch nicht als Bestandteil unserer Mitgliedschaft in einem politischen Gemeinwesen an. Stattdessen hält Rawls es in erster Linie für ein Problem, das unserem Leben in zivilgesellschaftlichen Vereinigungen innewohnt, in deren Rahmen es sich seiner Meinung nach leicht lösen lässt. Dementsprechend schreibt er:

> Die Grundstruktur muß dann das freie innere Leben der verschiedenen Interessengemeinschaften sichern, in denen Menschen und Gruppen in Form einer sozialen Gemeinschaft, die mit der gleichen Freiheit für alle im Einklang steht, den Zielen und Kulturformen nachgehen, zu denen sie sich hingezogen fühlen [...]. Die Menschen möchten die Gesetze und Regeln ihrer Vereinigung bestimmen können, entweder durch unmittelbare Mitwirkung oder mittelbar durch Abgeordnete, mit denen sie sich kulturell und gesellschaftlich verbunden fühlen. (Abschn. 82, S. 589)

Hier, wo er über die Güter spricht, die sich aus unseren sozialen Vereinigungen ableiten, kommt Rawls einer Anerkennung der unauflöslichen Verflechtung von persönlicher und öffentlicher Autonomie am nächsten. Partizipation ist ein Gut, das über Selbstachtung hinausgeht, weil es kein anderes Heilmittel gegen die Erfahrung der Einmischung in die private Autonomie gibt als die Beteiligung am Treffen von öffentlichen Entscheidungen, und zwar nicht bloß zum Schutz der eigenen privaten Autonomie, sondern auch um Miturheber der mit ihr verbundenen Einschränkungen zu sein. Ein solcher Miturheber, ein Mitgestalter der Tagesordnung einer Gemeinschaft zu sein, ist ein intrinsisches, kein instrumentelles Gut. Es handelt sich um die Art von Gut, die W. E. B. Du Bois aufgegriffen hat, als er sich auf den Wunsch berief, Mitgestalter des Königreichs der Kultur zu werden. Wo er beschreibt, dass die Partizipation an unseren zivilen Vereinigungen und ihrem kulturellen Leben eine direkte Ausdrucksform unseres Strebens nach Autonomie ist, greift Rawls diese Grunddynamik auf, aber er verkennt, dass diese Beschreibung auch auf das Verhältnis zwischen Bürgerinnen und Bürgern und dem politischen Gemeinwesen als Ganzem zutrifft und nicht bloß auf ihre Beziehung zu ihren eigenen Gruppen und Vereinigungen.

Mit anderen Worten hat er einen Staat vor Augen, der all die Dinge tun kann, die ein Staat tut – Entscheidungen darüber treffen, ob und wie man in den Krieg zieht, Urteile fällen, wenn die Rechte von gegnerischen Parteien in Konflikt miteinander geraten, Steuern erheben und die Staatseinnahmen in Form von öffentlichen Gütern verteilen –, ohne den Wettbewerb zugunsten einer Konzeption des Guten im Vergleich zu den anderen zu verzerren. Einen solchen Staat gibt es aber nicht – und dies wird heute unmissverständlich an den Kontroversen über das Laizitätsprinzip und den Schleier in Frankreich, über die gleichgeschlechtliche Ehe und die Beschränkungen der Freiheiten von religiösen Minderheiten in den Vereinigten Staaten und über die verwirrende Korrelation zwischen höherem Schutz von Geschlechtergleichstellung und wachsender Einkommensungleichheit deutlich. Solch ein »neutraler« Staat, in dem Partizipation und Einflussmöglichkeit einen verfügbaren, entbehrlichen Wert, aber kein notwendiges Gut darstellen, ist nur dann vorstellbar, wenn das kulturelle Universum derjenigen, die in einem Staat an den Schaltstellen der Macht sitzen, dem kulturellen Universum halbwegs nahe ist, das die Bevölkerung prägt, die dieser Staat regiert. Unter solchen Umständen gelten die öffentlichen Entscheidungen nicht deshalb als »minimalistisch« oder »neutral«, weil sie minimalistisch sind oder nicht, sondern weil sie implizit den Konzeptionen des Guten folgen, die innerhalb der Gesellschaft vorherrschen.[13] Und tatsächlich gibt Rawls dies bei seiner Analyse des Problems der durch gesellschaftliche Entscheidungen verursachten Einmischungen mehr oder weniger zu. In dem oben zitierten Abschnitt macht er geltend, dass wir uns an der Gestaltung der Regeln beteiligen wollen, denen unsere Vereinigungen und Interessengemeinschaften gehorchen – was hieße, dass Partizipation ein notwendiges Gut ist –, es sei denn, diese Aufgabe übernähmen »Abgeordnete, mit denen [wir uns] kulturell und gesellschaftlich verbunden fühlen« (Abschn. 82). Es kann sein, dass der Status von Partizipation als einem intrinsisch wertvollen, notwendigen Gut aufgrund von kultureller Homogenität schwer erkennbar ist.

Wenn der Abstand zwischen dem kulturellen Universum – und den Konzeptionen des Guten – derjenigen, die in einem Staat an den Schaltstellen der Macht sitzen, und dem Spektrum der Konzeptionen des Guten in der Allgemeinbevölkerung größer ist, werden öffentliche Entscheidungen häufiger als Einmischungen in die private Autonomie erlebt werden. Öffentliche Autonomie ist eine notwendige Erweiterung von privater Autonomie, nichts von ihr Abgetrenntes oder Abtrennbares, und in Situatio-

---

13 In ihrem Buch *Justice, Gender, and the Family* (New York 1991) hat Susan Moller Okin im Hinblick auf Rawls' Nichtbeachtung der Auswirkung der Familienstruktur auf Gerechtigkeit ähnlich argumentiert.

nen kultureller Heterogenität rückt diese Tatsache in den Vordergrund. In dem Maße, wie private Autonomie intrinsisch wertvoll ist, gilt dies auch für öffentliche Autonomie, auch wenn dieser Umstand unter Bedingungen spürbarer Diversität leichter zu erkennen ist. Dass dies in manchen Fällen anders wirkte, lag lediglich daran, dass sich die Fürsprecher privater Autonomie auf einen Staat verlassen konnten, der ihre eigenen kulturellen Interessen und allgemeinen Konzeptionen des Guten verfolgte. Die alten und modernen Freiheiten sind wirklich gleichursprünglich und gleichrangig, und eine Theorie, die ermitteln will, was für Gerechtigkeit erforderlich ist, muss die politischen Freiheiten, bzw. politische Gleichheit, als unverzichtbar betrachten, als genauso zentral für das menschliche Wohlergehen wie Gewissensfreiheit und körperliche Unversehrtheit.

Anstatt also Rahmenbedingungen für politische Urteile auszuarbeiten, denen zufolge unter realen Bedingungen eine Gruppe von Freiheiten entbehrlich ist und eine andere nicht, sollten wir noch einmal von vorn beginnen und untersuchen, was für eine Theorie der Gerechtigkeit erforderlich ist, der zufolge keine Gruppe von Freiheiten entbehrlich ist. Ich stimme zwar mit Rawls darin überein, dass jede Gerechtigkeitstheorie ihren Ausgang vom Beharren auf der Gewährleistung gleicher Grundfreiheiten nehmen muss, definiere dieses Prinzip aber anders, um zu vermeiden, dass den politischen Freiheiten und politischer Gleichheit geringere Priorität eingeräumt werden. Ich vertrete nämlich die Ansicht, dass die Freiheiten der Alten nicht bloß instrumentell, sondern intrinsisch wertvoll sind. Sie strukturieren das Handeln, durch das wir öffentliche Autonomie ausüben und erfahren. Angesichts der in allen politischen Gemeinwesen zwangsläufig herrschenden Diversität können die Bürgerinnen und Bürger ihre Autonomie nicht allein durch privates Handeln ausüben; für die Ausübung von Autonomie ist auch politische und zivilgesellschaftliche Partizipation erforderlich. Unter Bedingungen hoher Diversität wird mein theoretischer Punkt besonders sichtbar, es handelt sich aber um einen für alle Menschen geltenden Punkt: Die politischen Freiheiten sind insofern intrinsisch wertvoll, als Autonomie intrinsisch wertvoll ist. Sie sind die Form, die Autonomie annimmt.[14]

V. Neubeginn bei der Gleichheit

In der öffentlichen Debatte machen sich Bedenken in Bezug auf Ungleichheit oder Gleichheit zumeist an ökonomischen Sachverhalten oder Fragen der Verteilung materieller Güter fest, das heißt an einer Reihe sozialer und ökonomischer Fragen. Rawls' zweites Gerechtigkeitsprinzip – das Differenzprinzip – nimmt die Frage in Angriff, wie man vor dem Hintergrund politischer Institutionen, die gleiche Grundfreiheiten gewährleisten, über eben sol-

14 Auch die Entscheidung, auf Partizipation zu verzichten, wenn die Möglichkeit zur Partizipation offensteht, ist eine Ausübung von Autonomie. Der intrinsische Wert von öffentlicher Autonomie kann anders geltend gemacht werden als durch aktive Partizipation; man kann ihn auch durch aktiven Rückzug geltend machen. Deshalb kann man auch zum Beispiel von unpolitischen Dichtern behaupten, sie hätten Zugang zu einem guten Leben. Vgl. Tommie Shelby, »Impure Dissent. Hip Hop and the Political Ethnica of Marginalized Black Urban Youth«, in: Danielle Allen, Jennifer S. Light (Hg.), *From Voice to Influence. Understanding Citizenship in a Digital Age*, Chicago 2015, S. 59-79; und Hannah Arendt, *Menschen in Finsteren Zeiten.* Aus dem Englischen von Meinhard Büning, München 1989 [1968].

che sozialen und ökonomischen Fragen nachdenken kann. Doch die Antworten in Bezug auf Gerechtigkeit in den Gebieten des Sozialen und des Ökonomischen ändern sich, wenn man politischer Gleichheit (gleicher politischer Freiheit) neben den traditionellen negativen Freiheiten – Gewissensfreiheit, Vereinigungsfreiheit und das Recht auf körperliche Unversehrtheit – in einer Theorie der Gerechtigkeit wieder gleiche Priorität zugesteht. Um herauszufinden, auf welche Weise der Blick auf Gerechtigkeit in den Gebieten des Sozialen und des Ökonomischen sich durch ein grundsätzliches Bekenntnis zu politischer Gleichheit zwangsläufig ändert, müssen wir ausführlicher darlegen, wie ein analytischer Ausgangspunkt beschaffen sein kann, an dem politische Gleichheit und öffentliche Autonomie auf der einen und die die private Autonomie betreffenden Rechte auf der anderen Seite wirklich gleichwertig sind. Kommen wir also aufs Grundsätzliche zurück.

In einer idealen Demokratie besteht die Bevölkerung aus freien und gleichen Bürgerinnen und Bürgern, deren Gleichheit zuallererst als eine Frage sowohl von politischer Gleichheit als auch von Gleichheit in Bezug auf die die private Autonomie konstituierenden Rechte verstanden werden muss.[15] Denn diese beiden Rechtsinstitute sind noch in weiteren Hinsichten gleichursprünglich, die bisher noch nicht näher spezifiziert worden sind. Das Vereinigungsrecht ist nämlich nicht bloß ein auf private Autonomie bezogenes Recht, das zu den heiligen Rechten der Modernen gehört, im Gegenteil: Seine ersten historischen Auftritte zeigen, dass es untrennbar mit Bemühungen ver-

15 Eine hervorragende Darstellung der Kernelemente des Demokratieideals findet sich in Josiah Ober, *Demopolis – oder was ist Demokratie?* Aus dem Englischen von Karin Schuler und Andreas Thomsen, Darmstadt 2017.

knüpft ist, die Rechte öffentlicher Autonomie zu gewährleisten. In England versammelten sich im 17. Jahrhundert Andersdenkende nicht bloß, um religiöse Riten zu feiern, sondern auch um der Autorität des Monarchen ihre Legitimität abzusprechen.[16] Dass sie Anspruch auf das Recht, sich zu vereinigen, erhoben, sollte nicht nur ihre Gedankenfreiheit schützen, sondern auch ihre politische Macht wahren. In der Bill of Rights der US-Verfassung war das Vereinigungsrecht eng mit dem Recht verknüpft, die Obrigkeit zum politischen Kurswechsel aufzufordern. Und heute erlegt die chinesische Regierung der Vereinigungsfreiheit nicht bzw. nicht nur deshalb große Beschränkungen auf, weil die Gewissensfreiheit eingeschränkt werden soll, sondern auch um die Wahrscheinlichkeit zu verringern, dass sich eine politische Solidarität formiert, die in der Lage ist, ihre Autorität in Frage zu stellen.[17] Manche Rechte, die als Bestandteile negativer Freiheit gelten, müssen mit anderen Worten eigentlich als Komponenten positiver Freiheit neu eingestuft werden. Dies ist die erste Korrektur, die in die Augen springt, wenn wir unsere Untersuchung von Gerechtigkeit mit politischer Gleichheit beginnen. Diese Korrektur weist bereits darauf hin, welche Bestandteile des mit den Grundfreiheiten verbundenen intrinsischen Werts sich auch an politischer Gleichheit festmachen. Das der Autonomie genügende Vereinigungsrecht hat nicht nur insofern intrinsischen Wert, als es zur negativen Freiheit beiträgt, sondern auch insofern es eine Komponente von positiver Freiheit darstellt. Wenn Bürgerinnen und Bürger über politische Gleichheit verfügen,

16 Thomas A. Green, *Verdict According to Conscience. Perspectives on the English Criminal Trial Jury, 1200-1800*, Chicago 1985.

17 Danielle Allen, »Ai Wei Wei and the Art of Protest«, in: *The Nation*, 29. August 2012.

kommen sie in den Genuss sowohl des intrinsischen als auch des instrumentellen Werts von Demokratie.

Aber Gleichheit ist natürlich ein großes Wort und es dürfte sich unmittelbar die Frage stellen, ob sich der Sinn, in dem die Bürgerinnen und Bürger einer solchen idealen Demokratie »frei und gleich« sind, auf den Begriff *politischer* Gleichheit beschränkt. In welchem Verhältnis stehen moralische Gleichheit, soziale Gleichheit und ökonomische Gleichheit laut dieser Argumentation denn nun genau zur zentralen politischen Gleichheit? Und worin besteht überhaupt der Gehalt von politischer Gleichheit?

Zunächst kann man vielleicht sagen, dass die moralische Gleichheit der Menschen die Grundlage dafür bildet, dass Demokratie als sowohl intrinsisches als auch instrumentelles Gut anerkannt wird. Weil Menschen im Allgemeinen, als Gattungsmerkmal, die Fähigkeit zur Autonomie besitzen – nicht bloß insofern sie ihre eigene Lebensweise wählen, sondern auch insofern sie durch politische Teilhabe die Aspekte des Lebens mitgestalten, die zwangsläufig von allen geteilt werden –, ist Demokratie für sie etwas Gutes.[18] Demokratie fördert das Wohlergehen menschlicher Wesen als solcher. Sie beruht auf der Grundlage moralischer Gleichheit, die dieser allgemeinen menschlichen Fähigkeit zur Autonomie innewohnt. In seiner »Replik auf Habermas« hat Rawls diese Fähigkeit zur Autonomie dahingehend beschrieben, dass sie aus den »beiden moralischen Vermögen (der Anlage zu einem Gerechtigkeitssinn und der Befähigung zu einer Konzeption des Guten)« besteht

18 Das Argument des Gattungsmerkmals hat Vorläufer in Aristoteles (siehe Bernard Williams, »Der Gleichheitsgedanke«, in: ders., *Probleme des Selbst. Philosophische Aufsätze 1956-1972*. Aus dem Englischen von Joachim Schulte, Stuttgart 1978, S. 366-397; Sen, »Democracy as a Universal Value«) und in der Unabhängigkeitserklärung (siehe Allen, *Our Declaration*).

(S. 230). Demokratie ist die einzige politische Ordnung, die diese Fähigkeiten anerkennt; das macht sie zur einzigen politischen Ordnung, auf die sich volles menschliches Wohlergehen stützen kann. Deshalb geht die Gerechtigkeit von Demokratie als Typus von politischer Ordnung darauf zurück, dass sie in der moralischen Gleichheit der Menschen gründet, doch die Verwirklichung von Demokratie als politischer Form ist auch auf das Erlangen von politischer Gleichheit angewiesen. Gleichheit spielt mit anderen Worten an mindestens zwei verschiedenen Stellen für die Konzeptualisierung von Demokratie eine Rolle. Die moralische Gleichheit der Menschen rechtfertigt die Demokratie; und dann ist politische Gleichheit ein unverzichtbares demokratisches Werkzeug. Zudem beruht politische Gleichheit sowohl auf öffentlicher Autonomie – auf Mitspracherechten, zum Beispiel – als auch auf den traditionellen Komponenten von privater Autonomie – Vereinigungsfreiheit, Recht auf freie Meinungsäußerung und Gedankenfreiheit. Öffentliche Partizipation ist wenig wert, wenn sie nicht in der authentischen Entwicklung des Willens des Einzelnen gründet, und für die Entwicklung eines authentischen Willens ist die Entfaltung privater Autonomie erforderlich. Wo Rawls der Ansicht ist, das Streben nach privater Autonomie führe mit der Zeit zum Schutz der politischen Freiheiten zusätzlich zu den »zentraleren Freiheiten«, besteht in meinen Augen ein umgekehrter Zusammenhang: Das Streben nach Demokratie – das heißt nach öffentlicher Autonomie – bringt notwendig den Schutz der Rechte mit sich, auf denen private Autonomie beruht.[19] Jene negativen Freiheiten sind notwendig, um den positiven Freiheiten Sinn zu verleihen.

---

19 Dieses Argument, dass Mitspracherechte das Recht auf private Autonomie schützen, verläuft parallel zu Sens Argument in *Ökonomie*

Mit einem Wort bedingt die moralische Gleichheit der Menschen – die auf unserer Fähigkeit zur Autonomie beruht – politische Gleichheit (das heißt Demokratie), damit sich die Menschen zu der Art von Geschöpf entfalten können, das sie sind. So fügen sich die grundlegende moralische Gleichheit der Menschen – auf die sich alle Rechtssysteme stützen – und politische Gleichheit zusammen.

Um im Weiteren das Verhältnis von politischer Gleichheit zu Fragen sozialer oder ökonomischer Gerechtigkeit betrachten zu können, müssen wir uns als Nächstes den Gehalt von politischer Gleichheit detaillierter vor Augen führen. Nachdem wir politische Gleichheit definiert haben, sind wir in der Lage, die folgenden Fragen zu stellen: Worin wird die Dynamik der Welt des Sozialen und des Ökonomischen angesichts des durch politische Gleichheit bedingten Schutzes der Grundfreiheiten bestehen? Und wie lässt sich diese Dynamik steuern, damit sie die Grundfreiheiten und das, was auf ihnen beruht, also gleiche politische Freiheit bzw. politische Gleichheit, nicht untergräbt? Wenn man länger darüber nachdenkt, stellt sich heraus, dass diese Frage von uns verlangt, unser Augenmerk abermals darauf zu richten, wie wir gleiche Grundfreiheiten überhaupt schützen. Dies kann man nämlich auf verschiedene Weisen tun, und bei einigen Ansätzen zum Schutz gleicher Grundfreiheiten ist die Wahrscheinlichkeit höher, dass sie in der Welt des Sozialen und des Ökonomischen eine Dynamik entwickeln, die politische Gleichheit fördert. Wie sich zeigt, müssen wir uns folgende Frage stellen: Welche Grundstruktur schützt gleiche Grundfreiheiten so, dass eine soziale und ökonomische Dynamik erzeugt wird, die eben diese Freiheiten nicht untergräbt? Wie wir sehen wer-

---

für den Menschen, dass politische Rechte ökonomische Rechte schützen.

den, wird das Stellen dieser Art von Fragen uns von Rawls' Differenzprinzip weg zu einem neuen Prinzip von »Differenz ohne Herrschaft« führen.

VI. Die Definition politischer Gleichheit

Es ist Zeit für eine Definition politischer Gleichheit. In Anknüpfung an die Argumentation der Unabhängigkeitserklärung, die kohärente philosophische Beweisgründe für politische Gleichheit anführt, besteht politische Gleichheit meiner Meinung nach aus fünf Phänomenen: aus Herrschaftsfreiheit, gleichberechtigtem Zugang zum Regierungsapparat, epistemischem Egalitarismus, gleicher, sich auf Praktiken der Gegenseitigkeit stützender Handlungsmacht (*agency*) sowie Mitgestaltung von und Miteigentümerschaft an unseren politischen Institutionen und deren weiteren Auswirkungen.[20]

---

20 Das Folgende ist eine grobe Paraphrase meiner Argumentation in *Our Declaration*. Es sei angemerkt, dass ich (anders als in anderen Texten) im Rahmen dieses Kapitels nicht mit der Unabhängigkeitserklärung anfange, weil sie der Fixpunkt der politischen Tradition in den USA ist, sondern weil ich der Meinung bin, dass sie einen innovativen Beitrag zur politischen Philosophie, und zwar besonders zum philosophischen Egalitarismus geleistet hat. Ihr innovativer Charakter ist in der philosophischen Literatur nicht so häufig anerkannt und weiterverfolgt worden, wie es der Fall hätte sein sollen. Vor allem bin ich der Meinung, dass die Unabhängigkeitserklärung eine liberal-pragmatistische Demokratietheorie formuliert, die auf einer Konzeption des menschlichen Wohlergehens (»dem Streben nach Glück«) beruht, deren Definition und vorläufige, experimentelle und erfahrungsabhängige Beurteilung sie den Menschen selbst überlässt, ihre Experimente aber durch den Begriff der »Rechte« ab-

a. Herrschaftsfreiheit

Wenn man Philip Pettits Argumentation folgt, heißt Herrschaftsfreiheit im Sinne von Nichtbeherrschung, dass keine willkürliche Einmischung, kein »Kontrollvorbehalt« droht. In seinem brillanten Buch *Gerechte Freiheit* erklärt

---

sichert. Eine solche Absicherung macht diese Auffassung liberal, der Experimentalismus macht sie pragmatistisch. Zudem postuliert dieser Pragmatismus ein finales Gut (»Glück«), versieht dieses Gut aber nicht mit einer metaphysischen Grundlage. Vielmehr überlässt die Urkunde es jedem Einzelnen und dem Volk als Ganzem, im Laufe der Zeit Beurteilungen des Glücks abzugeben. In dieser Hinsicht beruht die in der Unabhängigkeitserklärung formulierte Auffassung sowohl auf dem Bekenntnis zum Fallibilismus als auch zum Korrigibilismus. Und schließlich formuliert sie eine konstruktive Rechtfertigung der Demokratie, insofern sie die demokratische Debatte der Bürgerinnen und Bürger (über Prinzipien und darüber, wie die Befugnisse der Regierung organisiert werden müssen, damit diese Prinzipien eingelöst werden) als einziges Verfahren festlegt, wie eine inhaltliche Auffassung des »Glücks« entwickelt werden kann. Meines Erachtens ist Amartya Sen der politische Philosoph, der der Formulierung einer philosophischen Sichtweise am nächsten kommt, die auf einer Linie mit dem liegt, was die Unabhängigkeitserklärung darlegt. In seinem Buch *Über die Freiheit* greift John Stuart Mill zentrale Punkte der in der Unabhängigkeitserklärung entfalteten Argumentation über Glück und das unabhängige Urteil von Menschen auf; dass aber die utilitaristische Tradition letztendlich den Begriff »Glück« auf »Nutzen« reduziert hat, nahm dem ursprünglichen Gedanken viel von seiner Kraft und verdeckte den ursprünglich konstruktivistischen Blick auf die fortlaufende Hervorbringung von vorläufigen Definitionen persönlichen und öffentlichen Glücks durch ein beratendes und streitbares demokratisches Volk. Durch diesen Fehler haben der Utilitarismus und andere, auf ihn zurückgehende öffentlichkeitswirksame philosophische Ansätze die Politik von Grund auf aus den Augen verloren und die Entscheidungsfindung auf das Werk gemeinsamer, gegebener und unveränderlicher Präferenzen reduziert.

Pettit Herrschaftsfreiheit unter Bezugnahme auf den Ausdruck »freie Hand lassen«. Wenn man bei einem Pferd die Zügel schießen, ihm also freie Hand lässt, kann es laufen, wohin es will, aber der Reiter behält einen »Kontrollvorbehalt« und kann jederzeit die Zügel wieder anziehen, das heißt wieder Zwang walten lassen. Oder man denke an Nora in Henrik Ibsens Schauspiel *Ein Puppenheim.* Noras Mann Torvald, ein bürgerlicher Gentleman des späten 19. Jahrhunderts, erlegt seiner Frau wenige Beschränkungen auf. Sie kann ihre Zeit so verbringen, wie sie möchte, und trotzdem ist sie unglücklich. Ihre Freiheit verdankt sich seiner Gnädigkeit, er beherrscht sie, insofern sie seinem Kontrollvorbehalt unterliegt.[21]

Herrschaftsfreiheit setzt mehr voraus als den bloßen Schutz des Grundrechts, dass man seine Religion, politische Partei, Vereinigungen und Arbeitsstelle frei wählen kann. Sie verlangt auch, dass man die Institutionen – Gesetze, politische Programme, Verfahren –, zu gleichen Teilen kontrolliert, die zwangsläufig in das Leben jedes Einzelnen eingreifen, idealerweise aber nur, um diesen Einzelnen vor der Beherrschung durch jemand anderen und alle Gruppen vor der Beherrschung durch andere Gruppen zu schützen.

Pettit schlägt drei einfache Prüfverfahren dafür vor, ob eine Gesellschaft frei von Herrschaft ist: den Offene-Rede-Test, den Pech-gehabt-Test und den Blickwechsel-Test. Können die Menschen und ihre Volksvertreter freiheraus miteinander und mit anderen Bürgerinnen und Bürgern sprechen oder sehen sich einige zum Katzbuckeln oder zu Kratzfüßen zum Beispiel vor Personen mit prallen Brief-

21 Philip Pettit, *Gerechte Freiheit. Ein moralischer Kompass für eine komplexe Welt.* Aus dem Amerikanischen von Karin Wördemann, Berlin 2015.

taschen gezwungen? Letzteres spräche für Herrschaft. Wenn die eigene Seite in einem politischen Streitfall eine Abstimmung verliert, besteht Grund zu der Annahme, dies als Pech zu betrachten und nicht als »Zeichen eines übelmeinenden Willens, der sich gegen Sie oder Leute wie Sie richtet?« Wenn nicht, spricht das abermals für Herrschaft. Und können schließlich Bürger einander »ohne Grund zur Angst oder Ergebenheit« in die Augen sehen?

Nicht zuletzt ist eine Welt ohne Herrschaft keine Welt ohne Hierarchie und auch keine Welt ohne Zwänge, vielmehr müssen Hierarchie und Zwänge, wie zum Beispiel Gesetze, legitim sein. Ob bestimmte Fälle von Hierarchie und Zwang legitim sind, hängt von Verfahrensfragen und davon ab, ob die zwischenmenschlichen Beziehungen, die über den Rahmen der hierarchischen Institution oder des Rechtssystems hinausgehen, einem Herrschaftsmuster gehorchen oder nicht.[22]

b. Gleichberechtigter Zugang zum Regierungsapparat

Demokratie besteht in der Errichtung unpersönlicher Formen gemeinschaftlicher Entscheidungsfindung. Das heißt, es werden Institutionen zur gemeinsamen Entscheidungsfindung eingerichtet, deren Legitimität an die Idee »des Volkes« gebunden ist, das sie bevollmächtigt und das sie repräsentieren. Die Befugnis zur Entscheidungsfindung ist nicht an das einzelne Individuum gebunden. In der An-

---

22 Die Argumente in diesem Kapitel erfahren eine Ergänzung durch Melvin Rogers' Argumente in »Race, Domination, and Republicanism« (in: Danielle Allen, Rohini Somanathan (Hg.), *Difference without Domination. Pursuing Justice in Diverse Democracies*, Chicago 2020).

tike sind Demokratien die erste politische Form gewesen, die eine Entpersonalisierung von Macht bewirkte, sodass man im Unterschied zur Monarchie oder Oligarchie nicht sagen konnte, dass die politische Macht in den Händen dieser oder jener Person oder Personengruppe lag.[23] Demokratien können solche »entpersonalisierenden« Institutionen auf ganz unterschiedliche Weise zuschneiden. So hat es zum Beispiel die direkte Demokratie der alten Athener und die repräsentative Demokratie in der Moderne sowohl in präsidentieller als auch in parlamentarischer Form gegeben. Die maßgeblichen Entscheidungsfindungsinstitutionen sind normalerweise Legislative, Exekutive und Judikative. Und zur Entscheidungsfindung der Exekutive gehört noch der regulatorische Apparat der Exekutivbehörden.

Eine zweite wichtige Komponente von politischer Gleichheit ist, dass alle Bürger gleichberechtigten Zugang zu diesem Entscheidungsfindungsapparat besitzen. Wir sind es gewohnt, im Zusammenhang mit dem Schutz von Stimmrechten für einen solchen gleichberechtigten Zugang einzutreten. Derzeit führen wir hitzige Debatten über die Gesetze zur Wahlkampffinanzierung und darüber, ob es auf diesem politischen Gebiet irgendwelche gesetzlichen Bestimmungen gibt, die einen gleichberechtigten Zugang zum Entscheidungsfindungsapparat verhindern. Auch der Streitpunkt, ob Bedürftigen ein kostenloser Verteidiger zur Ver-

---

23 Daran zeigt sich die Stichhaltigkeit von Thukydides' Kritik an Perikles in der *Geschichte des Peloponnesischen Krieges*, in welcher der Historiker sagt, Athen sei nur dem Namen nach eine Demokratie, weil in Wirklichkeit alle Macht in den Händen eines einzigen Mannes liege, nämlich Perikles (Thukydides, *Geschichte des Peloponnesischen Krieges*, 1. Teil: Buch I-IV, griech.-dt. Übersetzt von Georg Peter Landmann, München 1993, Buch II, 64, S. 277). Thukydides versucht, den Anspruch der Demokratie zu widerlegen, dass sie eine Entpersonalisierung von Macht bewirkt habe.

fügung gestellt werden sollte, ist an dieser Stelle relevant. Zur Diskussion steht die Frage, welche institutionellen Vorkehrungen genau einen gleichberechtigten Zugang zu den legislativen, exekutiven (einschließlich regulatorischen) und judikativen Entscheidungsfindungsprozessen auf allen Ebenen des Staates sicherstellen (auf Bundes-, auf Staats- und auf lokaler Ebene), doch das Ideal ist klar: Wenn der Weg zu den Schaltstellen der Macht einer Person offensteht, sollte er eigentlich prinzipiell auch allen anderen offenstehen – je nachdem, ob die betreffende Person die rechtmäßig festgelegten Qualifikationen erworben hat, die für die Bedienung des jeweiligen Machthebels relevant sind.[24]

c. Epistemischer Egalitarismus

Ein drittes Merkmal politischer Gleichheit ist das, was ich als epistemischen Egalitarismus bezeichne. Wie alle politischen Systeme sind Demokratien auf erfolgreiche, kollektive Lern- und Wissensmanagementpraktiken angewiesen, damit die richtigen Entscheidungen getroffen werden kön-

---

24 Dies ist nicht ganz dasselbe wie Rawls' Gedanke, dass die Grundfreiheiten auf gleiche Weise für alle geschützt werden müssen, auch wenn politische Freiheit aufgrund ungleicher Ressourcen nicht für alle den gleichen Wert besitzt. Für die Reichen werden die ihnen zugänglichen politischen Freiheiten mehr Wert haben. Rawls' Lösung für die Kluft zwischen politischen Freiheiten und tatsächlicher Ermächtigung besteht in der Anwendung des Differenzprinzips auf die Funktionsweise der Grundfreiheiten. Er schreibt: »Nimmt man die beiden Grundsätze zusammen, so ist die Grundstruktur so zu gestalten, daß der Wert des gesamten Systems der Freiheiten [...] für die am wenigsten Begünstigten möglichst groß wird« (*Theorie der Gerechtigkeit*, Abschn. 32, S. 233).

nen. Im Unterschied zu anderen Regierungsformen sind ihnen Verfahren zugänglich, welche die kollektive Entscheidungsfindung dadurch stärken, dass sie auf die Wissensressourcen der gesamten Bürgerschaft zurückgreifen.

Menschen sind Schwämme, die Informationen über ihre Umwelt aufnehmen. Manche Schwämme sind besser als andere, aber saugfähig sind wir alle. Alle Menschen sind insofern gleich geschaffen, dass wir alle zum Aufsaugen bestimmt sind. Wenn wir diese Tatsache anerkennen, können wir eine kollektive Intelligenz entwickeln, die allem überlegen ist, was eine Einzelperson erreichen kann. Wenn man sagt, jeder sei auf gleiche Weise an dem Projekt beteiligt, Einblicke in den Verlauf des menschlichen Schicksals zu gewinnen, heißt das natürlich nicht, dass jeder gleich gut darin ist, sondern lediglich, dass jeder die Fähigkeit besitzt, irgendeine Information aufzuschnappen oder irgendeine Beobachtung zu machen, die für das Gesamtbild relevant ist und die bis dahin niemand anders zur Kenntnis genommen hat. Manche Menschen schnappen mehr auf als andere, aber jeder schnappt etwas auf. Experten kommt in größeren demokratischen Gemeinschaften eine entscheidende Rolle zu, aber der Wert ihrer Beiträge sollte nicht die Tatsache verdecken, dass Beiträge aus allen Ecken benötigt werden, um eine Gesamtsicht zu erlangen.[25]

Demokratien können unsere individuellen und kollektiven Fähigkeiten stärken, das Verhältnis von Gegenwart und Zukunft zu analysieren und in diesem Zusammen-

---

25 In seinem Buch *Democracy and Knowledge. Innovation and Learning in Classical Athens* (Princeton 2008) hat Josiah Ober eine besonders umfassende empirische und theoretische Erörterung der Bedeutung des epistemischen Egalitarismus für das Gelingen einer Demokratie vorgelegt. Siehe auch Henry Farrell, Cosma Shalizi, »Pursuing Cognitive Democracy«, in: Allen / Light (Hg.), *From Voice to Influence*, S. 211-231.

hang politische Urteile zu fällen, indem jeder in den Verständigungsprozess über den Verlauf des menschlichen Schicksals einbezogen wird. Durch die Entwicklung egalitärer Ansätze zur Wissensbildung können sie eine kollektive Intelligenz ausbilden, die allem überlegen ist, was Einzelne, ja sogar geschlossene Expertengruppen zu leisten vermögen. Am wertvollsten sind Experten, wenn sie Hand in Hand mit einer gut ausgebildeten Allgemeinbevölkerung arbeiten, die in der Lage ist, nützliches soziales Wissen in die Beratungen einzubringen.[26]

Diese Art von egalitärer epistemischer Praxis kann die demokratische Entscheidungsfindung verbessern, weil sie das Abwägen von Entscheidungen in größerer Runde unterstützt. Zudem erhöht der Einsatz solcher Praktiken auch die politische Gleichheit. Wenn einige wenige das Wissen und die Erkenntnisse, die in eine politische Entscheidung einfließen, streng kontrollieren, gewinnen durch ihre Kontrolle über die Wissensressourcen auch sie Macht über die Entscheidung. Eine stärkere Einbindung der Bürgerschaft in die Erkenntnis-, Analyse- und Beratungsprozesse, die in die Politikgestaltung eingehen, dezentralisiert Macht und fördert politische Gleichheit. Der Stellenwert des epistemischen Egalitarismus für politische Gleichheit unterstreicht demnach, dass Bildung als öffentliches Gut behandelt werden sollte, insofern ein effektives Bildungssystem erforderlich ist, um das effektive Beteiligungspo-

26 In den Vereinigten Staaten hat die Presidential Commission on Bioethical Issues, welche die Zusammenarbeit von Experten und Laien zu einem Schlüsselelement ihrer Arbeit gemacht hat, dies kürzlich festgestellt. Siehe zum Beispiel den Kommissionsbericht *New Directions. The Ethics of Synthetic Biology and Emerging Technologies*, Washington, Dezember 2010. Online gestellt am 17. Juni 2014 ⟨https://papers.ssrn.com/sol3/papers.cfm?abstract_id=2445575⟩.

tenzial der Bürgerinnen und Bürger an den Wissensmanagement- und Beratungsprozessen in ihrer Demokratie zu maximieren. Es ist kein Zufall, dass 49 der 50 US-amerikanischen Bundesstaatsverfassungen ein Recht auf Bildung enthalten und dass dieses Recht im Allgemeinen mit der Vorbereitung der Menschen auf ihre Rolle als Staatsbürger begründet wird.[27] Ein gutes Bildungssystem ist deshalb eine wichtige Grundlage für die Verwirklichung politischer Gleichheit, weil für politische Gleichheit epistemischer Egalitarismus erforderlich ist.

d. Gegenseitigkeit

Die vierte Komponente von politischer Gleichheit betrifft egalitäre Praktiken der Gegenseitigkeit. Für gerechte menschliche Beziehungen ist die Art von Gleichheit erforderlich, die sich in Gegenseitigkeitsprinzipien äußert. Solche Prinzipien bilden die Grundlage für Interaktionen, durch die sowohl Freunde als auch Mitbürger in ihren Beziehungen zueinander gleiche Handlungsmacht erlangen.

Ob nun in einer Freundschaft oder in der Politik, möchten alle Beteiligten über einen Handlungsspielraum verfügen, der keine Einschränkungen durch andere erfährt.[28] Je-

27 Michael Rebell, *Flunking Democracy. Schools, Courts, and Civic Participation*, Chicago 2018, Kap. 3.

28 Dieses Ideal gleicher Handlungsmacht ist ein Eckpfeiler von Aristoteles' Begriff der ausgleichenden Gerechtigkeit, den er in Buch V.4 der *Nikomachischen Ethik* erörtert und den ich sowohl in *The World of Prometheus. The Politics of Punishing in Democratic Athens* (Princeton 2002), Kap. 11, als auch in *Talking to Strangers* (S. 128-130) erläutere. Dieser Gedanke ist zu einem Kernbestandteil meiner eigenen Demokratietheorie geworden.

der besitzt die Fähigkeit, gegebenenfalls Ansprechbarkeit und Entgegenkommen an den Tag zu legen, damit sichergestellt wird, dass niemand den Handlungsspielraum von jemand anderem beeinträchtigt. Das Erlangen von Freiheit beruht auf dieser egalitären Verpflichtung zur ständigen Neujustierung, mit deren Hilfe solche Beeinträchtigungen rückgängig gemacht, beseitigt oder behoben werden können. Die Problemlösungsverfahren eines freien Volkes stützen sich auf diese Art von egalitärer Grundlage, auf Gewohnheiten der Gegenseitigkeit. Dass man mit Worten Dinge erreicht, bildet den Kern solcher gegenseitige Ansprechbarkeit signalisierenden, egalitären Problemlösungsverfahren. Gegenseitigkeit – bzw. wechselseitige Ansprechbarkeit – bildet den Kern von Gerechtigkeit.

Die Gegenseitigkeit, die den Kern von politischer Gleichheit bildet, ist durch zwei Praktiken definiert: Praktiken, welche die Behebung von Missständen ermöglichen, und Praktiken, welche die Anerkennung und Erwiderung von Leistungen ermöglichen, in deren Genuss jemand dank seiner Mitbürger gekommen ist.[29] Keine politische Entscheidung ist für alle Mitglieder eines politischen Gemeinwesens gleich gut, selbst wenn alle Mitglieder des politischen Gemeinwesens über einen gleichberechtigten Zugang zum Regierungsapparat verfügt haben und in gleichem Maß in der Lage waren, ihr Wissen in die Entscheidungsfindungspraktiken der Gruppe einzubringen. Sogar unter solchen Bedingungen werden einige Mitglieder des politischen Gemeinwesens Einbußen erleiden. Wenn feste Muster erkennbar werden, wer die sich aus der politischen Entscheidungsfindung ergebenden Einbußen zu verkraften hat, ist

29 An dieser Stelle kommt meine vollständig in meinem Buch *Talking to Strangers* formulierte Sichtweise Rawls' Erörterung der Wichtigkeit eines »Gerechtigkeitssinns« sehr nahe.

es mit der politischen Gleichheit vorbei. Dann besteht das Ziel darin, Praktiken zu entwickeln, die dazu führen, dass die politischen Einbußen im Laufe der Zeit innerhalb der Bürgerschaft die Runde machen.[30]

In einigen Hinsichten wird dies wie im zivilrechtlichen System durch Praktiken zur Beseitigung von Missständen erreicht. In anderen Hinsichten wird es durch legislative und deliberative Praktiken erreicht, zu denen ausgeprägte Kompromissbildungsverfahren gehören, die jene Opfer anerkennen und vergelten, die einige Mitglieder des politischen Gemeinwesens für andere bringen. Der Gegenseitigkeitsgedanke kennzeichnet die Art von Gleichheit, die in zwischenmenschlichen Beziehungen im Spiel sein muss, damit Freiheit erreicht wird. Dabei handelt es sich um eine Gleichheit, bei der eine Person, wenn sie von einer anderen verletzt wird, sich zur Wehr setzen und Wiedergutmachung erlangen kann, sodass in ihrer Beziehung ein ausgewogenes Verhältnis von Handlungsmacht möglich ist. Bedingungen sicherzustellen, unter denen niemand jemand anderen beherrscht, macht eine Form von auf Gesprächen basierender Interaktion erforderlich, die sich auf Gleichheit in den Beziehungen der Beteiligten stützt und sie verkörpert. Das Gleichheitsideal macht nicht bloß Rahmenbedingungen erforderlich, die Herrschaftsfreiheit sicherstellen – das war die erste Facette von Gleichheit, die wir uns angesehen haben –, sondern die durch gegenseitige Ansprechbarkeit erlangte Gleichheit in Bezug auf die Handlungsmacht stellt außerdem ihrerseits die Mittel bereit, Freiheit sicherzustellen. Gleichheit in Bezug auf die Handlungsmacht beruht auf der Fähigkeit der Bürgerinnen und Bürger, in ihren alltäglichen Interaktionen untereinander Gewohnheiten von Nichtbeherrschung zu ent-

30 Allen, *Talking to Strangers*, Kap. 3, 4, 8 und 9.

wickeln; in *Talking to Strangers* habe ich diese Gewohnheiten »politische Freundschaft« genannt.[31]

e. Miteigentümerschaft an politischen Institutionen

Die fünfte Komponente von politischer Gleichheit besteht darin, dass alle Mitglieder des politischen Gemeinwesens ein Verständnis davon entwickeln, dass jedes Mitglied den gleichen Eigentumsanteil an den bestehenden politischen Institutionen besitzt.[32] Hier besteht das Gleichheitsideal in der Mitgestaltung, in deren Rahmen viele Menschen sich gleichberechtigt an der Erschaffung einer gemeinsamen Welt beteiligen. Das tun sie unter Bedingungen gegenseitigen Respekts und wechselseitiger Rechenschaftspflicht, indem sie Informationen, Opfer und Eigentümerschaft teilen. Politische Gleichheit soll nicht bloß sicherstellen, dass es herrschaftsfreie Räume gibt, sondern auch dafür sorgen, dass alle Mitglieder einer Gemeinschaft sich auf gleiche Weise an der Schaffung und ständigen Neuerschaffung dieser Gemeinschaft beteiligen. Dafür ist zum Beispiel das

---

31 Ebd.

32 Ähnlich hat der Ökonom und Nobelpreisträger Herbert Simon argumentiert, dass die politischen Institutionen in einer Demokratie einen Aktivposten darstellen, der im Besitz des ganzen Volkes ist. Darüber hinaus hat er die These vertreten, dass dieser sich im Besitz der Gemeinschaft befindende Aktivposten in den entwickelten Demokratien die Grundlage für die Erlangung beträchtlichen Wohlstands gewesen sei und dass dieser Wohlstand deshalb mit der Begründung, dass die Öffentlichkeit Eigentümerin des Aktivpostens ist, der ihn erzeugt hat, für ein allgemeines Grundeinkommen herangezogen werden könne. Siehe Herbert Simon, »Response to Philippe van Parijs on Universal Basic Income«, in: *Boston Review*, Oktober 2000 ⟨http://bostonreview.net/forum/basic-income-all/herbert-simon-ubi-and-flat-tax⟩, zuletzt aufgerufen am 30.1.2020⟩.

Thema der Neueinteilung der Wahlkreise relevant. Aktuelle Ansätze zur Neueinteilung, die diese Arbeit in die Hände der politischen Parteien anstatt des Volkes als Ganzem legen, machen die politischen Institutionen zum Eigentum der politischen Eliten. Wenn sie dagegen richtig, nämlich als Eigentum des Volkes verstanden werden, dann sollte die Kontrolle über ihre regelmäßige, grundsätzliche Neuordnung direkt beim Volk liegen.

Angesichts dieser umfassenden Definition von politischer Gleichheit verlangt der Schutz gleicher Grundfreiheiten, einschließlich der politischen Freiheiten, die Gewährleistung von Herrschaftsfreiheit, gleichberechtigtem Zugang zum Regierungsapparat, Bildungsressourcen, auf die sich eine egalitäre Beteiligung aller an den Wissensmanagement- und Beratungsprozessen des politischen Gemeinwesens stützt, einer Kultur der Gegen- und Wechselseitigkeit und eines auf Aktivposten beruhenden Verständnisses von politischen Institutionen, das allen Bürgerinnen und Bürgern Eigentumsanteile an diesem Aktivposten zuweist und verhindert, dass eine Untergruppe der Bevölkerung diese Institutionen an sich reißt. Die Frage, wie die institutionellen Schutzvorkehrungen für gleiche Grundfreiheiten so gestaltet werden können, dass sie eine soziale und ökonomische Dynamik erzeugen, die eben diese Freiheiten nicht untergräbt, entpuppt sich deshalb als eine Frage, welche Modelle zum Schutz der Grundrechte Nichtbeherrschung, gleichberechtigten Zugang zum Regierungsapparat, epistemischen Egalitarismus, eine Kultur der Gegenseitigkeit und eine Vorstellung von Miteigentümerschaft an den politischen Institutionen fördern. Wenn wir die Auswahl zwischen verschiedenen Strategien zum Schutz gleicher Grundfreiheiten haben, sollten wir uns für die Optionen entscheiden, die der Kultivierung der fünf Facetten von politischer Gleichheit am ehesten zugutekommen. In diesem Fall würde die Dynamik auf den Gebieten des Sozialen und des Ökonomischen die gleichen Grundfreiheiten nicht untergraben, deren Sicherstellung wir ursprünglich angestrebt hatten.

VII. Gleiche Grundfreiheiten und ihr paradoxes Potenzial, Ungleichheitsdynamiken zu erzeugen

Der Schutz politischer Freiheit verlangt nicht bloß die Gewährung des Rechts zu wählen, ein Amt zu bekleiden und als Geschworener zu fungieren, sondern auch Vereinigungsfreiheit und freie Meinungsäußerung, die politische Partizipation überhaupt erst möglich machen. Letztere Rechte bilden natürlich auch eine wertvolle Grundlage für die Äußerung von privater und nicht bloß von öffentlicher Autonomie. Wenn unsere Theorie der Gerechtigkeit bei der Notwendigkeit ansetzt, gleiche Grundfreiheiten zu schützen, und dabei die Freiheiten, auf denen öffentliche Autonomie beruht, und die Freiheiten, auf denen private Autonomie beruht, gleich gewichtet werden, wie finden wir dann heraus, was auf dem Gebiet des Sozialen und auf dem Gebiet des Ökonomischen für Gerechtigkeit erforderlich ist?

Am wichtigsten ist zunächst einmal, dass die Dynamik der Gebiete des Sozialen und des Ökonomischen die gleichen Grundfreiheiten, einschließlich der politischen Freiheiten, nicht untergraben darf. In Bezug auf diesen Punkt setze ich mich ganz entschieden von Rawls ab. Während Rawls immerhin erklärt, dass die Grundfreiheiten, auf denen private Autonomie beruht, niemals dem materiellen Wohlstand geopfert werden dürfen, behauptet er, dass es unter bestimmten Umständen für jemanden vernünftig sein kann, zumindest vorübergehend auf seine politischen Freiheiten zu verzichten, um zu materiellem Wohlstand zu gelangen. Wenn dagegen in meiner Argumentation die alten und die modernen Freiheiten wirklich gleich gewichtet werden, ist es genauso unzulässig, dass sich in der Welt des Sozialen und des Ökonomischen eine Dynamik entwickelt, welche die politischen Freiheiten bzw. die politische Gleichheit außer Kraft setzt, wie es unzulässig ist, dass sie die Rechte außer Kraft setzt, auf denen private Autonomie beruht. Wir benötigen ein strenges Prüfsystem dafür, ob der Schutz der negativen Freiheiten der Modernen mit dem gleichzeitigen Schutz der positiven Freiheiten der Alten vereinbar ist. Die Anwendung solch eines strengen Prüfsystems sollte es uns erlauben, die beiden Arten der Freiheit im Laufe der Zeit aufeinander abzustimmen.

Dieser Punkt stellt die größte Herausforderung dar, weil genau der Typus von Rechtsschutz, der den Kern des Schutzes gleicher Grundrechte bildet – und zwar vor allem des Rechts auf Vereinigungsfreiheit – Formen sozialer und ökonomischer Differenz erzeugt, die in einer konkreten Gesellschaft häufig zu Quellen von Herrschaft werden und letzten Endes den Weg zu politischer Gleichheit unterhöhlen. Wir müssen der Tatsache ins Auge sehen, dass schon unsere Entscheidung, *wie* die gleichen Grundfreiheiten geschützt werden sollen, die Gebiete des Sozialen und des Ökonomischen strukturell nicht unberührt lässt.

Ein einfaches, auf der Hand liegendes Beispiel dafür ist die Segregation. Die gesamte Verteidigung des Rassendiskriminierungssystems beruhte auf der Notwendigkeit, die Vereinigungsfreiheit als für alle gleiche Grundfreiheit zu schützen. Doch diesem vordergründigen Schutz einer Grundfreiheit entsprangen viele verschiedene Herrschaftsformen. In einer segregierten Gesellschaft wird zum Beispiel politische Gleichheit dadurch untergraben, dass Herrschaftsmuster entstehen und der Zugang zu den Schaltstellen der Macht eingeschränkt ist. Trotzdem untergräbt dies nicht zwangsläufig die private Autonomie. Darin lag die eigentliche Bedeutung des segregationistischen Arguments, dass es möglich sein sollte, zwei getrennte, aber gleichwertige Welten zu schaffen. Überraschenderweise und gegen Rawls' erklärte Meinung ist die segregationistische Perspektive also mit der Rawlsschen Vorstellung vereinbar, dass nur die Rechte, auf denen private Autonomie beruht, als absolut sakrosankt betrachtet werden sollten. Sobald aber die politischen Freiheiten, und politische Gleichheit, ebenfalls als sakrosankt betrachtet werden, tritt offen zu Tage, dass die sozialen Strukturen des Segregationismus einer gerechten Gesellschaft diametral entgegenstehen. Dieses Beispiel zeigt, wie wichtig es ist, die politischen Freiheiten als genauso zentral zu betrachten wie die Freiheiten, die private Autonomie absichern.

Zudem gaben die Auswirkungen der Rassendiskriminierung auf die Sozialstruktur der Vereinigten Staaten in der ersten Hälfte des 20. Jahrhunderts auch starre Muster für die Verteilung der ökonomischen Gewinne vor. Als die Wirtschaftsproduktivität Mitte des 20. Jahrhunderts boomte, wurden deren Erträge nach einem Muster verteilt, das die zugrunde liegende segregationsgesteuerte Zuteilung von Grundbesitz und Arbeit festlegte. Mit anderen Worten schuf der spezifische, durch das Rassendiskriminierungssystem angestrebte Schutz einer für alle gleichen Grundfreiheit die Grundlage dafür, dass auf den Gebieten des Sozialen, Politischen und Ökonomischen einige Bürger von anderen beherrscht wurden.

Nun könnten wir uns aber den Fall der Segregation ansehen und ihn mit dem Argument kritisieren, dass das Rassendiskriminierungssystem eigentlich lediglich auf der falschen Behauptung eines Schutzes der grundsätzlichen

Vereinigungsfreiheit beruhte. Wir würden darauf verweisen, dass das Rassendiskriminierungssystem, weil es das Recht von Afroamerikanern sowie mexikanisch- und chinesischstämmigen Amerikanern auf gesellschaftliche Freizügigkeit zu schützen unterließ, tatsächlich ihr Vereinigungsrecht verletzte, während es vermeintlich das von anderen schützte. So hat Rawls in der Tat argumentiert. Durch die Rassendiskriminierung seien vielleicht die Grundfreiheiten *einiger* geschützt worden, aber keine *gleiche* Grundfreiheit *für alle*. Von daher könnte man versucht sein zu sagen, dass der einzige Grund, warum sich in der Zeit der Rassendiskriminierung in der Welt des Sozialen und des Ökonomischen Herrschaftsmuster bildeten, darin lag, dass die gleichen Grundfreiheiten faktisch nicht geschützt wurden. Doch dann würde man einen anderen grundsätzlichen Aspekt von gleichen Grundfreiheiten und von deren paradoxem Potenzial verfehlen, sowohl in der Welt des Sozialen als auch in der Welt des Ökonomischen Ungleichheitseffekte zu erzeugen. Vereinigungsfreiheit führt unweigerlich zu sozialen Differenzen, und soziale Differenzen haben in der Historie mit hoher Wahrscheinlichkeit Herrschaft erzeugt. Diesen Aspekt werde ich in den nächsten beiden Abschnitten näher ausführen, zuerst in Bezug auf die Welt des Sozialen, dann in Bezug auf die Welt des Ökonomischen.

VIII. Differenz ohne Herrschaft: Gleiche Grundfreiheiten und die soziale Frage

Eine grundlegende Äußerungsform der Vereinigungsfreiheit ist das Recht zu heiraten, wen man möchte. Wenn in Zuneigung zueinander verbundene Menschen sich zu Ehepaaren zusammenfinden, bilden sie Bausteine zu kulturell homogenen Einheiten. Unabhängig davon, wie Heiratsmärkte in verschiedenen historischen und geografischen Kontexten genau beschaffen waren, haben sie normalerweise unterscheidbare ethnische Gemeinschaften hervorgebracht, und es besteht aller Grund zu der Annahme, dass Vereinigungsfreiheit dieses Muster eher verstärkt als untergräbt. Soziale Netzwerk-Theoretiker haben »Soziale Homophilie«, das heißt die Tatsache, dass einander ähnliche Menschen dazu neigen, sich zueinander zu gesellen, als Grundbaustein menschlicher Sozialorganisation ausgemacht.[33] Selbst wenn man sich eine Welt vorstellt, in der Vereinigungsfreiheit nicht nur vor staatlicher Einmischung, sondern auch vor Einmischung in Gestalt von sozialen Sanktionen geschützt ist, besteht immer noch aller Grund zu der Annahme, dass soziale Homophilie die Bildung von erkennbar unterschiedlichen sozialen Gruppen vorantreiben würde.

Und wo es soziale Differenzen gibt, kann es leicht auch zu Herrschaft kommen. Sogar ohne eine besondere Abneigung gegenüber Fremdgruppen zu hegen, werden die Mitglieder einer sozialen Gruppe lediglich aufgrund der Präferenzen der Eigengruppe häufig darauf aus sein, Chancen und Ressourcen auf ihre Gruppe zu vereinen.[34] Mit anderen Worten ist soziale Ausdifferenzierung sehr häufig mit der Hortung von Chancen und anderen Versuchen der Ressourcensteuerung verbunden, die zur Beherrschung einiger Gruppen durch andere führen können. In seiner extremsten Form kann der Schutz der Vereinigungsfreiheit

---

33 Marc S. Granovetter, »The Strength of Weak Ties«, in: *The American Journal of Sociology* 78 (1973), S. 1360-1380.

34 Jim Sidanius u. a., *The Diversity Challenge. Social Identity and Intergroup Relations on the College Campus*, New York 2008.

eine soziale Ausdifferenzierung erzeugen, die zu Kastengesellschaften führt, auch wenn solche Gesellschaften durch schwere soziale Sanktionen gekennzeichnet sind, welche die Vereinigungsfreiheit faktisch einschränken. Eine derartige Verknüpfung von Differenz mit Herrschaft verringert die Aussichten, dass eine Gesellschaft politische Gleichheit erlangt. Deshalb macht das Ziel, politische Gleichheit zu schützen, es erforderlich, dass wir uns fragen, wie es soziale Differenzen geben kann, die dem Schutz der negativen Rechte entspringen, ohne dass wir gleichzeitig Herrschaft erzeugen. Wie können wir zu Differenz ohne Herrschaft gelangen?

Was Differenz mit Herrschaft ist, wissen wir, nämlich die Situation, wenn soziale Unterscheidungsmuster so ausgerichtet sind, dass manche Gruppen andere Gruppen aktiv oder vorbehaltlich unter Kontrolle haben. Differenz ohne Herrschaft bezeichnet demnach soziale Muster, die nicht darauf hinauslaufen, dass allein aufgrund des sozialen Hintergrunds der jeweils Beteiligten irgendeine Gruppe eine andere Gruppe entweder direkt oder vorbehaltlich unter Kontrolle hat, und auch nicht darauf, dass irgendeine Einzelperson eine andere direkt oder vorbehaltlich unter Kontrolle hat. Differenz ohne Herrschaft sollte das Prinzip sein, das unsere Entscheidungen über die Grundstruktur, Gesetze und Institutionen leitet, welche die grundlegenden gesellschaftlichen Spielregeln festlegen.

Der Schutz der gleichen Grundfreiheiten muss nämlich so gestaltet sein, dass er den Schutz dieser Freiheiten nicht bloß zum Zeitpunkt eines imaginären Naturzustands t1 gewährleistet, an dem eine Gesellschaft gegründet wird, sondern auch zu den Zeitpunkten t2, t3, t4 und so weiter, nachdem die sozialen Differenzen feste Muster ausgebildet haben. Nur ein solcher Schutz der gleichen Grundfreiheiten kann letzten Endes tatsächlich als Schutz zählen.

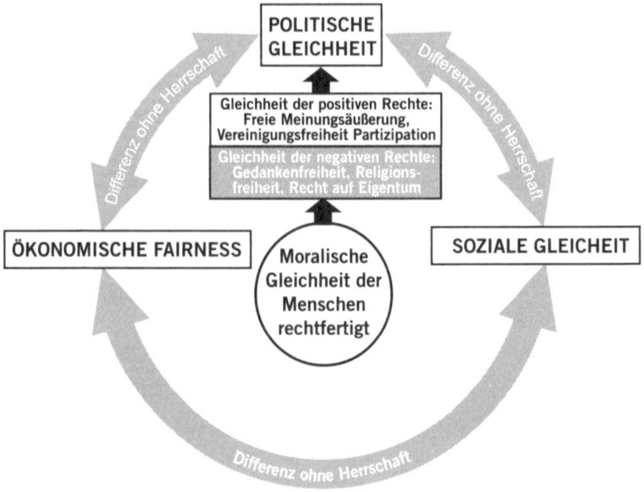

Abbildung 1: *Ein Circulus virtuosus:* Politische Gleichheit als Grundlage von Gerechtigkeit

Das ist der Punkt, den Abbildung 1 zum Ausdruck bringt. Dahinter steht der Gedanke, dass die Gleichheit der Menschen den Schutz der gleichen Grundfreiheiten bedingt, dieser Schutz aber seinerseits so gestaltet sein muss, dass er dem Maßstab von Differenz ohne Herrschaft gerecht wird, damit es ihm gelingt, die gleichen Grundfreiheiten, und zwar vor allem die politische Gleichheit zu schützen und sie nicht zu untergraben. Ein Schutz der gleichen Grundfreiheiten, der so gestaltet ist, dass er dem Maßstab der Schaffung von Differenz ohne Herrschaft auf den Gebieten des Sozialen und des Ökonomischen gerecht wird, sollte soziale Gleichheit und ökonomischen Egalitarismus zur Folge haben.

Doch was genau wird in der Welt des Sozialen vom Prinzip einer Differenz ohne Herrschaft verlangt? Wie können wir soziale Differenzen fördern und gleichzeitig ihre Verbindung mit Herrschaft kappen? Die Frage lautet, welche Grundstruktur, das heißt welche grundlegenden politischen und sozialen Institutionen erforderlich sind, damit die soziale Dynamik, die aus praktizierter Vereinigungsfreiheit hervorgeht, sich nicht mit Hierarchie und Herrschaft verknüpft und dadurch den Weg zu politischer Gleichheit versperrt.

Die Lösung muss darin liegen, die Bestandteile der institutionellen Grundstrukturen ausfindig zu machen, welche die Vereinigungsfreiheit schützen und gleichzeitig der Entwicklung von Phänomenen wie der Hortung von Chancen und der Gruppenherrschaft entgegenwirken. Solche Bestandteile der institutionellen Grundstrukturen erlauben und fördern Differenz, aber Differenz ohne Herrschaft. Wir beurteilen die institutionellen Grundstrukturen also nach der Wahrscheinlichkeit, mit der sie Differenz ohne Herrschaft begünstigen.

Ich fasse die Bestandteile der Grundstruktur, die für diese Form von Differenz sorgen, unter der Kategorie der Institutionen einer »vernetzten Gesellschaft« zusammen. Sozialkapital-Forscher unterscheiden drei Arten von sozialen Beziehungen: Bonding im Sinne von Bindung, Bridging im Sinne des Bauens von Brücken und Linking im Sinne von Verbindungen. Bindungen sind jene (im Allgemeinen engen) Beziehungen, die Verwandte, Freunde und sozial ähnliche Personen zusammenhalten; Brücken werden in jenen (im Allgemeinen loseren) Beziehungen gebaut, die Menschen über demografische Spaltungen (Alter, Rasse, Klasse, Beruf, Religion und Ähnliches) hinweg miteinander verbinden; und Verbindungen sind schließlich die vertikalen Beziehungen zwischen Menschen auf unterschiedlichen Stufen einer Statushierarchie, wie zum Beispiel in einem Beschäftigungsverhältnis.[35] Wie ich in Kapitel 3 zeigen werde, dürfte eine Assoziationsökologie mit maximalem Brückenbau die Wahrscheinlichkeit minimieren, dass soziale Differenzen sich mit Herrschaft verbinden.[36] Für die Schaffung einer Assoziationsökologie, der dies gelingt, ist es erforderlich, das Augenmerk auf alle politischen Programme zu richten, die Auswirkungen auf die Boden- und die Raumnutzung haben: Verkehrswesen, Wohnungsbau, Gebietsaufteilung, Bezirkseinteilung (sowohl in Bezug auf politische Repräsentation als auch auf Bildung), öffentliche Versorgung und Kommunikationsinfrastruktur (die sich auf die Erfahrung von Raum und Zeit auswirkt). Die Frage, wie die Raum- und Bodennutzung organisiert ist, hat Einfluss darauf, ob der Schutz des Vereinigungsrechts die gleichen Grundfreiheiten, zu denen auch das Vereinigungsrecht selbst gehört, im Laufe der Zeit fördert oder untergräbt. Es könnten mit anderen Worten mehr bereits bestehende politische Programme von direkter Bedeutung für den Schutz der Grundrechte sein, als uns oftmals klar ist. Der Maßstab des Strebens nach Differenz ohne Herrschaft macht nicht zwangsläufig die Schaffung von neuen politischen Programmen oder Maßnahmen nötig. Stattdessen verlangt er eine Überprüfung der gegenwärtigen Politik in allen sozialpolitischen Bereichen (z. B. Verkehrspolitik, Wohnungsbaupolitik, Bildungspolitik, Gesundheitspolitik usw.) mit Blick auf die Einschätzung, inwiefern diese gegenwärtige Politik die

35 Granovetter, »The Strength of Weak Ties«; Simon Szreter, Michael Woolcock, »Health by Association? Social Capital, Social Theory, and the Political Economy of Public Health«, in: *International Journal of Epidemiology* 33.4 (2004), S. 650-667.

36 Danielle Allen, »Toward a Connected Society«.

gleichen Grundfreiheiten schützt (oder nicht schützt). Die Stellen, an denen sie es entweder versäumt, die gleichen Grundfreiheiten zu schützen, oder eine strenge Überprüfung, ob sie für Differenz ohne Herrschaft sorgt, nicht besteht, sind die Stellen, an denen wir unsere Politik korrigieren müssen. Während viele der gegenwärtigen politischen Gebiete nach Maßgabe eines Bildes von Gerechtigkeit strukturiert sind, das sich grundsätzlich darauf stützt, dass der Schwerpunkt auf der Verteilung materieller Güter liegt, vertrete ich einen alternativen Ansatz, bei dem die Überprüfung der Politik eher auf einem Bild von Gerechtigkeit beruht, das sich grundsätzlich auf politische Gleichheit bzw. egalitäre Ermächtigung stützt.

In einer vernetzten Gesellschaft können Menschen sich solidarischer und gemeinschaftlicher Bindungen erfreuen, sind aber genauso sehr mit dem Bauen von »Brücken« beschäftigt, die positive Beziehungen zwischen unterschiedlichen Gemeinschaften herstellen, während sie als Individuen außerdem den Wunsch verspüren, dass ihnen das Eingehen von persönlich wertvollen Beziehungen über die Grenzen der Differenz hinaus gelingt. Durch das Eingeständnis, dass wir zum Schutz der gleichen Grundfreiheiten Strategien wählen sollten, die sich zusätzlich im Einklang mit dem Prinzip einer Differenz ohne Herrschaft befinden, treten politische Bereiche stärker hervor, die lange übersehen worden sind. Das Handlungsziel in diesem politischen Raum bestände in der Entwicklung einer Assoziationsökologie, in deren Rahmen die Menschen die Möglichkeit haben, sich auszusuchen, mit wem sie eine Verbindung eingehen, um ihre persönliche Vorstellung vom guten Leben zu verwirklichen, aber auch regelmäßig mit denen zu interagieren, die sie sich sozusagen nicht ausgesucht haben, und gleichzeitig regelmäßig gezwungen sind, in einer Vielzahl von öffentlichen Kontexten die Macht mit diesen anderen, nicht von ihnen ausgesuchten Personen zu teilen.

IX. Differenz ohne Herrschaft: Gleiche Grundfreiheiten und die ökonomische Frage

In der Welt der Ökonomie liegt der Schwerpunkt der politischen Entscheidungsfindung im Allgemeinen nicht auf Grund und Boden, sondern auf Arbeitskraft und Kapital. Deshalb wird Rawls' Differenzprinzip – dass die ungleiche Verteilung materieller Güter unter den Mitgliedern eines politischen Gemeinwesens auf irgendeine Weise für die am schlechtesten Gestellten von Vorteil sein muss – gewöhnlich als Rechtfertigung für steuerliche Umverteilungspolitik herangezogen. Es wird davon ausgegangen, dass die Institutionen, die gleiche Grundfreiheiten schützen, zu einer Wirtschaftsordnung führen werden, in der die Produktivitätsgewinne den Kapitaleignern, Managern und Angestellten in unterschiedlichem Maße zufallen. Ein solches Ergebnis, argumentiert Rawls, ist nur so lange hinnehmbar, wie die den Kapitaleignern und Managern zufallenden Gewinne auf irgendeine Weise den am schlechtesten Gestellten zugutekommen, zum Beispiel wenn die Arbeit der Manager die Produktivität der Gesamtwirtschaft und den Lebensstandard der am schlechtesten Gestellten erhöht, obwohl diese Gruppe in Bezug auf Einkommen, Vermögen oder beides noch weiter hinter die Kapitaleigner und Manager zurückfällt.

Wenn wir uns die Frage stellen, wie eine Ökonomie aussehen muss, die für Differenz ohne Herrschaft sorgt, müssen wir die Debatte abermals zurück auf die Frage lenken, wie die gleichen Grundfreiheiten überhaupt geschützt werden sollen. Wie in der Welt des Sozialen können wir davon ausgehen, dass der Schutz von gleichen Grundfreiheiten im Eigentums-, Vertrags- und, abermals, Vereinigungsrecht in der Welt der Ökonomie Differenzen hervorrufen wird.[37] Doch wie können wir die gleichen Grundfreiheiten auf eine Weise schützen, die vermeidet, dass Herrschaft aus diesen, in der Welt der Ökonomie auftretenden Formen von Differenz entsteht?

Wie in der Welt des Sozialen macht der Maßstab des Strebens nach Differenz ohne Herrschaft auch in der Welt der Ökonomie nicht zwangsläufig die Schaffung von neuen politischen Programmen oder Maßnahmen notwendig. Stattdessen verlangt er eine Überprüfung der gegenwärtigen Politik in allen wirtschaftspolitischen Bereichen (z. B. Arbeitsmarktpolitik, Handelspolitik, Betriebsorganisation usw.) mit Blick auf die Einschätzung, inwiefern diese gegenwärtige Politik die gleichen Grundfreiheiten schützt (oder nicht schützt). Die Stellen, an denen sie es entweder versäumt, die gleichen Grundfreiheiten zu schützen, oder eine strenge Überprüfung, ob sie für Differenz ohne Herrschaft sorgt, nicht besteht, sind die Stellen, an denen wir unsere Politik korrigieren müssen. Während viele der gegenwärtigen wirtschaftspolitischen Ansätze nach Maßgabe eines Bildes von Gerechtigkeit strukturiert sind, das sein Augenmerk in erster Linie auf die Verteilung materieller Güter richtet, vertrete ich einen alternativen Ansatz, bei dem die Überprüfung der Politik eher auf einem Bild von Gerechtigkeit beruht, das sich grundsätzlich auf politische

37 Das klassische Argument liefert Robert Nozick in »Verteilungsgerechtigkeit« (1973, in: ders., *Anarchie, Staat, Utopia.* Aus dem Amerikanischen von Hermann Vetter, München 2011, S. 217-328), der Wilt Chamberlain als Beispiel heranzieht.

Gleichheit bzw. egalitäre Ermächtigung stützt. Und wiederum erweist sich an dieser Stelle der Wert des Ansatzes einer strengen Überprüfung unter Heranziehung des Prinzips einer Differenz ohne Herrschaft.

Wie wir in Kapitel 5 sehen werden, stechen drei Punkte unmittelbar ins Auge, wenn wir dieses Prinzip auf die Welt der Ökonomie anwenden: (1) die Betriebsorganisation, die Arbeitsabläufe und die Erfahrungen der Arbeitskräfte im Betrieb; (2) die Auswirkung der ökonomischen Verteilung auf das Verfügen über eine politische Stimme und politischen Einfluss; und (3) die Frage, ob die verteilungsbezogene Gestalt der gegenwärtigen Ökonomie sich ihrerseits auf Formen der Entscheidungsfindung stützt, die Herrschaft einschließen. Zum ersten Punkt ist Rawls nur wenig eingefallen. Was den zweiten Punkt anbelangt, hat er vor Jahren zur Diskussion gestellt, was zu tun sei, wenn die Akkumulation des Finanzkapitals sich in Formen politischer Herrschaft verwandelt und den fairen Wert politischer Freiheit untergräbt (*Theorie der Gerechtigkeit*, Abschn. 36). Während die US-amerikanischen Bemühungen, private Spenden für politische Wahlkämpfe zu kontrollieren, mit der Meinungsfreiheit in Konflikt geraten, würde eine Neuorganisation der Abstimmungsmechanismen anhand einer Rangfolgewahl die Wahlkampfgelder in sozialer Hinsicht produktiveren Verwendungen zuführen, insofern sie die Macht des Geldes in der Politik verringert, ohne das Recht auf freie Meinungsäußerung zu verletzen.[38] In der dritten Angelegenheit sollte Rawls' Differenzprinzip für Restriktionen dieses letzten Punktes sorgen.

38 Tyler Sodonis, Joe Witte, »The Supply Side. Alternative Reform Approaches to Campaign Finance«, in: *Fair Vote*, 26. Januar 2012 ⟨https://www.fairvote.org/citizens-united-rebuttal⟩, zuletzt aufgerufen am 9. Oktober 2018.

Doch haben viele Forscher mittlerweile darauf hingewiesen, dass der dramatische Anstieg der Einkommens- und Vermögensungleichheit in den entwickelten Ländern am Ende des 20. und Anfang des 21. Jahrhunderts weniger damit zusammenhing, dass technokratische Entscheidungsträger in der Politik es versäumt haben, das »Differenzprinzip« einzuhalten, als vielmehr mit einem Schwinden der Macht, welche die Gewerkschaften bei der politischen Entscheidungsfindung in die Waagschale werfen konnten. Die Fokussierung auf politische Gleichheit gibt uns in Bezug auf die Herausforderungen, vor denen das Streben nach ökonomischem Egalitarismus steht, mehr Anhaltspunkte an die Hand als Rawls' Differenzprinzip.

Kurz gesagt, erweitert der Fokus auf das Erreichen von Differenz ohne Herrschaft in der Welt der Ökonomie den Blickwinkel über Rawls' Verteilungsfragen hinaus und macht es, wie in der Welt des Sozialen, erforderlich, dass wir einen breiteren Ausschnitt der politischen Landschaft zur Kenntnis nehmen, als wir normalerweise in Bezug auf die Frage für relevant halten, wie gleiche Grundfreiheiten geschützt werden sollen. In diesem Sinne ist das Prinzip einer »Differenz ohne Herrschaft« entschieden egalitärer als das Differenzprinzip. Es unterwirft unsere Entscheidungen, wie unsere gleichen Grundfreiheiten geschützt werden sollen, höheren Ansprüchen und bezieht einen größeren Ausschnitt der politischen Landschaft in das Schutzgebiet ein, auf dem die gleichen Grundfreiheiten gelten.

Es sei noch ein weiterer Punkt in Bezug darauf angeführt, wie das Prinzip einer Differenz ohne Herrschaft sich auf die Erwägung von Fragen ökonomischer Gerechtigkeit auswirkt. Nicht nur beeinflusst die Art und Weise, wie wir unsere gleichen Grundfreiheiten schützen, direkt die Wirtschaftsergebnisse im Hinblick darauf, wie Betriebe arbeiten, oder im Hinblick darauf, wer bei ökonomischen Entscheidungen seine Macht geltend macht. Wirtschaftsergebnisse entspringen auch unseren sozialen Strukturen. Man rufe sich noch einmal das Beispiel der Segregation in Erinnerung. Diese Art von Sozialstruktur führt als solche zu spezifischen, nichtegalitären Verteilungsmustern von materiellen Gütern. Wenn wir nach ökonomischem Egalitarismus streben, ist die Anwendung des Prinzips einer Differenz ohne Herrschaft in der Welt des Sozialen genauso wichtig wie in der Welt der Ökonomie. Insbesondere unter pluralistischen Bedingungen können wir eine egalitäre Ökonomie, der es gelingt, Differenz ohne Herrschaft zu erlangen, nur dann erreichen, wenn die zugrunde liegende pluralistische Sozialstruktur ebenfalls egalitär ist. Und in der Welt des Sozialen kann man in Umkehrung des Bildes, das die Segregation abgibt, davon ausgehen, dass die Entstehung einer vernetzten Gesellschaft sich egalitärer auf die Verteilungsmuster der ökonomischen Ressourcen auswirkt.[39]

Letzten Endes wird erst dann, wenn wir diese Verknüpfung der Welt des Sozialen und des Ökonomischen in Bezug auf die Anwendung des Prinzips einer Differenz ohne Herrschaft im Namen politischer Gleichheit auf beide erkannt haben, der Blick dafür frei, was es wirklich bedeutet, öffentlicher und privater Autonomie, positiven und negativen Freiheiten, politischer Gleichheit und persönlicher Freiheit das gleiche Gewicht beizumessen. Wenn eine Theorie der Gerechtigkeit vor allem das Ziel verfolgt, die private Autonomie und die Fähigkeit der einzelnen Personen zu schützen, ein gutes Leben anzustreben, so wie sie es verstehen, werden Fragen der Sozialstruktur häufig getrennt von Wirtschaft und Politik betrachtet. Rawls' Versuch, die persönliche Erfahrung als in einer gerechten Gesellschaft

39 Siehe Kapitel 3.

besonders schützenswertes Gut auszugliedern, hat versäumt, sich mit den notwendigen ökonomischen und politischen Folgen davon zu befassen, wie unser privater und der soziale Raum strukturiert sind. Kritische Stimmen von Susan Moller Okin bis Jerry Cohen haben darauf aufmerksam gemacht: Okin, indem sie hervorhob, in welchem Maße Rawls Gerechtigkeitsprobleme in der Familie vernachlässigt hat; Cohen, indem er zeigte, dass Rawls es versäumt hat, sich mit den unserer Berufswahl innewohnenden Gerechtigkeitsproblemen zu befassen. Die Verbindungen zwischen der Welt des Sozialen, des Ökonomischen und des Politischen sind nur für Akteure unsichtbar, deren persönliche Erfahrung in der Regel weder von der Welt der Politik noch der Ökonomie beeinträchtigt worden ist, das heißt für diejenigen, die der kulturellen oder politischen Mehrheit angehören oder eine ökonomisch privilegierte Stellung einnehmen. Die Perspektive der Minderheit zeichnet sich dagegen durch die ständig ins Auge springende wechselseitige Verflechtung von Politischem, Sozialem und Ökonomischem aus. Da Politik – unabhängig vom empirischen Grad sozialer Heterogenität in einem konkreten politischen Gemeinwesen – durch Pluralität definiert ist, muss eine vollständige Theorie der Gerechtigkeit den Minderheitsstandpunkt mit einbeziehen. Im Rahmen des Gedankenexperiments eines Schleiers des Nichtwissens definiert Rawls' *Theorie der Gerechtigkeit* eine auf der Grundlage seiner Interpretation von Gerechtigkeit abstrakt verstandene Minderheitsperspektive. Eine wirklich universelle Gerechtigkeitstheorie wird dagegen diesen Minderheitsstandpunkt einbeziehen und deshalb von einem Bekenntnis zur vollständigen und dauerhaften Verflechtung von privater und öffentlicher Autonomie und dem Eingeständnis ihren Ausgang nehmen, dass neben persönlicher Freiheit auch politische Gleichheit intrinsischen Wert besitzt.

Es ist Zeit, auf die Grundlagen einer Theorie der Gerechtigkeit zurückzukommen. Von vielen Seiten ist darauf hingewiesen worden, dass Rawls' Argumentation so stark auf die Erwartung von sozialer Homogenität angewiesen war, dass Kernbestandteile des politischen Lebens in den Hintergrund seiner Überlegungen gedrängt wurden. Doch diese Erwartung war nicht bloß ein marginales Problem. Sie hatte tiefgehende Folgen. Denn sie veranlasste Rawls dazu, politische Gleichheit und öffentliche Autonomie an die zweite Stelle hinter die Freiheiten zu setzen, auf denen individuelle Autonomie beruht. Das ist prinzipiell kein besonders tragfähiger Ausgangspunkt für die politische Diskussion, so stark wie diese sich durch Unstimmigkeiten definiert. In praktischer Hinsicht tritt jedoch unter Bedingungen großer sozialer Diversität, unter denen öffentliche Entscheidungen regelmäßig unsere Fähigkeit beeinträchtigen, im Zuge unserer Lebensgestaltung unsere Autonomie zu entfalten, noch deutlicher und unmittelbarer zu Tage, wie unzureichend dieser Ausgangspunkt ist. In solchen Kontexten ist Autonomie als solche nur durch die Beteiligung an den kollektiven Bemühungen erreichbar, die Parameter des gesellschaftlichen Zusammenlebens zu gestalten. Im ersten Kapitel seines Buches *Die Seelen der Schwarzen* hat W.E.B. Du Bois dies folgendermaßen ausgedrückt: »Die Macht des Stimmrechts brauchen wir aus reiner Selbstverteidigung, denn was sonst könnte uns vor einer zweiten Versklavung retten?«[40] Doch damit meint Du Bois nicht bloß etwas Instrumentelles. Es ist nicht bloß so, dass

40 W.E.B. Du Bois, *Die Seelen der Schwarzen.* Deutsch von Jürgen und Barbara Meyer-Wendt, Freiburg 2003, S. 42.

die Macht des Stimmrechts die Wiederkehr der Sklaverei als sozioökonomischer Institution verhindert. Vielmehr ist das Ausüben politischer Macht selbst eine Komponente der intrinsisch wertvollen Erfahrung, kein Sklave zu sein, das heißt nicht beherrscht zu werden.

Unter Bedingungen demografischer Diversität, wenn nicht gar des menschlichen Lebens im Allgemeinen, ist für die moralische Gleichheit der Menschen der Schutz von gleichen Grundfreiheiten erforderlich, zu denen immer auch die politischen Freiheiten gehören, und zwar in vollem Umfang. Aufmerksamkeit für die politischen Freiheiten bringt immer Aufmerksamkeit für die Freiheiten mit sich, auf denen private Autonomie beruht; das Umgekehrte ist jedoch nicht der Fall. Sobald wir uns wieder auf den Schutz der politischen Freiheiten konzentrieren – für die Vereinigungsfreiheit und die anderen Komponenten privater Autonomie grundlegend sind –, wird deutlich, dass wir Strategien für den Schutz der gleichen Grundfreiheiten finden müssen, die sie langfristig erhalten und das Auslösen einer sozialen Dynamik vermeiden, die letzten Endes diese Freiheiten selbst untergraben wird. Wir brauchen Strategien für den Schutz der gleichen Grundfreiheiten, die ein egalitäres soziales und ökonomisches Umfeld hervorbringen; ein solches egalitäres soziales und ökonomisches Umfeld wird Differenz voraussehen, fördern und schützen, aber verhindern, dass diese Differenz sich mit Herrschaft verbindet. Der Maßstab für politische Lösungen auf sozialem und auf ökonomischem Gebiet, den wir benötigen, lautet, dass wir in der Lage sein wollen, Alternativen auszuwählen, die soziale Differenzen ungehindert hervortreten lassen, aber auch deren Verbindung mit Herrschaft kappen. Wenn uns das nicht gelingt, werden die sich auf sozialem und ökonomischem Gebiet entwickelnden Dynamiken irgendwann die gleichen Grundfreiheiten untergraben, obwohl sie in gewissem Sinne ursprünglich auf jene Freiheiten zurückgehen.

Das Streben nach der Verwirklichung eines Prinzips von Differenz ohne Herrschaft sollte uns dabei helfen, Schutzmaßnahmen für die gleichen Grundfreiheiten auszuwählen, die eine authentische und dauerhafte Grundlage für gerechte politische, soziale und ökonomische Institutionen bilden. Unsere nächste Aufgabe – in den Kapiteln 3, 4 und 5 – wird es sein, die subsidiären Ideale einer vernetzten Gesellschaft, polypolitaner Zugehörigkeitsbeziehungen und ökonomischer Ermächtigung darzulegen und eine Beschreibung anzubieten, wie sie zum Erreichen von Gerechtigkeit mit demokratischen Mitteln beitragen können.

Drittes Kapitel
Auf dem Weg zu einer vernetzten Gesellschaft

I. Differenz ohne Herrschaft und Sozialpolitik

Die USA erleben einen umfassenden demografischen Wandel, der mit Sicherheit frühere Denkansätze in Bezug auf Fragen der Identität, der Gemeinschaft und der sozialen Beziehungen auf den Kopf stellen wird.[1] Ob die Amerikaner zum Beispiel in 50 Jahren in einem egalitären Land leben werden, in dem keine Gruppe die Mehrheit stellt und die Ungleichheiten, die es noch gibt, sich nicht an ethnisch-rassischen Grenzlinien festmachen, hängt von Entscheidungen ab, die heute gefällt werden.[2] Wenn die US-amerikanischen Bürger die falschen Entscheidungen treffen, könnte es sein, dass der binäre Gegensatz schwarz / nichtschwarz sich von Neuem behauptet und Rassenprivilegien genauso massiv sind wie eh und je. Etwas Ähnliches ließe sich über Europa sagen – so wie es sich gerade mit einer Mischung aus niedrigen Geburtsraten in der einheimischen

1 In dem Band *Our Compelling Interests* (hg. v. Lewis / Cantor) gibt Thomas Sugrue einen guten Überblick über diesen demografischen Wandel (»Less Separate, Still Unequal. Diversity and Equality in ›Post-Civil-Rights‹ America«, S. 39-70).

2 Diesen Punkt unterstreicht Sugrue in dem Band *Our Compelling Interests:* »Amerikas Farbe wird sicherlich im Jahr 2040 eine andere sein, aber welche Bedeutung Rasse und Ethnizität zukünftig haben werden, hängt in hohem Maße von heutigen politischen Entscheidungen ab.«

Bevölkerung, Flüchtlingskrise, binneneuropäischer Migration und der Frage von Europas Zukunft herumschlägt. Demografie ist nicht unser Schicksal; aber die demografischen Entscheidungen, die eine Bürgerschaft fällt, schon. Trotz all der Herausforderungen, vor die uns das gegenwärtige demografische Durcheinander stellt, liegt die größte Hoffnung, die neue Diversität in dauerhaft freie und gesunde, wenn auch heterogene Gesellschaften zu verwandeln, wahrscheinlich darin, das egalitäre Kernversprechen der Demokratie wiederzubeleben und die politischen Bemühungen auf Partizipationsprojekte und egalitäre Ermächtigung zu konzentrieren. In diesem Kapitel hoffe ich Argumente dafür zu liefern, dass ein Gerechtigkeitsrahmen, der beim Streben nach und Schutz von politischer Gleichheit ansetzt und Differenz ohne Herrschaft zu seinem leitenden Prinzip macht, eine Möglichkeit bereitzustellen vermag, durch diese komplexe soziale Situation hindurchzusteuern.

Ich berufe mich nicht ohne Bangen auf den Begriff »Demokratie« und die Idee, deren Kernversprechen wiederzubeleben. Das liegt daran, dass die Idee der Demokratie meiner Meinung nach von den liberalen Eliten vereinnahmt und entleert worden ist, wie ich in der Einleitung und im letzten Kapitel vorgeführt habe. So gutgemeint Rawls' *Theorie der Gerechtigkeit* und die auf sie zurückgehenden politischen Bemühungen auch gewesen sein mögen, haben Rawls' theoretische Annahmen einem neoliberalen Teufelspakt Schützenhilfe geleistet, in dessen Rahmen diejenigen, in deren Händen sich das Vermögen konzentriert, eine Umverteilung zugunsten der am schlechtesten Gestellten im Austausch gegen deren Verzicht auf alle ihnen möglicherweise zustehenden Ansprüche auf politische Gleichheit unterstützen. Bei einem solchen Kuhhandel haben auch diejenigen in der Mitte des sozioökonomischen

Spektrums das Nachsehen, weil sie die Erosion ihrer sowohl ökonomischen als auch politischen Aussichten erleben. Teilweise konnte dieser Teufelspakt an Boden gewinnen, weil er durch Rawls' Differenzprinzip ethisch gedeckt wurde. Immerhin hatte Rawls argumentiert, dass es spezifische historische Bedingungen geben könne, unter denen es für Menschen sinnvoll ist, eine Verringerung ihrer politischen Freiheiten in Kauf zu nehmen, um ihre materielle Lage zu verbessern. Dies, hatte ich eingewandt, macht politische Gleichheit auf unangemessene Weise sekundär für das Projekt der Schaffung einer gerechten Gesellschaft und stellt deshalb einen Fehler der Gerechtigkeitstheorie selbst dar. Dieser Fehler führt zudem die politischen Entscheidungsträger auf einen Weg, der als egalitär bezeichnet, aber lediglich irrtümlicherweise als solcher betrachtet wird. Wenn ich also sage, dass wir meiner Meinung nach unter der Voraussetzung, dass wir unser Egalitarismusversprechen wiederbeleben, von der sozialen Diversität profitieren und unter Bedingungen großer sozialer Heterogenität gesunde demokratische Gesellschaften erschaffen können, versuche ich dadurch eigentlich, unsere Aufmerksamkeit zurück auf Partizipationsprojekte und egalitäre Ermächtigung als beste Ausgangspunkte für das Projekt der Gerechtigkeit und das Erlangen einer wohlgeordneten Gesellschaft zu lenken.

Zunächst möchte ich kurz rekapitulieren. Wie ich in Kapitel 2 gezeigt habe, sollten wir von allen möglichen Gleichheitssträngen politische Gleichheit und mit ihr Demokratie zum Ausgangspunkt einer Theorie der Gerechtigkeit wählen. Der Demokratie-Begriff, an den ich dabei denke, entspringt einer grundlegenden Anerkennung der moralischen Gleichheit aller Menschen. Diese Gleichheit rührt von dem unabdingbaren Bedürfnis aller nach privater und öffentlicher Autonomie als Bestandteil menschlichen Wohlergehens her. In dem Moment, wo man anfängt, öffentliche Autonomie, das heißt Teilhaberechte und Ermächtigung zu schützen, hat man zwangsläufig auch begonnen, die private Autonomie zu schützen, für die Meinungs- und Gedankenfreiheit erforderlich sind. Obwohl die positiven Freiheiten, auf denen öffentliche Autonomie beruht, den privaten Freiheiten möglicherweise historisch vorgeordnet waren, genießt keine der beiden Gruppen von Freiheit begrifflichen Vorrang. Sie sind nicht bloß gleichursprünglich und gleichwertig, sondern, was noch wichtiger ist, gleichverpflichtend. Als ein Projekt, das durch das Streben nach menschlichem Wohlergehen gerechtfertigt wird, beginnt Demokratie mit dem Schutz positiver und negativer Freiheiten in der Absicht, die egalitäre Ermächtigung aller Mitglieder des politischen Gemeinwesens sicherzustellen. Ich hatte fünf Facetten egalitärer Ermächtigung ausgemacht und behauptet, dass bei der Gestaltung der gesellschaftlichen Grundstruktur darauf geachtet werden muss, sie alle fünf zu begünstigen. Dabei handelte es sich um Nichtbeherrschung, gleichberechtigten Zugang zum sozialen Entscheidungsfindungsapparat, epistemischen Egalitarismus, Gegenseitigkeit und Miteigentümerschaft an den Aktivposten, die politische Institutionen darstellen.

An dieser Stelle ergab sich nun aber ein Paradox, das uns vor große Herausforderungen stellte. Wahrscheinlich ruft der Schutz der Grundfreiheiten, zum Beispiel des Vereinigungsrechts, soziale Differenzen hervor, die sich leicht mit Herrschaftsmustern verbinden können. Sogar ohne besondere Abneigung gegenüber Fremdgruppen können soziale Gruppen Chancenhortung praktizieren und schon allein deshalb können Herrschaftsstrukturen aus einem sozialen Kontext hervorgehen, der mit der Anerkennung aller Beteiligten als freie und gleiche Gesellschaftsmitglieder begonnen hatte. Die Anerkennung dieses Paradoxes hat mich zur Formulierung eines Prinzips von »Differenz ohne Herrschaft« veranlasst, das den Schlüssel zur Kultivierung eines sozialen Umfelds bildet, welches das Projekt politischer Gleichheit nicht untergräbt. An »Differenz ohne Herrschaft« macht sich mit anderen Worten unser normatives Ziel der Kultivierung eines sozialen Bereichs fest, in dem politische Gleichheit bewusst bekräftigt wird. Das Ziel des Projekts der Gerechtigkeit, wie ich es verstehe, besteht darin, die Grundfreiheiten zu schützen und die Grundstruktur der Gesellschaft so einzurichten, dass das Auftreten von Differenz – das eine Ausdrucksform von Freiheit ist – geschützt, aber die Verwandlung dieser Differenz in Herrschaft gleichzeitig verhindert wird. Zu beachten ist also, dass der Kern der demokratischen Bestrebungen in der Welt des Sozialen, auf den wir auf der Grundlage einer Theorie der Gerechtigkeit aus sind, die positive Freiheiten und politische Gleichheit als unentbehrlich betrachtet, nicht das traditionelle Ziel sozialen Zusammenhalts ist, sondern ein als Differenz ohne Herrschaft definierter Egalitarismus. Wie wir sehen werden, wird Egalitarismus durch dynamische gesellschaftliche Netzwerkeffekte erreicht, und solche Netzwerkeffekte ersetzen die patriarchalen und hierarchischen Bindungsverhältnisse als Quelle der Resilienz des sozialen Gewebes im traditionalistischen Bild von sozialem Zusammenhalt.

II. Von Differenz ohne Herrschaft zu sozialer Verbundenheit

Was genau wird in der Welt des Sozialen vom Prinzip einer Differenz ohne Herrschaft verlangt? Wie können wir soziale Differenzen befördern und zugleich ihre Verbindung mit Herrschaft kappen? Welche Grundstruktur, welche grundlegenden politischen und sozialen Institutionen sind erforderlich, damit die soziale Dynamik, die aus praktizierter Vereinigungsfreiheit hervorgeht, sich nicht mit Hierarchie und Herrschaft verknüpft und dadurch den Weg zu politischer Gleichheit versperrt? Die Antwort, die ich anbiete, lautet, dass wir politische Rahmenbedingungen benötigen, die dazu beitragen, dass wir »eine vernetzte Gesellschaft« und ein Ideal »sozialer Verbundenheit« erreichen, das sich durch eine institutionelle Organisationsweise definiert, welche das Bauen von Brücken maximiert, und in dessen Rahmen es kulturelle Gewohnheiten gibt, die zum individuellen Wohlergehen beitragen, indem sie soziale Verbundenheit aktiv zur Geltung bringen.

Dieses Ideal möchte ich jetzt etwas ausführlicher erläutern.

In Kapitel 2 habe ich darauf hingewiesen, dass Sozialkapital-Forscher zwischen drei Arten von sozialen Beziehungen unterscheiden: Bonding, Bridging und Linking. Bindungen sind jene engen Beziehungen, die Verwandte, Freunde und sozial ähnliche Personen zusammenhalten; Brücken werden in jenen loseren Beziehungen gebaut, die Menschen über demografische Spaltungen (Alter, Rasse, Klasse, Beruf, Religion und Ähnliches) hinweg miteinander verbinden; und Verbindungen sind schließlich die vertikalen Beziehungen zwischen Menschen auf unterschiedlichen Stufen einer Statushierarchie, wie zum Beispiel in einem Beschäftigungsverhältnis.[3] Brückenbau ist am schwierigsten. Bindungen im Sinne von Bonding ergeben sich im Grunde genommen von selbst. Sie nehmen ihren Ausgang in der Familie und spinnen sich weiter. Doch Brückenbau hängt mit der Sozialstruktur zusammen. Schulen, Militär, politische Körperschaften sind typische Institutionen, in denen Menschen mit unterschiedlichem Hintergrund zusammenkommen. In einer vernetzten Gesellschaft wird aktiver – im Sinne von lebendiger und engagierter – Brückenbau maximiert. Das geht im Allgemeinen nicht ohne Institutionen. Wenn wir sagen, das Bauen von Brücken müsse maximiert werden, heißt das freilich nicht, dass wir Bindungen im erstgenannten Sinne außer Acht lassen dürfen. Für eine gesunde psychologische Entwicklung benötigen alle Menschen Bindungen.[4] Auf Bindungen beruht ein Gefühl von Sicherheit und Vertrauen, sie sorgen für das Selbstvertrauen, das in den richtigen Kontexten Erfolg begünstigen kann. Wie wir sehen werden, stellt sich die Frage, wie man Bindungen im Sinne von Bonding pflegen kann, die gleichzeitig das Bauen von Brücken erleichtern.

Wichtig ist, dass gute Gründe für die Annahme bestehen, dass stark vernetzte Gesellschaften – die Wert auf das Bauen von Brücken legen – in einer Vielzahl von Hinsichten egalitärer sind: gesundheitliche Folgen, Bildungs-

3 Granovetter, »The Strength of Weak Ties«; Szreter, Woolcock, »Health by Association?«.

4 Philip M. Bromberg, *The Shadow of the Tsunami and the Growth of the Relational Mind,* New York 2011; Axel Honneth, »Integrität und Mißachtung. Grundmotive einer Moral der Anerkennung«, in: *Merkur* 44 (1990), S. 1043-1054.

erfolge, Wirtschaftsergebnisse.[5] Solche empirischen Fakten stellen die Entwicklungsbasis meines Ideals einer vernetzten Gesellschaft dar. Man denke etwa an die Auswirkungen von Vernetzung bzw. Verbundenheit auf den Arbeitsmärkten. Die Forschung zeigt zum Beispiel, dass die meisten Menschen, die durch Informationen aus einem sozialen Netzwerk eine neue Arbeitsstelle finden, diese Informationen nicht von jemandem erhalten haben, mit dem sie in enger Verbindung stehen, sondern von jemandem, mit dem sie entfernt verbunden sind.[6] Mit anderen Worten werden ökonomische Möglichkeiten durch das Bauen von Brücken eher erweitert, als in inselförmigen Teilgemeinschaften innerhalb eines politischen Gemeinwesens gebündelt. Das ergibt durchaus Sinn: Diejenigen, mit denen man am engsten verbunden ist, haben zu großen Anteil an der eigenen Welt; es ist sehr viel unwahrscheinlicher, dass sie mit neuen Informationen aufwarten. Das wissen wir alle intuitiv. Wenn wir versuchen, einem Freund zu helfen, der schon zu lange alleinstehend oder unverheiratet ist, zerbrechen wir uns den Kopf, ob uns nicht eine Person einfällt, zu der eine weiter entfernte soziale Verbindung besteht und durch die unser Freund mit einer ganzen Reihe neuer Möglichkeiten in Verbindung kommen würde. Dieses Beispiel mag trivial wirken. Doch die wichtigsten egalitären Auswirkungen des sozialen Verbundenheitsgrades ergeben sich aus dem Bauen von Brücken und seinem Einfluss auf die Verbreitung von Wissen. Forscher auf dem Gebiet der Netzwerktheorie führen regelmäßig die epistemischen Vorzüge des Bauens von Brücken zur Erklärung dafür an, dass sich aus ihm so viele ökonomische, politi-

5 Zum Beispiel Ober, *Democracy and Knowledge;* Szreter, Woolcock, »Health by Association?«

6 Granovetter, »The Strength of Weak Ties«.

sche, bildungsbezogene und gesundheitliche Vorteile ergeben.[7] In dem Maße, wie eine Gesellschaft neue Verbunden-

---

7 Zu den Vorteilen einer vernetzten Gesellschaft für die Ökonomie gehören:
– Bildungserfolge, weil eine breitere Streuung der sprachlichen, intellektuellen und sozialen Ressourcen Lernen von vornherein fördert und Auswirkungen auf die persönliche Entscheidung hat, ob in Bildung investiert wird (Matthew O. Jackson, »Social Structure, Segregation, and Economic Behavior«, als Nancy Schwartz Memorial Lecture im April 2007 gehaltener und am 5. Februar 2009 überarbeiteter Vortrag. Online abrufbar unter: ⟨http://papers.ssrn.com/abstract=1530885⟩; Annette Lareau, *Unequal Childhoods. Class, Race, and Family Life*, Berkeley, Los Angeles ²2011; Jens Ludwig u.a., »Urban Poverty and Educational Outcomes«, in: *Brookings-Wharton Papers on Urban Affairs* 200 (2001), S. 147-201);
Zu den Vorteilen einer vernetzten Gesellschaft für eine demokratische Politik gehören:
– höheres soziales Bewusstsein und verbesserter öffentlicher Diskurs, weil Bürgerinnen und Bürger die Auswirkungen verschiedener politischer Fragen auf andere stärker mitbekommen und es durch einen verbesserten Informationsfluss über die sozialen Bindungen hinaus unwahrscheinlicher ist, dass sie die Überzeugungen von anderen schlicht für falsch halten (Rajiv Sethi, Muhamet Yildiz, »Public Disagreement« in: *American Economic Journal. Microeconomics* 4.3 (2012), S. 57-95);
– effizientere politische Planung, weil Entscheidungsträger leichter auf lokales Wissen zurückgreifen können, um die Abstimmung der politischen Maßnahmen auf die Gegebenheiten vor Ort sicherzustellen (Ober, *Democracy and Knowledge*);
– die Entstehung »latenter Öffentlichkeiten«, weil gemeinschaftsübergreifende soziale Verbindungen dazu beitragen, dass Gemeinschaften neue Arten von Bündnissen entdecken (John Dewey, *Die Öffentlichkeit und ihre Probleme.* Aus dem Amerikanischen von Wolf-Dietrich Junghanns, Berlin, Wien, 2001 [1927]);
– die hintergründige kulturelle Erwartung von Verbundenheit, die »abgehobene«, »weltfremde« politische Ansätze nur umso stärker hervortreten lässt, wie zum Beispiel die britischen Tories sie wähl-

heitsgrade erreicht und für eine gleichere Ermächtigung ihrer Mitglieder auf den Gebieten der Wirtschaft, der Bildung und der Gesundheit sorgt, schafft sie die Grundlage für politische Gleichheit.

Eines der profundesten Beispiele für Demokratieversagen auf der zivilgesellschaftlichen, vereinigungsbezogenen Ebene ist womöglich der Fall der Rassensegregation in den USA. Damit meine ich kein historisches Phänomen, zum Beispiel Relikte aus der Mitte des 20. Jahrhunderts. Die Rassensegregation hat weiterhin erhebliche Auswirkungen auf das gegenwärtige Leben in den USA, und es ist auf ziemlich schlüssige Weise gezeigt worden, dass sie die Wurzel von Rassenungleichheit in all ihren Dimensionen ist: Bildungsungleichheit im Hinblick auf Leistungsunterschiede zwischen weißen und afroamerikanischen Schülern; ungleiche Vermögensverteilung; Ungleichheit in Bezug auf die Beschäftigungsmobilität; und Ungleichheit

---

ten, als sie das staatliche Gesundheitssystem reformierten, ohne die lokalen Wissensträger zu konsultieren.

Zu den Vorteilen einer vernetzten Gesellschaft für das persönliche Wohlergehen gehören:

– ein erhöhtes Gefühl von Handlungsmacht aufgrund des Zugangs zu umfangreicheren Netzwerkmöglichkeiten (Allen, *Talking to Strangers*);

– die Erhöhung der Chance, unverzichtbare relationale Kompetenzen zu erlangen, auf denen nicht bloß Intimbeziehungen beruhen, sondern auch die Kompetenzen eines Dolmetschers, Mediators und Greeters, die dem Bauen von Brücken und der Nutzung solcher Brücken dienen (Allen, *Talking to Strangers)*;

– die Gelegenheit, die eigene Kultur zu schützen und zu genießen, ohne sich zu isolieren (Sidanius u. a., *The Diversity Challenge*).

Zu den allgemeinen Vorteilen des Egalitarismus, siehe Kate Pickett, Richard Wilkinson, *Gleichheit ist Glück. Warum gerechte Gesellschaften für alle besser sind.* Aus dem Englischen von Edgar Peinelt und Klaus Binder, Berlin 2012 [2011].

im Hinblick auf die Gesundheit.[8] Moderne Segregation unterscheidet sich von der Segregation Mitte des 20. Jahrhunderts, wie Thomas Sugrue in dem Band *Our Compelling Interests* detailliert beschrieben hat. Sowohl die Vorstädte als auch die Stadtviertel der Mittel- und Oberschicht sind ethnisch gemischter als vor 30 Jahren. Doch die sozioökonomische Segregation spielt heute eine größere Rolle. Anders als vor vier Jahrzehnten ist es heute wahrscheinlicher, dass arme Afroamerikaner und Latinos/as einer Hypersegregation ausgesetzt sind – sowohl in Bezug auf die Klasse als auch in Bezug auf die Rasse.

Eine Segregationsstudie einer Gruppe von Wirtschaftswissenschaftlern zeigt, dass soziale Netzwerkeffekte großen Einfluss auf die Verteilung von Gütern und Ressourcen haben, sodass Segregation sogar in hypothetischen quantitativen Modellen, in denen Gruppen mit äquivalenten Fähigkeiten und Chancen beginnen, ein Auslöser von Gruppenungleichheit sein kann.[9]

Warum hat Segregation so tiefgreifende Auswirkungen? Der gesunde Menschenverstand weist den Weg zu einer Erklärung, die von der Forschung bestätigt worden ist. Man muss sich lediglich überlegen, was durch die sozialen

---

8 Glenn Loury, »A Dynamic Theory of Racial Income Differences«, in: Phyllis Wallace, Annette LaMond (Hg.), *Women, Minorities and Employment Discrimination*, Lexington 1977; ders., *The Anatomy of Racial Inequality*. Cambridge, Mass. 2002; Elizabeth Anderson, *The Imperative of Integration*, Princeton 2010; Richard Rothstein, »Racial Segregation and Black Student Achievement«, in: Danielle Allen, Rob Reich (Hg.), *Education, Justice & Democracy*. Chicago 2013, S. 173-198.

9 Samuel Bowles u.a., »Group Inequality«, in: *Journal of the European Economic Association* 12.1, 1. Februar 2014, S. 129-152. Aufgerufen am 22. Januar 2015 unter ⟨http://www.columbia.edu/~rs328/GroupInequality.pdf⟩.

Netzwerke fließt. Auf der grundlegendsten Ebene ist ein soziales Netzwerk zwischen Menschen wie ein Netz aus Strömen und Rinnsalen, durch die Sprache fließt. Der Sprachfluss bringt Wissen und Qualifikationen mit sich. Dass Wissen so beschaffen sein kann, lernen wir in der Schule: Wissen über die Welt, über Geschichte, Politik oder Literatur. Es kann aber auch praktischer Art sein: Welche Arbeitsstellen werden demnächst frei, weil jemand in den Ruhestand geht? Wo wird demnächst eine neue Fabrik gebaut, die einem Bezirk neue Chancen eröffnet? Auch diese Art von Information fließt mit der Sprache durch die sozialen Netzwerke.

Jede einzelne Person hat Zugang zu genauso vielen Wissensformen, Qualifikationen und Chancen, wie ihr soziales Netzwerk enthält. Und da Wissensformen, Qualifikationen und Chancen Macht sind, verringert Isolation als solche die Ressourcen, die von fundamentaler Bedeutung für egalitäre Ermächtigung sind.[10] Sprache an sich gehört zu den deutlichsten Kennzeichen, die man der Beurteilung zugrunde legen kann, ob eine politische Gemeinschaft relativ hohe Verbundenheit aufweist oder fragmentiert ist.[11]

An dieser Stelle muss ich unterstreichen, dass es mir hier nicht um Rasse oder Ethnizität geht, sondern um die sozialen Erfahrungen aller Menschen. Ein ergiebiges soziales Netzwerk ist für jeden von Vorteil und ein relativ isoliertes soziales Netzwerk mit knappen Ressourcen schadet jedem.[12] Der US-amerikanische Fall der Rassensegregation ist lediglich zufällig ein extremes Beispiel für ein grundlegendes Phänomen, das sich quer durch alle Kontexte, Zeiten und Orte beobachten lässt. Wie die Forschung gezeigt

---

10 Anderson, *The Imperative of Integration.*

11 Lareau, *Unequal Childhoods.*

12 Ebd.

hat, ist die gesellschaftliche Verbundenheit in egalitäreren Gesellschaften im Allgemeinen höher und hat der Verbundenheitsgrad Gleichheitseffekte.[13]

Für die Schaffung einer vernetzten Gesellschaft ist es nicht erforderlich, dass Einzelne ihre kulturelle Spezifität ablegen. Vielmehr müssen wir genau überprüfen, auf welche Weise Institutionen soziale Verbindungen hervorbringen und dabei sicherstellen, dass es in einem Land vielfältige, sich überlappende Wege gibt, die das gesamte Spektrum der Gemeinschaften miteinander verbinden. In einer vernetzten Gesellschaft erfreuen Menschen sich solidarischer und gemeinschaftlicher Bindungen, sind aber genauso mit dem Bauen von »Brücken« beschäftigt, die positive Beziehungen zwischen unterschiedlichen Gemeinschaften herstellen, während sie als Individuen zudem den Wunsch verspüren, dass ihnen das Eingehen von persönlich wertvollen Beziehungen über die Grenzen der Differenz hinaus gelingt. Wichtig für eine vernetzte Gesellschaft ist, dass die Grenzen der einzelnen Solidaritätsgemeinschaften fließend sind und man davon ausgehen kann, dass sich die Gestalt dieser Gemeinschaften mit der Zeit ändert. Durch fortwährenden maximalen Brückenbau sorgt eine vernetzte Gesellschaft für sich ständig verlagernde soziale Grenzen; manch Brückenschlag wird mit der Zeit zu einer Bindung im Sinne von Bonding werden. Und wenn das, was einmal ein Brückenschlag war, zu einer Bindung wird, muss das Bestreben, Brücken zu bauen, auf neue Differenz- und Trennungslinien übergehen.

Für das Erreichen einer Differenz ohne Herrschaft, die in der Welt des Sozialen politische Gleichheit fördert, sind einerseits politische Programme und Institutionen und an-

---

13 Ober, *Democracy and Knowledge*; Szreter, Woolcock, »Health by Association?«

dererseits Gewohnheiten und Praktiken nötig. Deshalb sind für das Erreichen eines solchen Ideals sowohl verbesserte Rahmenbedingungen für die politische Entscheidungsfindung als auch angezielter kultureller Wandel erforderlich. Diesen beiden Aspekten – institutioneller Politik und kultureller Arbeit – werde ich mich gleich zuwenden, doch zunächst möchte ich das Ideal sozialer Verbundenheit in die gegenwärtige Debattenlandschaft einordnen.

III. Jenseits von Assimilation und Multikulturalismus

Mit dem Anführen eines Ideals »sozialer Verbundenheit« als einem Weg zu sozialem Egalitarismus, der wiederum unter Bedingungen von Diversität die Grundlage für politische Gleichheit darstellt, greife ich in eine schon lang anhaltende Debatte über die Eingliederung von Migranten und Minderheiten ein. Die Pole dieser Debatte bilden die Begriffe »Assimilation« auf der einen und »Multikulturalismus« auf der anderen Seite. Ich biete »soziale Verbundenheit« und »vernetzte Gesellschaft« als Alternative zu diesen beiden Positionen an – als eine Alternative, die deren jeweilige Schwierigkeiten überwindet. Das Ideal »sozialer Verbundenheit« beruht auf einem Abrücken von der Art und Weise, wie sowohl menschliche Identität als auch soziale Gruppen in den beiden bisherigen Paradigmen konzeptualisiert worden sind. Das möchte ich kurz erläutern.

Das Nachdenken über demokratische Sozialbeziehungen in den USA war im 20. Jahrhundert zunächst an den Idealen von Assimilation und Integration und danach am damit konkurrierenden Ideal des Multikulturalismus orientiert. Obwohl diese früheren Ideale in akademischen Kreisen schon lange in Misskredit geraten sind, kommen sie in Gesprächen unter Laien schnell wieder auf, wenn zum Beispiel Einzelpersonen, die in bestimmten Organisationen arbeiten, versuchen, mit der Thematik zurechtzukommen, welchen Rahmen soziale Beziehungen unter Bedingungen von Diversität erhalten sollen. Deshalb ist es der Mühe wert, sich ihren Inhalt und ihre Folgen klarzumachen.

Zunächst zur Assimilation. Ich hoffe, man sieht mir nach, dass ich für die Durcharbeitung dieser Begriffe abermals den US-amerikanischen Fall heranziehe. Ende des 19., Anfang des 20. Jahrhunderts nahm in den USA die sogenannte »Common-Schools«-Bewegung, also so etwas wie eine Gemeinschaftsschulbewegung ihren Anfang, durch die sich die Reichweite des öffentlichen Schulwesens vergrößerte und im Jahr 1918 allgemeine Schulpflicht in allen 48 Staaten erreicht wurde, die damals der amerikanischen Union angehörten.[14] Das Ziel dieser Bewegung bestand nicht darin, wie man von heute aus vielleicht denken könnte, das Bildungsniveau der Bevölkerung zu erhöhen, sondern darin, angesichts schwindelerregend hoher Einwanderungszahlen die Amerikanisierung voranzutreiben. Im Bild vom »Schmelztiegel« – eines Amerikas, das ethnische Differenzen einschmelzen und zu einer erkennbar »amerikanischen« Synthese zusammenführen würde –, das auf das Jahr 1908 zurückgeht, kam ein starkes Assimilationsideal zum Ausdruck.[15] Als offizielle Rassentrennungssysteme in den 1950er und 1960er Jahren abgebaut wurden, erweiterte sich das Ziel einer Konsolidierung der sozialen

---

14 Michael S. Katz, *A History of Compulsory Education Laws*, Fastback Series, Nr. 75, Bicentennial Series, Bloomington 1976. Siehe auch Claudia Goldin, Lawrence Katz, *The Race between Education and Technology*, Cambridge, Mass. 2008.

15 Arthur Schlesinger, *The Disuniting of America. Reflections on a Multicultural Society*, New York 1992, S. 32f.

Beziehungen um die Notwendigkeit, über Rassengrenzen hinweg für Integration zu sorgen. Diese beiden Ideale – Integration und Assimilation – bestimmten die Diskussion über soziale Beziehungen von Anfang des 20. Jahrhunderts bis in die Frühzeit der Bürgerrechtsbewegung. Die Autorität dieser Ideale schwand im späten 20. Jahrhundert, aber der berühmte Historiker Arthur Schlesinger Jr. konnte sogar noch 1992 seine Analyse der Aussichten des gesellschaftlichen Lebens in den USA auf sie abstellen, und seine Verfahrensweise liefert ein gutes Beispiel für das Kernproblem, das diese Ideale aufweisen. Schlesinger Jr. schrieb: »Assimilation und Integration bilden eine zweispurige Straße. Diejenigen, die sich Amerika anschließen möchten, müssen von denen empfangen und willkommen geheißen werden, die meinen, dass Amerika ihnen bereits gehört.«[16]

Obwohl Schlesinger für eine »zweispurige Straße« eintritt, beschreibt er de facto eine eindimensionale Beziehung, bei der eine Gruppe sich an die herrschende Kultur assimiliert und die andere Gruppe diese Vorstellung von Assimilation bloß begrüßen muss.[17] Wie schon vielerorts angemerkt worden ist, macht das Assimilationsideal die Normen und den Zuschnitt der Mehrheitskultur zu dem

16 Ebd., S. 19. Das Zitat geht folgendermaßen weiter: »Wie gesagt, ist Rassismus eine große nationale Tragödie gewesen […] Wenn konservative Amerikaner zum Beispiel andere Nationalitäten oder Rassen so behandeln, als seien diese schwer verdauliche Elemente, die man meiden und ausschließen muss, dürfen sie sich nicht wundern, wenn verbitterte Minderheiten lieber unter sich bleiben und alle anderen verfluchen. Nicht nur *sie* müssen Assimilation und Integration wollen, auch *wir* müssen Assimilation und Integration wollen.«

17 Angel Parham, »Who Are We? What Louisiana Can Teach Us about Being American«, Occasional Paper Nr. 44, School of Social Science at the Institute for Advanced Study, März 2012. Online abrufbar unter ⟨https://www.sss.ias.edu/files/papers/paper44.pdf⟩.

Standard, den alle anderen unabhängig von ihrem kulturellen Hintergrund einhalten müssen. In dem Maße, wie Angehörige von Minderheitengruppen sich an die kulturellen Formen der Mehrheitsgruppe assimilieren, verschwinden die kulturellen Ressourcen ihrer ursprünglichen Traditionen. Eine Ausdrucksform des Assimilationsideals, die ein Immigrant im späten 20. Jahrhundert in den USA erleben konnte – und die sogar durch ärztlichen Rat untermauert wurde –, war zum Beispiel die Auffassung, dass Migrantenkinder ihre Muttersprache aktiv unterdrücken sollten, um ihre Englischleistungen zu maximieren.[18]

In seinem Roman *Der unsichtbare Mann*, für den er im Jahr 1952 den National Book Award gewann, hat Ralph Ellison ein Gegenideal formuliert:

> Weshalb diese Sucht nach Gleichförmigkeit – wo die Hauptsache doch Verschiedenartigkeit (*diversity*) ist? Man lasse den Menschen seine vielen Rollen spielen, dann gibt es keine Tyrannenstaaten. Nun, wenn sie mit dieser Gleichmacherei fortfahren, zwingen sie mich, einen unsichtbaren Mann, am Ende noch dazu, weiß zu werden, was keine Farbe ist, sondern ein Mangel an Farbe. Soll ich nach Farblosigkeit streben? Doch ernsthaft und ohne jeden Snobismus gesprochen, denken Sie nur daran, was die Welt verlieren würde, wenn das geschähe. Amerika ist aus vielen Fäden gewebt; ich würde sie anerkennen und es dabei belassen.[19]

Anstelle des Schmelztiegels beschwört Ellison für die USA das Bild eines Flickenteppichs herauf, der auf vielfältige

18 So erlebt von Carola Suarez-Orozco und der Autorin von Marcelo Suarez Orozco am 6. Oktober 2014 berichtet.

19 Ralph Ellison, *Der unsichtbare Mann. Roman*. Aus dem Amerikanischen von Georg Goyert, vollständig neu überarbeitet von Hans-Christian Oeser, Berlin 2019 [1952], S. 654.

Weisen miteinander verschachtelte, unterschiedliche Muster hat.

Als Romanautor hat Ellison sein Begrüßen von Diversität nicht zu offiziellen politischen Vorschlägen ausgebaut, doch in seiner Nachfolge wurde – in Anknüpfung an eine Reihe von intellektuellen, künstlerischen und aktivistischen Traditionen, in denen ähnliche Argumente wie seine geltend gemacht worden waren – eine Politik des Multikulturalismus entwickelt. Dank der Arbeit der Royal Commission on Bilingualism and Biculturalism[20] in den 1960er Jahren nahm Kanada dabei eine führende Position ein und der kanadische Philosoph Charles Taylor fand 1992 in seinem wegweisenden Buch *Multikulturalismus und die Politik der Anerkennung* für dieses Ideal eine philosophische Ausdrucksform.[21]

---

20 Aufgabe dieser Kommission war »eine Empfehlung, welche Schritte im Hinblick auf eine Weiterentwicklung der kanadischen Konföderation auf der Basis einer gleichberechtigten Partnerschaft der beiden Gründungsvölker [Frankreich und England] unter Berücksichtigung des Beitrags anderer ethnischer Gruppen zur kulturellen Bereicherung Kanadas unternommen und welche Maßnahmen zum Schutz dieses Beitrags ergriffen werden sollten.« Bericht der Royal Commission on Bilingualism and Biculturalism (A. Davidson Dunton, stellvertretender Vorsitzender; André Laurendeau, stellvertretender Vorsitzender), Allgemeine Einleitung, S. xxi. ⟨http://epe.lac-bac.gc.ca/100/200/301/pco-bcp/commissions-ef/dunton1967-70-eng.htm⟩.
Infolge der Arbeit dieser Kommission beschloss die kanadische Bundesregierung im Jahr 1971, eine Politik des Multikulturalismus und nicht des Bikulturalismus zu betreiben und verankerte schließlich in den frühen 1980er Jahren bestimmte multikulturelle Rechte wie zum Beispiel Sprachenrechte in einem Verfassungszusatz. Constitution Act 1982 (Kanada): ⟨https://www.solon.org/Constitutions/Canada/English/ca_1982.html⟩.

21 Charles Taylor, *Multikulturalismus und die Politik der Anerkennung*. Aus dem Amerikanischen von Reinhard Kaiser, Frankfurt/

Doch auch das Multikulturalismusideal ist sowohl von rechts als auch von links in die Kritik geraten. Auf der Rechten, aber nicht ausschließlich auf der Rechten gab es Stimmen, die befürchteten, eine multikulturelle Politik würde dem sozialen Zusammenhalt zuwiderlaufen und stattdessen »Fragmentierung, neuerliche Segregation und Tribalisierung« hervorrufen, um noch einmal Schlesinger Jr. zu zitieren.[22] Auf der Linken behauptete der Kulturkritiker Homi Bhabha, der multikulturalistische Ansatz essentialisiere Kultur auf gefährliche Weise, als ob es feste Grenzen zwischen kulturellen Gruppen gäbe und jeder von uns eine gleichbleibende individuelle Identität besäße, die an die kulturelle Tradition gebunden sei, in die wir hineingeboren werden.[23] Bhabha plädierte dafür, dass stattdessen Hybridität das kulturelle Leben kennzeichne bzw. dass unsere Vorstellungen über unsere Identität sich ständig weiterentwickelten, weil wir diese Identität in Auseinandersetzung mit anderen aus Material bilden würden, das zufällig gerade zur Hand sei und selbst aus disparaten historischen und kulturellen Quellen stammen könnte.[24]

M. 1993 [1992]. Taylors wirkmächtiger Aufsatz wurde um Kommentare von anderen Philosophen ergänzt, darunter Anthony Appiah, Jürgen Habermas und Michael Walzer, und der Band wurde schnell ins Italienische, Französische und Deutsche übersetzt, wodurch »Multikulturalismus« als ein uneingeschränkt multinationaler Forschungsgegenstand und politischer Faktor lanciert wurde.

22 Schlesinger, *The Disuniting of America*, S. 17f. Die Auflösung der Tschechoslowakei in zwei Nationen, Tschechische Republik und Slowakei, im Jahr 1993, die jeweils eine andere sprachliche und ethnische Gruppe umfassten, war ein Paradebeispiel, genauso wie der anschließende Zerfall Jugoslawiens.

23 Homi Bhabha, *Die Verortung der Kultur.* Ins Deutsche übersetzt von Michael Schiffmann und Jürgen Freudl, Tübingen 2000 [1994].

24 Homi Bhabha, »Cultural Diversity and Cultural Differences« (2011), in: *Atlas of Transformation*. Aufgerufen am 21. Januar 2015, ⟨http://

Bhabhas Argumente sind in feministischen Arbeiten etwa von Iris Young und Kimberlé Crenshaw weiter ausgearbeitet worden, die sich für die Bedeutung von »Serialität« und »Intersektionalität« für die Identität eines konkreten Individuums aussprechen.[25] Nehmen wir mich selbst als Beispiel. Zufällig bin ich eine schwarze, gemischtrassige Frau, die zwei Kinder hat und außerdem Gedichte liebt. Jede dieser Rollen gewinnt in unterschiedlichen Kontexten stärker an Profil. Wenn von mütterlicher Verantwortung die Rede ist, bin ich Teil einer langen Reihe von Müttern, auf die soziale und kulturelle Stichworte die Aufmerksamkeit gelenkt haben. Dies gilt für alle meine Rollen, die ich, wie man (in Abwandlung von Youngs Terminologie) auch sagen könnte, seriell ausfülle, eine nach der anderen, in einer nicht enden wollenden Reihe, deren genaue Abfolge sich aber nicht vorhersehen lässt. Hinzu kommt, dass die Intersektionen, das heißt die Kreuzungspunkte dieser Rollen sich kompliziert gestalten können: Meine Identität als berufstätige Frau und meine Identität als Mutter geraten häufig miteinander in Konflikt.

Diese Herangehensweisen an das Thema personaler Identität stellen eine deutliche Herausforderung für alle Versuche dar, unter Bedingungen von Diversität über demokratische Sozialbeziehungen nachzudenken. Welche Herangehensweise wir wählen, hat erhebliche Auswirkungen auf unsere Annahmen über individuelle Identität. Der Assimilationsansatz geht davon aus, dass wir die Traditionen,

---

monumenttotransformation.org/atlas-of-transformation/html/c/cultural-diversity/cultural-diversity-and-cultural-differences-homi-k-bhabha.html⟩.

25 Iris Marion Young, »Geschlecht als serielle Kollektivität. Frauen als soziales Kollektiv« (Aus dem Amerikanischen von Irmgard Hölscher), in: Institut für Sozialforschung Frankfurt (Hg.), *Geschlechterverhältnisse und Politik*, Frankfurt/M. 1994, S. 223-261.

in denen wir aufgewachsen sind, abstreifen können, ohne Schaden zu nehmen. Der Multikulturalismusansatz bietet nicht genügend Raum für Selbstidentifikationen und dafür, sich auf eine hybride und umkämpfte Kultur einzulassen. Beide Herangehensweisen schränken mithin die Autonomie ein und verbinden so Differenz mit Herrschaft. Deshalb bieten die Rahmenbedingungen von Assimilation und Multikulturalismus keine angemessene Grundlage für das Streben nach menschlichem Wohlergehen. Jede Herangehensweise an demokratische Sozialbeziehungen, die darauf hofft, diese beiden Paradigmen ersetzen zu können, muss der Tatsache Anerkennung zollen, dass sowohl Tradition als auch Anpassung für personale Identität von Belang sind, und auf der Grundlage dieser Einsicht Rahmenbedingungen schaffen, die sowohl für das psychologische als auch für das soziale Wohlergehen eines Individuums sorgen.

Wenn man von der Fluidität, Hybridität und Intersektionalität der Identität und der sich je nach Kontext wandelnden Profilierung der unterschiedlichen Komponenten der Identität einer Person ausgeht, verschiebt sich unweigerlich auch die Konzeptualisierung von sozialen Gruppen. Die Vorstellung, dass eine soziale Gruppe feste, sozusagen vorpolitische Grenzen besitzt, kann nicht länger der zentrale Gegenstand einer wissenschaftlichen Sozialanalyse sein. Die Gruppierungen, die nicht unerhebliche Auswirkungen auf den politischen Prozess haben, verschieben sich im Laufe der Zeit und passen sich an, und solche Anpassungen können sogar eine Folge aktiver politischer und sozialer Steuerung sein. Zum Beispiel kann eine Versammlung von Kongressabgeordneten im Hinblick auf die geschlechtliche und sexuelle Identität ihrer Mitglieder betrachtet werden, sodass die in dieser Versammlung vertretenen Gruppen auf eine bestimmte Weise zugeordnet werden.

Oder man kann dieselbe Versammlung von Abgeordneten stattdessen unter Berücksichtigung ihres sozioökonomischen Status oder ihrer Ethnizität betrachten, sodass die Gruppierungen und Interessenbündnisse wahrscheinlich auf andere Weise zugeordnet werden. Das Gleiche gilt für die Landesbevölkerung. Wo und wie sich Gruppen entlang bestimmter Interessenbündnisse bilden und wo und wie sich Heiratsmärkte entwickeln und Verwandtschaftsnetzwerke hervorbringen, ist kontingent und ergibt sich aus einer großen Zahl unterschiedlicher sozialer Praktiken.[26] Die Ideale sozialer Verbundenheit und einer vernetzten Gesellschaft fußen auf hybriden, fluiden und intersektionalen Identitätskonzeptionen sowie ergänzend dazu auf der Auffassung, dass soziale Gruppen nicht a priori feststehen, sondern aus unseren politischen und institutionellen Entscheidungen hervorgehen.

Um anzuerkennen, dass soziale Gruppierungen endogen und nicht exogen sind, muss man die soziopolitischen Phänomene nicht vollständig auf einen methodologischen Individualismus und auf die Ausgangsannahme umlenken, dass das Individuum die einzig relevante Analyseeinheit sei. Die Forschung kann ihre Aufmerksamkeit vielmehr auf die Relationalität richten: auf die Frage, wo und wie verschiedenartige soziale Beziehungen sich bilden. Der Grundstein für solche Untersuchungen wurde in der Netzwerktheorie gelegt, angefangen mit der grundlegenden Arbeit von Mark Granovetter, die in letzter Zeit von For-

---

26 Marcus Alexander, Christia Fotini, »Context Modularity of Human Altruism«, in: *Science* 334 (2011), S. 1392; Perna Singh, Matthias vom Hau, »Ethnicity in Time. Politics, History, and the Relationship between Ethnic Diversity and Public Goods Provision«, in: *Comparative Political Studies* 1-3 (2016); Michael Hanchard, *The Spectre of Race. How Discrimination Haunts Western Democracy*, Princeton 2018.

schern wie Matthew Jackson erheblich ausgeweitet wurde. Wie bereits gesagt, ist die Arbeit von Soziologen und Politikwissenschaftlern, die ihr Augenmerk auf das Sozialkapital und die Beziehungsformen des Bonding, Bridging und Linking gelegt haben, in diesem Zusammenhang genauso relevant wie neoinstitutionalistische Arbeiten, in denen die Entstehung und Verfestigung von Institutionen zum Teil im Hinblick darauf erforscht werden, wie sie soziale Beziehungen verstetigen. Entsprechend haben Historiker verfolgt, wie Bündnisse und Solidargemeinschaften sich Sprachverschiebungen anpassen, die mit neu aufkommenden Mustern der Interessenidentifikation und -bildung einhergehen.[27] Und natürlich gibt es noch die Arbeiten über Relationalität von Axel Honneth und anderen Mitgliedern des Instituts für Sozialforschung.

Der Fokus darauf, wo und wie soziale Beziehungen sich bilden, wo und wie politische Akteure sie nutzen und wo und wie sie den Rahmen für die Identitätsbildung von Einzelpersonen abgeben, lenkt die sozialwissenschaftliche Forschung auf die mittlere Ebene menschlicher Erfahrung, nämlich auf die Praktiken, die zwischen der Mikroebene individuellen Handels und der Makroebene von Strukturphänomenen und neu aufkommenden Gesamtmustern vermitteln. Der Fokus auf soziale Netzwerke und ihre Auswirkungen stellt einen Diagnoserahmen dafür bereit, wann soziale Differenz Herrschaft hervorruft und wann nicht. Eine Aufgabe einer vernetzten Gesellschaft besteht darin, ständig zu versuchen, jene Art von Netzwerkbildung zu vereiteln, zu überwinden oder abzuschwächen,

27 Victoria Hattam, Joseph Lowndes, »The Ground Beneath Our Feet. Language, Culture, and Political Change«, in: Stephen Skowronek, Matthew Glassman (Hg.), *Formative Acts. American Politics in the Making*, Philadelphia 2007, S. 199-229.

die mit Herrschaft verknüpft ist. Das Prinzip einer Differenz ohne Herrschaft legt die Parameter für die sozialpolitische Arbeit fest, wenn der Versuch unternommen wird, die Entstehung einer vernetzten Gesellschaft zu ermöglichen. Das Projekt der Schaffung einer vernetzten Gesellschaft operiert in erster Linie auf der mittleren Ebene, indem es versucht, die institutionellen Entscheidungen zu verstehen, die auf der strukturellen Ebene ein Muster maximalen Brückenbaus hervorrufen und den Individuen auf der Mikroebene Gelegenheiten zu sich lohnenden sozialen Bindungen sowohl in Form von Brücken als auch in Form von Bonding bieten.

Im Folgenden möchte ich weiter präzisieren, was die Schaffung einer vernetzten Gesellschaft mit sich bringt.

IV. Soziale Verbundenheit: Ein neues Ideal

Wie wir gesehen haben, strebt das Assimilationsideal nach sozialem Zusammenhalt, opfert dafür aber das Bedürfnis des Einzelnen, mit seiner Herkunftsgemeinschaft in Verbindung zu bleiben. Das Multikulturalismusideal wertet die Verbindung zu diesen Herkunftsgemeinschaften auf Kosten sowohl eines vernünftigen Identitätsverständnisses als auch der wertvollen Fluidität sozialer Bindungen auf. Das Ideal »sozialer Verbundenheit« und einer »vernetzten Gesellschaft« wahrt dagegen die Autonomie.[28] Wie ich oben gezeigt habe, sollte eine Assoziationsökologie, welche das Bauen von Brücken maximiert, egalitäre Effek-

28 Danielle Allen, »A Connected Society«, in: *Soundings* 53 (Frühjahr 2013), S. 103-113.

te mit sich bringen und so die Wahrscheinlichkeit minimieren, dass soziale Differenz sich mit Herrschaft verknüpft.[29] Damit habe ich ein soziales Organisationsprinzip formuliert. Die Frage ist, wie sich dieses Prinzip in eine institutionelle Form gießen lässt.

An dieser Stelle muss ich eingestehen, dass ich einem methodologischen Pfad folgen möchte, den Aristoteles angelegt hat, der aber von der nachfolgenden Literatur in der politischen Philosophie oder politischen Theorie nicht besonders häufig aufgegriffen worden ist. Wie in Kapitel 2 gezeigt, hat Aristoteles gesehen, dass die Frage, welche Institutionen und Normen eine Definition von Gerechtigkeit verwirklichen oder die größtmögliche Annäherung an sie erreichen können, von den zugrunde liegenden demografischen Faktoren abhängt: von einem ausgeglichenen Verhältnis von Arm und Reich in einer Stadt; vom prozentualen Anteil der Landwirte, Händler und feinen Leute; vom Bildungsgrad der Bürgerschaft und so weiter. Die Frage, ob sich Gerechtigkeitsprinzipien in gelebten Gesellschaften verwirklichen lassen, hängt demnach von kontextspezifischen Entscheidungen darüber ab, welche institutionellen Formen solche Prinzipien in dem betreffenden Kontext mit Leben erfüllen werden. Für Arbeit an der Gerechtigkeit ist zwar die Konstruktion einer gesellschaftlichen Grundstruktur erforderlich, aber die tatsächliche Form dieser Grundstruktur kann unabhängig von einer Analyse des zugrunde liegenden demografischen Kontexts nicht festgelegt werden, indem man versucht, die Gerechtigkeitsprinzipien mit Leben zu erfüllen.

Aristoteles hat zwei zentrale Gerechtigkeitsprinzipien

29 Siehe Anmerkung 13 in diesem Kapitel, und außerdem eine weitere Ausführung des Arguments, dass Brückenbau egalitäre Effekte hat, in Allen, »A Connected Society«.

bzw. gesellschaftliche Organisationsprinzipien ermittelt und sich darum bemüht einzuschätzen, wie sie sich in verschiedenen demografischen Kontexten institutionalisieren lassen. Aristoteles' erstes Prinzip war das Prinzip proportionaler Gleichheit, also nach seinem Verständnis der Gedanke, dass die am besten Ausgebildeten und Tugendhaftesten die epistemische Führung in einem politischen Gemeinwesen übernehmen sollten. Aristoteles' zweites Prinzip war das Prinzip arithmetischer Gleichheit, also das Prinzip, dass jede Person das gleiche Interesse am Erhalt der eigenen Handlungsmacht hat und die Menschen insgesamt, selbst bei nicht so guter Ausbildung, zu vernünftigen moralischen Urteilen in der Lage sind. Nachdem er diese Prinzipien ermittelt hat, geht Aristoteles im Mittelteil seiner *Politik* eine ganze Reihe unterschiedlicher Fälle durch, um herauszufinden, ob in der Stadt X Gerichtsentscheidungen eher Jurys aus dem Volk überlassen oder gut ausgebildeten Eliten übergeben werden sollten, oder ob wichtige Richterämter in der Stadt Y per Losentscheid oder durch Wahlen besetzt werden sollten. Worauf es dabei ankommt, ist, dass kein gegebener institutioneller Mechanismus als solcher eine einfache Verkörperung des betreffenden gesellschaftlichen Organisationsprinzips darstellt. Die Verkörperung ergibt sich vielmehr aus dem Verhältnis des institutionellen Mechanismus und des sozialen Kontextes, in dem er operiert. Aristoteles sucht nach institutionellen Formen, die von Fall zu Fall seine beiden Gleichheitsprinzipien in jeder Stadt gleichzeitig mit Leben erfüllen. Doch die dafür erforderlichen Formen variieren von Stadt zu Stadt und müssen sich im Laufe der Zeit weiterentwickeln lassen, wenn die sozialen Bedingungen sich ändern und Gruppenmuster sich verschieben. Um einen grundlegenden Punkt noch einmal zu wiederholen: Soziale Gruppierungen sind einem politischen System endogen – sie ergeben sich aus Entscheidungen für eine bestimmte institutionelle Form und daraus, welche politischen Maßnahmen jeweils ergriffen werden.[30] Da jedes konkrete politische Gemeinwesen institutionelle Mechanismen entwickelt, von denen angenommen wird, dass sie – angesichts der demografischen Umstände – dazu beitragen werden, dass es seine Ziele erreicht, muss es dementsprechend erkennen, dass es diese Prinzipien abändern muss, wenn die demografischen Umstände sich wandeln, was sie unter anderem aufgrund der von dem Gemeinwesen ursprünglich getroffenen Entscheidung für eine bestimmte institutionelle Form mit Sicherheit tun werden. Recht verstanden, geht es in der Politik mit anderen Worten darum, ein dynamisches System ununterbrochen in die Richtung der Ideale zu steuern, die das politische Gemeinwesen rechtfertigen. Es gibt nicht die eine, ein für alle Mal erstellbare Blaupause oder Grundstruktur.

Aristoteles' Herangehensweise an die Verwirklichung von Gerechtigkeitsprinzipien in institutioneller Form steht im Gegensatz zu einem Großteil der politischen Philosophie der Gegenwart, die sich bemüht, Gerechtigkeitstheorien zu konstruieren. Nicht nur bei der Konstruktion der Prinzipien, sondern auch im Hinblick auf ihre Argumente, mit welchen institutionellen Formen sich diese Prinzipien verwirklichen lassen, abstrahieren diese Theorien von allen konkreten demografischen Mustern oder Gegebenheiten. Meine eigenen Bemühungen, über die Verwirklichung von Gerechtigkeitsprinzipien nachzudenken, folgen der Strategie von Aristoteles. Ausgangspunkt meiner Gerechtigkeitstheorie ist die Notwendigkeit, sowohl positive als auch negative Freiheiten zu schützen und egalitäre politische Ermächtigung hervorzurufen. Mir ist klar, dass die Institutionen, die wir zur Gewährung dieses Schutzes ent-

30 Siehe Anmerkung 26 in diesem Kapitel.

wickeln, die zugrunde liegenden demografischen Faktoren verändern werden, was eine unablässige Neugestaltung notwendig macht. Mein Ziel ist es sicherzustellen, dass dynamische soziale Systeme dauerhaft auf die richtigen Prinzipien ausgerichtet sind. Zu diesem Zweck habe ich zusätzlich die Ideale von Differenz ohne Herrschaft und sozialer Verbundenheit zu dessen Erreichung entwickelt. Wenn ich mich jetzt an eine Erklärung mache, welche Verwirklichung diese Prinzipien in der Grundstruktur erfahren können, muss ich einige Erwartungen richtigstellen.

Die Leser und Leserinnen werden wissen wollen, wie soziale Verbundenheit in realen Gesellschaften aussieht. Diesen Wunsch werde ich nur teilweise erfüllen können. Wenn ich die aristotelische Herangehensweise ohne Abstriche verfolgen würde, hätte ich ein Forschungsteam aufgeboten, das mehr als 100 verschiedene Gesellschaften analysiert, um festzustellen, wie jede einzelne ihre Institutionen auf eine Weise neu gestalten könnte, dass sich der Bridging-Anteil erhöht. Ich würde einen Haufen institutioneller Vorschläge für jede Gesellschaft machen, die Familienähnlichkeit besitzen würden, aber nicht identisch wären. Ich hätte eine Antwort auf die Frage, wie soziale Verbundenheit in Deutschland aussehen könnte. Doch eine der Hinsichten, in denen ich nicht Aristoteles bin, ist, dass es mir nicht möglich war, ein internationales Forschungsteam loszuschicken, das die Möglichkeiten sozialer Verbundenheit in einer Reihe von unterschiedlichen Gesellschaften untersucht.

Da ich das nicht getan habe, kann ich Folgendes tun, um einen Überblick über die verschiedenen Schritte vom Prinzip bis zu seiner Verwirklichung zu geben: Ich kann Bestandteile der Familienähnlichkeit skizzieren, welche die politischen Strategien für gesellschaftliche Verbundenheit verbindet, und einige für den US-amerikanischen Fall spezifische Beispiele anführen, da dies bedauerlicherweise der einzige Fall ist, von dem ich behaupten kann, dass ich über einen gewissen Grad an Fachwissen verfüge.

Für die Schaffung einer Assoziationsökologie, auf die eine vernetzte Gesellschaft sich stützen kann, ist es zunächst einmal erforderlich, das Augenmerk auf alle politischen Programme zu richten, die Auswirkungen auf die Boden- und die Raumnutzung haben: Verkehrswesen, Wohnungsbau, Gebietsaufteilung, Bezirkseinteilung (sowohl in Bezug auf politische Repräsentation als auch auf Bildung), öffentliche Versorgung und Kommunikationsinfrastruktur. Schließlich hat die Letztere Auswirkungen auf die Erfahrung von Raum und Zeit. Die Frage, wie die Raum- und Bodennutzung organisiert ist, hat Einfluss darauf, ob der Schutz des Vereinigungsrechts die gleichen Grundfreiheiten, zu denen auch das Vereinigungsrecht selbst gehört, im Laufe der Zeit fördert oder untergräbt. Es könnten, wie erwähnt, mehr bereits bestehende politische Programme von direkter Bedeutung für den Schutz der Grundrechte sein, als wir denken, und der Maßstab des Strebens nach Differenz ohne Herrschaft macht weniger das Auflegen zusätzlicher politischer Programme über den Schutz der gleichen Grundfreiheiten hinaus erforderlich, sondern eher ein Überdenken des Möglichkeitsspektrums, wie die gleichen Grundfreiheiten überhaupt geschützt werden sollen. Wir benötigen daher ein strenges Prüfsystem. Wenn wir die Grundfreiheiten schützen, sollten wir mit anderen Worten Schutzmaßnahmen wählen, die auf die oben erwähnten fünf Komponenten politischer Gleichheit abgestimmt sind. Dafür ist die Untersuchung von Politikfeldern erforderlich, die normalerweise nicht mit dem Schutz von Grundrechten in Verbindung gebracht werden.

Im Fall der Vereinigten Staaten sind dafür einige konventionelle Politikprogramme relevant. Wohnungsbau für

Mischeinkommen ist genauso wichtig wie andere politische Maßnahmen, welche Folgen aufhalten oder rückgängig machen sollen, die sich ergeben haben durch »ausgrenzende Gebietsaufteilung, anhaltendes Redlining, gezielte Einstellung öffentlicher Dienstleistungen, Ghettoisierung der Sozialwohnungssiedlungen für Geringverdiener, willkürliche Polizeikontrollen in von Minderheiten bewohnten Gegenden, vom Grundstückswert abhängige Schulfinanzierung und politische Fragmentierung der Ballungsräume«.[31] Überarbeitete Föderalismusleitlinien und die Überlappung von Gesetzgebungsbezirken könnten zur umfassenderen Unterrichtung der Bürgerinnen und Bürger über die Interessenpositionen von anderen beitragen sowie eine für Minderheiten und Andersgläubige fairere Machtverteilung fördern.[32] An anderer Stelle habe ich gezeigt, dass man im Zusammenhang mit den College-Zulassungen in den USA den Grad des Brückenbaus auf dem Campus besonders der Elite-Colleges erhöhen könnte, wenn mehr Wert auf geografische Diversität auf der Ebene der Postleitzahlen gelegt werden würde.[33] Ebenso verfügen ländliche Gegenden in den USA über keine funktionstüchtigen Verkehrsanbindungen mehr, die sie angemessen und effektiv unter-

---

31 Robert Sampson, »Division Street, U.S.A.«, in: *New York Times*, 23. Oktober 2013 ⟨http://opinionator.blogs.nytimes.com/2013/10/26/division-street-u-s-a/#more-150124⟩; siehe auch Richard Rothstein, »If the Supreme Court Bans the Disparate Impact Standard it Could Annihilate One of the Few Tools Available to Pursue Housing Integration«, in: *Economic Policy Institute*, Januar 2015, zuletzt aufgerufen am 22. Januar 2015 ⟨http://www.epi.org/publication/if-the-supreme-court-bans-the-disparate-impact-standard-it-could-annihilate-one-of-the-few-tools-available-to-pursue-housing-inte gration/⟩.

32 Heather Gerken, »The Loyal Opposition«, in: *Yale Law Journal* 123 (2014), S. 1958-1994.

33 Allen, »Talent Is Everywhere«.

einander und mit einer großen Zahl der wichtigen Ballungszentren verbinden würden. Hochgeschwindigkeitszüge würden in meinen Augen die soziale Verbundenheit erheblich verbessern. Die ständige Anwendung eines Prinzips sozialer Verbundenheit, das sich notwendig durch die Maximierung des Brückenbaus definiert, auf das institutionelle Design und die bebaute Umwelt sollte die Verhältnisbeziehungen transformieren, aus denen Gruppen und soziale Muster hervorgehen.

Für die Schaffung einer Assoziationsökologie, auf die eine vernetzte Gesellschaft sich stützen kann, muss das Augenmerk zweitens auf arbeitsmarktpolitische Maßnahmen und alle politischen Programme gelegt werden, die Auswirkungen auf die Mobilität und klassenübergreifende Interaktionen haben. So hebt zum Beispiel Berkeley-Professor David Kirp hervor, wie wichtig es ist, dass in der Vorschule reiche und arme Kinder miteinander in Kontakt kommen, und andere Wissenschaftler haben uns den Wert von sozioökonomischer Durchmischung im Zusammenhang mit Bildung auf allen Ebenen vor Augen geführt.[34] Michael Reich und Ken Jacobs, die ebenfalls in Berkeley lehren, treten für lokale Mindestlöhne ein, die in der Region verrichtete Arbeit lohnpolitisch abdecken, um die Löhne an den lokalen Lebensstandard zu binden. Durch diese Form von Lokalismus erhöhen sich die Löhne, ohne dass die Zahl der Arbeitsplätze sinkt, und der Blick der Arbeitgeber richtet sich wieder stärker auf ihre Pflichten gegenüber denen, die über die Klassengrenzen hinweg in ihren jeweiligen Gemeinschaften leben.[35] Diese kleine Aus-

34 David Kirp, »The Benefits of Mixing Rich and Poor«, in: *New York Times,* 10. Mai 2014, ⟨http://opinionator.blogs.nytimes.com/2014/05/10/the-benefits-of-mixing-rich-and-poor/?_r=0#more-152970⟩.

35 Michael Reich, Ken Jacobs, »All Economics is Local«, in: *New York*

wahl von Beispielen soll zumindest ansatzweise veranschaulichen und auf einfache Weise, behelfsmäßig vorstellbar machen, wo das Ideal sozialer Verbundenheit sich mit politischen Entscheidungen überschneidet.

Das Streben nach politischer Gleichheit und die damit einhergehenden Bemühungen, Differenz ohne Herrschaft und soziale Verbundenheit zu erreichen, bringen wiederum zwangsläufig inhaltliche Maßstäbe in Bezug auf die Wirtschaftspolitik ins Spiel. Durch eine Neuausrichtung der Gerechtigkeitstheorie auf den gleichen Schutz von positiven und negativen Freiheiten kommen politische Felder wie Wohnungsbau, Verkehrswesen und Arbeit in den Blick, die durch die beharrliche Fokussierung des Liberalismus auf Besteuerung und Umverteilung weitgehend verdeckt worden sind. Ein Aspekt, auf dem dieses Buch fußt, besteht darin, dass für das Projekt der Gerechtigkeit ein Verständnis der Rückkoppelungsschleifen und Interaktionen zwischen den Gebieten des Politischen, Sozialen und Ökonomischen erforderlich ist.

V. Kulturelle Rahmenbedingungen für die Schaffung einer vernetzten Gesellschaft

Das Ideal sozialer Verbundenheit und einer Welt, in der keine Gruppe über eine andere herrscht, kann jedoch nicht über das Design der institutionellen Grundstruktur allein erreicht werden – nicht einmal, wenn man dabei zugesteht, dass das institutionelle Design seinerseits dynamisch sein

---

Times, 22. März 2014, ⟨http://opinionator.blogs.nytimes.com/2014/03/22/all-economics-is-local/#more-152533⟩.

müsse. An der kulturellen Front liegt genauso viel Arbeit vor uns. Das grundlegende institutionelle Design – sowohl im Bereich Grund und Boden als auch im Bereich Arbeitskraft – bildet den Hintergrund, vor dem zivilgesellschaftliche Organisationen sich formieren. Bei zivilgesellschaftlichen Organisationen, die aus einer soziopolitischen Welt hervorgehen, deren Grundstruktur den Bau von Brücken bereits in hohem Maße fördert, ist die Wahrscheinlichkeit größer, dass Verbundenheitsprinzipien ein Echo in ihrer Herangehensweise an Mitgliederpolitik und -partizipation finden. Für das Erreichen eines hohen Brückenbaupotenzials unter den Mitgliedern der zivilgesellschaftlichen Organisationen und Institutionen in den USA sind die Entscheidungen, die einzelne Institutionen treffen, genauso von Belang wie die Schaffung einer egalitäreren Sozialstruktur. Doch dass die Mitglieder von zivilgesellschaftlichen Organisationen die Möglichkeit zu sozialer Verbundenheit besitzen, reicht allein noch nicht aus, um eine vernetzte Gesellschaft zu bewirken. Selbst wenn die politischen Rahmenbedingungen heute häufiger als früher zur Schaffung von Institutionen beitragen, die von uns das Bauen von Brücken verlangen, uns zu ihm befähigen oder uns dazu drängen, werden diese Beziehungen nur dann zu positiven sozialen Ergebnissen führen, wenn wir über ein tieferes und umfassenderes Verständnis der ethischen Praxis sozialen Brückenbaus verfügen sowie darüber, dass Formen der Verbundenheit in sozialen Vereinigungen eine Kunst und Wissenschaft für sich darstellen. Wie viel Arbeit diesbezüglich vor uns liegt, wird am deutlichsten, wenn wir einige der in der Literatur über »Sozialkapital« vorgebrachten Argumente wieder aufnehmen.

Der Gedanke des »Sozialkapitals« hat in den letzten beiden Jahrzehnten in den Debatten über Demokratie, Diversität und gesunde bzw. sich verschlechternde Sozialbeziehungen eine wichtige Rolle gespielt. Die wissenschaftliche Literatur enthält mehrere, einander sogar widersprechende Definitionen dieses Begriffs,[36] doch die Arbeit von Robert Putnam, insbesondere in seinem Bestseller *Bowling Alone*, hat die Debattenlandschaft bestimmt und das politische Terrain geprägt. So wie Putnam es formuliert, bezieht sich »soziales Kapital« auf die Ressourcen, die Individuen dank ihrer sozialen Netzwerke entwickeln und auf den privaten und öffentlichen Nutzen, den diese Netzwerke haben. Wir finden Jobs durch soziale Netzwerke, aber auch Wohlergehen und Glück. Dabei handelt es sich um private Güter. Was öffentliche Güter anbelangt, profitieren unsere Gemeinschaften von unseren sozialen Netzwerken, weil sie für generalisiertes Vertrauen, wechselseitige Unterstützung und institutionelle Effektivität sorgen.[37] Putnams Analyse zufolge geht soziales Kapital ganz einfach aus bestimmten Interaktionsarten hervor: Ehrenämter, Wahlkampfhilfe, Besuch von Straßenfesten und Nachbarschaftspicknicken, Mitgliedschaft in Clubs wie dem Jaycees und dem Rotary-Club. Letztere waren ursprünglich Clubs für örtliche Fachkräfte und Wirtschaftseliten, die häufig, oftmals wöchentlich, zu sozialen Anlässen zusammenkamen und Gelegenheiten zum Networken und zu wechselseitiger Unterstützung boten.

---

36 Pierre Bourdieu, »Ökonomisches Kapital, kulturelles Kapital, soziales Kapital« (aus dem Französischen von Reinhard Kreckel), in: Reinhard Kreckel (Hg.), *Soziale Ungleichheiten* (Soziale Welt, Sonderheft 2), Göttingen 1983, S. 183-198; James Coleman, »Social Capital in the Creation of Human Capital«, in: *American Journal of Sociology* 94 (1988), S. 95-120; Robert D. Putnam, *Making Democracy Work. Civic Traditions in Modern Italy*, Princeton 1993; ders., *Bowling Alone. The Collapse and Revival of American Community*, New York 2000.

37 Putnam, *Bowling Alone*, S. 21f.

Im Zuge der von ihm beobachteten zurückgehenden Mitwirkung an Clubs wie dem Rotary-Club und dem Jaycees in den 1970er und 1980er Jahren kommt Putnam einem Rückgang des »sozialen Kapitals« in den USA im Laufe der zweiten Hälfte des 20. Jahrhunderts auf die Spur. Besonders in die Augen springt Putnams Feststellung, dass soziales Kapital deterministisch auf bestimmte Faktoren vor Ort zurückgeht, vor allem auf demografische Homogenität. Im Gegenzug untergräbt Diversität soziales Kapital von innen, wie er in seiner einflussreichen Dankesrede für den Erhalt des Johan Skytte-Preises im Jahr 2006 gezeigt hat.[38] In dieser Rede legte Putnam Gründe dafür vor, dass es »zwischen Diversität und Gemeinschaft« zwangsläufig zu einer Güterabwägung käme, die sich allerhöchstens »verbessern« ließe.[39] Das Verfahren, das er zur Verbesserung der Güterabwägung zwischen Diversität und Gemeinschaft vorschlägt, besteht darin, Identität

38 Robert Putnam, »*E Pluribus Unum*. Diversity and Community in the Twenty-First Century«, in: *Scandinavian Political Studies* 30.2 (2007), S. 137-174.

39 Ebd., S. 164. »E Pluribus Unum. Diversity and Community in the Twenty-First Century« (die Johan Skytte-Preisrede 2006) präsentiert Befunde aus dem »Social Capital Community Benchmark Survey«, »der größten und umfangreichsten Umfrage zum bürgerschaftlichen Engagement in Amerika«. »Die Umfrageergebnisse zeigten, dass bei Amerikanern, die in ethnisch diverseren Gemeinschaften leben, die Wahrscheinlichkeit, dass sie wählen gehen, Ehrenämter bekleiden und anderen (sowohl aus derselben Ethnie / Rasse als auch aus einer anderen) vertrauen, geringer ist als bei Amerikanern, die in ethnisch homogeneren Gemeinschaften leben. Ein höherer Grad an ethnischer-rassischer Diversität ist mit anderen Worten mit einem geringeren Grad an gesunder Bürgerschaftlichkeit verbunden.« ⟨http://prelectur.stanford.edu/lecturers/putnam/⟩ Text von Chris Bourg, Assistant University Librarian for Public Services Stanford University Libraries & Academic Information Resources © 2010.

im Leben der Menschen eine weniger prominente Rolle spielen zu lassen.

Im Unterschied zu dem, was nach den Daten von Putnams empirischen Untersuchungen wie eine Aushöhlung des sozialen Kapitals in Wohnvierteln mit hoher Diversität aussieht, haben Komplexitätstheoretiker und Sozialpsychologen Diversität in Teams sowohl der Form nach als auch empirisch untersucht und sind zu dem gegenläufigen Schluss gekommen, dass Diversität das epistemologische Vermögen von Gruppen stärken kann und sollte, aber wie man dies erreiche, hänge davon ab, ob die Gruppe erfolgreiche Interaktionsweisen entwickele.[40] Soziales Kapital – und epistemologischer Erfolg in Team-Kontexten – ist mit anderen Worten nichts, was sich organisch aus den demografischen Faktoren selbst ergibt. Mitglieder eines Teams oder einer Gemeinschaft müssen in Bezug auf soziale Interaktionen über einen Wissensfundus – sowie über Qualifikationen und Fähigkeiten – verfügen, wenn ihnen bei ihren Gelegenheiten zu sozialer Interaktion die Generierung von Sozialkapital gelingen soll.

Daran wird eine entscheidende Lücke in Putnams Argu-

---

40 Scott E. Page, *The Difference. How the Power of Diversity Creates Better Groups, Firms, Schools, and Societies,* Princeton 2007; Mary M. Maloney, Mary Zellmer-Bruhn, »Building Bridges, Windows and Cultures. Mediating Mechanisms between Team Heterogeneity and Performance in Global Teams«, in: M*anagement International Review*, 46.6 (Dezember 2006), A New Direction for Global Teams Research, S. 697-720; Astrid C. Homan u.a., »Facing Differences with an Open Mind. Openness to Experience, Salience of Intragroup Differences, and Performance of Diverse Work Groups«, in: *The Academy of Management Journal*, 51.6 (Dezember 2008), S. 1204-1222. Siehe auch Anthony Carnevale und Nicole Smith über das Verhältnis von Diversität, Innovation und ökonomischem Nutzen in dem Band *Our Compelling Interests* (»The Economic Value of Diversity«, S. 106-157).

mentation deutlich. Unsere Interaktionen mit anderen sowohl bei strukturierten Aktivitäten (Clubs und Vereine, politische Parteien und so weiter) als auch im unstrukturierten, informellen Umgang sind keine unvermittelten, »natürlichen« oder auf irgendeine Weise »essentiellen« Aktivitäten.[41] Vielmehr bringen wir Erwartungen, Fähigkeiten, Kompetenzen, Qualifikationen und Kenntnisse mit (oder gerade nicht), die jene Phänomene hervorrufen, die aus unseren Interaktionen hervorgehen: möglicherweise Vertrauen, möglicherweise Misstrauen, möglicherweise eine Vereinbarung zu beiderseitigem Nutzen, möglicherweise die Verständigung darüber, dass man unterschiedlicher Meinung ist und getrennte Wege geht.[42] Strukturierte Aktivitäten – wie etwa eine Club- oder Vereinsmitgliedschaft – können in den Beteiligten Erwartungen wecken und sie über die Kompetenzen, Qualifikationen und Kenntnisse unterrichten, die zu sozialen Interaktionen führen, die »soziales Kapital« generieren.[43] Sogar informelle, scheinbar »unstrukturierte« Interaktionen werden durch Umgangsformen vermittelt, die auf lokaler und nationaler Ebene in der jeweiligen Kultur verbreitet sind. In dieser Hinsicht sollte man die Aktivitäten, die Putnam für die Quelle von sozialem Kapital hält, vielleicht eher als Cluster aus Ritualen, Regeln und Umgangsformen verstehen, das die Interaktion so vermittelt, dass »soziales Kapital« generiert wird (oder nicht). Wenn man die strukturierten und unstrukturierten sozialen Interaktionen erst einmal auf diese Weise betrachtet, wird deutlich, dass sie sich aufgliedern lassen in (a) Interaktionszusammenhänge, zu de-

41 Michaele Ferguson, *Sharing Democracy*, Oxford 2012.

42 Homan u. a., »Facing Differences with an Open Mind«.

43 Ebd.; Maloney, Zellmer-Bruhn, »Building Bridges, Windows and Cultures«.

nen die Beteiligten aufgefordert werden, (b) besondere Fähigkeiten, die von den Beteiligten verlangt werden und (c) Fähigkeiten, Qualifikationen und Kenntnisse, welche die Beteiligten durch sie ausbilden.[44] So gesehen, sind spezifische Aktivitäten wie Club- oder Vereinsmitgliedschaft, Zugehörigkeit zu politischen Parteien und regelmäßiges Bridge-Spielen für die Gewinnung von Sozialkapital nicht länger nötig. Was erforderlich ist, sind vielmehr Fähigkeiten, Kenntnisse und Qualifikationen, die Menschen in die Lage versetzen, den potenziellen Wert sozialer Beziehungen zu aktualisieren.

Es folgt noch etwas anderes aus der Erkenntnis, dass »soziales Kapital« sich nicht von selbst aus einer konkreten Aktivität, sondern vielmehr aus Fähigkeiten, Qualifikationen und Kenntnissen ergibt, die im Zusammenhang mit bestimmten Aktivitäten in einer Interaktion Anwendung finden. Die Fähigkeiten, Qualifikationen und Kenntnisse, die in einer konkreten strukturierten Aktivität aktiviert werden, lenken die Beteiligten bei Interaktionen, die *in diesem besonderen sozialen Kontext* erfolgreich soziales Kapital generieren.[45] Wenn die betreffende soziale Organisation über eine sehr homogene Mitgliederschaft verfügt (wenn zum Beispiel alle Mitglieder Frauen einer bestimmten Rasse und Klasse sind), heißt das, dass der Wissensfundus, den die aktive Mitwirkung an dieser Organisation abruft und vermittelt, sehr genau auf die Gewin-

---

44 »Vor allem schlagen wir vor, dass strukturelle und prozedurale Merkmale sich kombinieren und manipulieren lassen, um die potenziellen Probleme abzuschwächen, die mit Heterogenität und Distanz verbunden sind, und wichtiger noch, die Wahrscheinlichkeit zu erhöhen, dass Vorteile erzielt werden«, Maloney, Zellmer-Bruhn, »Building Bridges, Windows and Cultures«, S. 705.

45 Maloney, Zellmer-Bruhn, »Building Bridges, Windows and Cultures«.

nung von sozialem Kapital in dieser Art von demografischem und kulturellem Kontext abgestimmt sein wird. Daraus folgt der Gedanke, dass die Fähigkeiten, Qualifikationen und Kenntnisse, die für Interaktionen relevant sind, die mit höchster Wahrscheinlichkeit soziales Kapital generieren, von den sozialen Kontexten abhängen, in denen sie wirksam werden sollen. Eine weitere Überlegung besteht darin, dass man vom Versagen eines in einem bestimmten sozialen Kontext entwickelten Wissensfundus ausgehen kann, wenn er auf einen neuen sozialen Kontext angewendet wird, weil er unpassend ist.[46]

Dies trägt zur Erklärung einer in *Bowling Alone* hinter Putnams Daten versteckten, verblüffenden Tatsache bei. Putnam erwähnt das US-amerikanische Justizsystem nur einmal in diesem Buch, als er auf das Urteil des Supreme Courts im Fall *Plessy v. Ferguson* Bezug nimmt, das im Jahr 1896 die Segregation im Verkehrswesen für rechtsgültig erklärte. Dass Putnam versäumt, sich mit dem rechtlichen Rahmen seiner Daten zu befassen, stellt einen beträchtlichen Mangel dar. Im Zeitraum von 1954 bis 1985, für den Putnam einen maßgeblichen Rückgang der Mitwirkung an 32 über kleine Ortsverbände organisierten Vereinen nachzeichnet, hat das US-amerikanische Rechtssystem auf Bundes-, Kongress- und Supreme-Court-Ebene das Vereinsrecht überarbeitet, was direkte Auswirkungen auf genau die privaten Clubs hatte, die Putnam analysiert. Am wichtigsten waren die gesetzlichen Änderungen und Gerichtsurteile, durch welche die geschlechtsabhängige Mitgliederpolitik von Organisationen wie Jaycees oder dem Rotary-Club rechtswidrig wurde. Bis in die 1970er Jahre hatten all diese Organisationen ausschließlich männliche

46 Im Fall einer solchen Unstimmigkeit kommt es darauf an, auf die Schaffung von »Ad-hoc-Normen« vorbereitet zu sein: ebd.

Mitglieder. In den 1980er Jahren verlangten die Gerichte, dass sie inklusive Mitgliederpolitik betrieben, und es traten erstmals Frauen in diese Clubs ein. Zudem folgten diese Gerichtsfälle Entwicklungen auf Bundesebene, die in dieselbe Richtung gingen und wiederum der Weltanschauung der Bürgerinnen und Bürger folgten, die sich von geschlechtsabhängigen Organisationsformen abwandten. Allerdings waren nicht alle von Putnams 32 Organisationen gleichermaßen von den gesetzlichen Änderungen betroffen; einige von ihnen blieben wegen des Schutzes religiöser Organisationen oder weil ihre Mitglieder Kinder waren, von ihnen unberührt. Während die Mitgliederzahlen im Zeitraum zwischen 1970 und1997 bei den 32 Organisationen insgesamt durchschnittlich um 58 Prozent zurückgingen, erlebten die fünf Organisationen mit Geschlechtertrennung, die aus religiösen Gründen oder aufgrund des rechtlichen Status ihrer Mitglieder als Kinder gesetzlich geschützt waren, lediglich einen Rückgang zwischen fünf und 18 Prozent.[47] Was Putnam als Rückgang des sozialen Kapitals diagnostiziert, ist meiner Meinung nach eine Unstimmigkeit zwischen althergebrachten sozialen Wissensformen, die im Grunde genommen nicht alle demokratisch waren, und veränderten institutionellen und organisationellen Formen, die in demokratischer und egalitärer Hinsicht anspruchsvoller sind.[48]

---

47 Relevanter Mitgliederrückgang: Pfadfinder und Pfadfinderinnen, erwachsene Führer (- 18 Prozent), Pfadfinder (- 5 Prozent), Pfadfinderinnen (- 15 Prozent), Pfadfinder und Pfadfinderinnen zusammen (- 8 Prozent), Kolumbusritter (- 6 Prozent). Daten aus Putnam, *Bowling Alone*, Anhang 3.

48 Ausführlicher habe ich dies in einem unveröffentlichten Aufsatz, »The Art of Association«, dargelegt, in dem ich die Änderungen des Vereinsrechts zwischen 1970 und 1990 und die Auswirkungen dieser rechtlichen Änderungen auf die sozialen Organisationen

Die Organisationen, die Mitte des 20. Jahrhunderts in den USA Schaden nahmen, waren mit anderen Worten die Organisationen, deren historische Interaktionskulturen nicht mehr auf einer Linie mit den Mitgliederrichtlinien lagen, die sie entweder selbst gewählt hatten oder einzuführen gezwungen gewesen waren. In einem solchen Fall, in dem so etwas wie »sozialer Zusammenhalt« nachzulassen scheint, ist nicht die Diversität als solche das Problem. Meinem Eindruck nach liegt die Schwierigkeit eher in einer Unstimmigkeit zwischen historischen Interaktionskulturen und den neuen demografischen Faktoren einer Institution oder Gesellschaft.

Wenn wir anfangen, politische Rahmenbedingungen in Angriff zu nehmen, welche die Häufigkeit des Baus von Brücken erhöhen und uns einer vernetzten Gesellschaft näherbringen, müssen solche politischen Bemühungen durch kulturelle Bemühungen unterfüttert werden, die für die Entwicklung von Interaktionsgewohnheiten und -praktiken sorgen, welche die Aktualisierung des im Brückenbau angelegten Wertpotenzials für alle erfolgversprechender machen. Wenn eine konkrete Institution, zum Beispiel eine Universität, die Prinzipien formuliert, die sie verwenden

---

nachverfolge, an denen Putnam interessiert ist. Die Forschung ist noch nicht abgeschlossen. Meine Forschungshypothese lautet, dass die Clubs und Vereine Schaden nahmen, als die veränderte Rechtslandschaft Geschlechterintegration verlangte, weil das Wissen, das sie den Clubmitgliedern eingeimpft hatten, ihnen im Kontext von Geschlechter- und Rassenintegration schlechte Dienste leistete. Das heißt nun aber, dass das Problem, vor dem die Clubs standen, entgegen der Erklärungen, die Putnam anbot, in ihrem Versäumnis bestand, den sozialen Wissensfundus an die neue rechtliche und institutionelle Landschaft anzupassen, die sich situationsgerecht stärker in eine demokratische Richtung entwickelt hatte. Ich arbeite derzeit mit Bob Lowry (University of Texas in Dallas) an der Überprüfung dieser Hypothese.

möchte, um sicherzustellen, dass die durch ihre Rekrutierungspraxis bedingte demografische Diversität auch bei der Erfüllung ihrer Aufgabe – im Fall der Universität akademischer Vortrefflichkeit – zum Tragen kommt, legt sie die Rahmenbedingungen fest, wie die sozialen Praktiken aussehen müssen und wie das soziale Wissen zusammengesetzt sein muss, damit die Hochschulmitglieder über die Fähigkeiten, Qualifikationen und Kenntnisse verfügen, die erforderlich sind, um im Kontext der demografischen Gegebenheiten soziales Kapital zu generieren. Das Gleiche gilt, wenn Einzelpersonen und ganze Gesellschaften sich die Ideale einer vernetzten Gesellschaft und sozialer Verbundenheit zu eigen machen. Wir müssen lernen, eine Interaktionskultur zu schaffen, die dazu beiträgt, dass den Menschen soziale Verbundenheit gelingt. Die dafür einschlägigen Fähigkeiten, Qualifikationen und Kenntnisse sind nicht bloß technischer oder informationeller Natur, sondern haben auch ethische Inhalte, wie ich in *Talking to Strangers* dargelegt habe. Dazu gehört Wissen nicht nur über Eins-zu-eins-Interaktionen oder sogar Gruppendynamiken, sondern auch über die materiellen Bedingungen, die Auswirkungen auf die Interaktion haben, zum Beispiel, ob es individuelle Toiletten oder nach Geschlechtergruppen getrennte Toiletten gibt, ob ein Rednerpult der Größe von kleinen Menschen angepasst werden kann oder ihre Gesichter ständig verdecken wird und so weiter. Welche Art von Interaktionsnormen, Fähigkeiten, Qualifikationen und Kenntnissen müssen wir in den Institutionen kultivieren, um soziale Verbundenheit zu fördern? Diese Frage möchte ich im nächsten Abschnitt beantworten.

Eine »vernetzte Gesellschaft« mag zu maximalem Brückenbau führen, aber zum Bau von Brücken kommt es nicht einfach, wenn man eine durch demografische Diversität gekennzeichnete Gruppe von Menschen an einem Ort versammelt. Der Bau von Brücken gelingt, wenn Einzelpersonen zu einer erfolgreichen Interaktion über die Grenzen der Differenz hinaus in der Lage sind. Er gelingt, wenn Menschen in der Lage gewesen sind, ein ursprünglich aufwändiges soziales Verhältnis in eine Beziehung zu verwandeln, die wechselseitigen Nutzen bringt.

Ich habe oben behauptet, dass unsere sozialen Interaktionen mit anderen durch Fähigkeiten, Qualifikationen und Kenntnisse vermittelt sind, auf die wir zurückgreifen können, um in den spezifischen Kontexten, in denen solche Fähigkeiten, Qualifikationen und Kenntnisse greifen, soziales Kapital hervorbringen. Für die Schaffung einer vernetzten Gesellschaft müssen wir demnach die Fähigkeiten, Qualifikationen und Kenntnisse ausfindig machen, aus denen die »Kunst des Brückenbaus« besteht – die Kunst, über die Grenzen der Differenz hinweg, produktive soziale Beziehungen einzugehen. In bestimmten Berufsgruppen gehört der Bau wertvoller Brücken zur Routine: Übersetzer, Dolmetscher, Mediatoren, Patientenvertreter, Gemeindesprecher, die mit diversen Bevölkerungsgruppen zu tun haben, und Mitglieder globaler Businessteams.[49] Jede dieser Gruppen verfügt stillschweigend über Kenntnisse, die sie bei der inhaltlichen Ausgestaltung der Kunst des

49 Maloney, Zellmer-Bruhn, »Building Bridges, Windows and Cultures«; Homan u. a., »Facing Differences with an Open Mind«.

Brückenbaus anzapfen kann. Diese muss kultiviert werden, damit unter Bedingungen von Diversität egalitäre soziale Beziehungen entstehen. Wen man sagt, wir benötigen eine Kunst des Brückenbaus, heißt das freilich nicht, dass wir die Kunst, Bindungen im Sinne von Bonding zu schaffen, vernachlässigen dürfen.[50]

Ich möchte jetzt einige Daten anführen, die konkretisieren, auf welch subtile Weise Bindung im Sinne von Bonding und Brückenbau aufeinander einwirken. Eine im Jahr 2008 von der Russell Sage Foundation unter dem Titel *The Diversity Challenge* veröffentlichte, großangelegte Studie über das studentische Sozialleben an der University of California in Los Angeles liefert signifikante Erkenntnisse in Bezug auf diese Frage. Die Studie verfolgt Eigengruppen- und Fremdgruppenfreundschaften in den vier maßgeblichen ethnischen Gruppen auf dem Campus der UCLA (Schwarze, Latinos, Asiaten und Weiße) sowie die Mitwirkung an ethnischen Organisationen. Studienanfänger, die schon vor ihrer Zeit auf dem Campus über überdurchschnittlich viele Fremdgruppenkontakte verfügten, machen entsprechend weiter und gehen in weit größerer Zahl Fremdgruppenfreundschaften ein. Bei Studierenden aller Ethnien, die vor ihrer Studienzeit eher zu einseitigen Eigengruppenerfahrungen (das heißt zu positiveren Empfindungen gegenüber der eigenen Gruppe), Furcht vor interkultureller Kompetenz und zur Wahrnehmung von Diskriminierungen geneigt haben, ist es dagegen wahrscheinlicher, dass sie einen ausgedehnten Eigengruppenfreundeskreis ausbilden. Doch die Folgen dieser Bindungsvorlieben unterscheiden sich in den verschiedenen Gruppen. Negativ schlägt diese Bindungsform bei allen Gruppen in einer wei-

50 Bromberg, *The Shadow of the Tsunami and the Growth of the Relational Mind*; Honneth, »Integrität und Mißachtung«.

teren Zunahme einseitiger Eigengruppenerfahrungen sowie außerdem in der zunehmenden Wahrnehmung von Diskriminierungen und Furcht vor Interaktionen zu Buche. Was für die Latinas und Latinos an der UCLA im Untersuchungszeitraum außerdem negativ zu Buche schlug, war, dass solche Eigengruppenbindungen ihre Motivation, ihr Zugehörigkeitsgefühl zur Universität und ihr Engagement verringerten, was sich alles negativ auf den akademischen Erfolg auswirkte. Bei den Asiaten und Schwarzen führten solche Bindungen laut der Studie dagegen zu größerem Engagement und bei den Schwarzen zusätzlich zu einem stärkeren Zugehörigkeitsgefühl zur Universität und zu größerer akademischer Motivation, was alles eindeutig gute Ergebnisse sind.

Diese Daten belegen auf dramatische Weise, dass nicht alle Bindungen gleich sind und noch viel Arbeit vor uns liegt, wenn wir (1) die Bindungsmechanismen, die positive Effekte haben, (2) die Bindungsmechanismen, die negative (gegen das Bauen von Brücken gerichtete) Effekte haben, und (3) die Mechanismen verstehen wollen, durch welche die Bindung selbst Menschen das Bauen von Brücken beibringen könnte, anstatt sich abzuschotten.

Die Frage, wie wir Bindungen eingehen, ist tief mit der Frage verquickt, ob wir in der Lage sind, Brücken zu bauen.[51] Die für eine demokratische Gesellschaft entscheidende Frage lautet, wie wir Bindungen mit denen eingehen können, die uns ähnlich sind, welche dazu beitragen, dass wir sogar Brücken zu denen schlagen, die anders sind als wir. Damit ein Bindungsverfahren – das beispielsweise von sozialer Homogenität oder von Interessenaffinität seinen Ausgang nehmen kann – unsere Fähigkeit zum Bauen

51 Bromberg, *The Shadow of the Tsunami and the Growth of the Relational Mind.*

von Brücken fördert, muss die Bindungserfahrung selbst eine Empfänglichkeit für das Beteiligungspotenzial sozial unähnlicher Menschen an unserer Bindungsgruppe entwickeln. Das nenne ich »kosmopolitane Bindung«. Welche Arten und Verfahren sozialer Bindung im Einzelnen auf diese Weise kosmopolitan sein können, ist eine schwierige Frage, und ich werde hier nicht auf sie eingehen.[52] Für unsere Zwecke reicht ein einfaches Abstecken des Terrains, indem man auch dies zu einer Kernkomponente der Fähigkeiten, Qualifikationen und Kenntnisse zählt, die für die Schaffung einer vernetzten Gesellschaft erforderlich sind.

Im Wesentlichen lautet die Botschaft also, dass jeder Gelegenheiten zu Bindung und Brückenbau bekommen muss und dass deshalb jeder die Kunst sowohl der Bindung als auch des Brückenbaus beherrschen sollte. Wichtig ist auch, dass wir Bindungsweisen erlernen müssen, die uns in die Lage zum Brückenbau versetzen. Wir müssen dem Verständnis und der Kultivierung dieser beiden, miteinander verwobenen Künste mehr Aufmerksamkeit schenken.

An dieser Stelle geraten wir nun aber in eine Sackgasse. Wenn unsere Familien und Psychoanalytiker uns dabei helfen, wie man Bindungen eingeht, wer hilft uns dann dabei, wie man Brücken baut? Es steht noch viel Forschung – von Soziologen, Psychologen, Anthropologen, Historikern und Philosophen – zur Vertiefung unseres Verständnisses der

---

52 Einige Antworten auf diese Frage sind in der psychologischen Literatur zu finden, zum Beispiel die Betonung des Faktors »Offenheit für Erfahrungen« im Fünf-Faktoren-Persönlichkeitsmodell (Robert McCrae, Paul Costa, »Validation of the Five Factor Model of Personality across Instruments and Observers«, in: *Journal of Personality and Social Psychology* 52 [1987], S. 81-90) in: Homan u.a., »Facing Differences with an Open Mind«. Und »ein globales Bewusstsein«, in: Maloney, Zellmer-Bruhn, »Building Bridges, Windows and Cultures«.

Kunst des Brückenbaus aus, damit wir sie wirksamer kultivieren können. Zum Beispiel benötigen wir Forschungsarbeiten, welche die in der betriebswirtschaftlichen Literatur (über diverse Teams) und in der wissenschaftlichen Dolmetscher- und Forschungsliteratur zur Mehrsprachigkeit (über Verständigung) gewonnenen Erkenntnisse auf ein breiteres Spektrum sozialer Kontexte übertragen (Schulen, Hochschulen, Fortbildungsprogramme, Vereine und Verbände, politische Institutionen, die Arbeitswelt im Allgemeinen, Stadtviertel und so weiter). Die betriebswirtschaftlichen Arbeiten stützen sich auf eine sozialpsychologische Grundlage, die unter Verweis auf die Literatur über die Bedrohung durch Stereotype auf den neuesten Stand gebracht werden müsste. Überdies scheinen die Qualifikationen, Fähigkeiten und Kenntnisse, welche die Nutzung von Diversität möglich machen, mit Persönlichkeitsfaktoren zusammenzuhängen. Außer Sozialpsychologen müssen wir Forscher beschäftigen, die ihr Augenmerk auf die individualpsychologische Frage richten, welchen Rahmen man Formen der Persönlichkeitsentwicklung geben kann, damit sie das Erlangen der Kunst des Brückenbaus fördern. Und zu guter Letzt müssen wir all die so gewonnenen Informationen mit der Bildungsforschung verknüpfen. Um den Bildungserfolg zu maximieren, müssen wir vor allem lernen, wie Lehrer so geschult werden können, dass sie unter Bedingungen von Diversität funktionierende pädagogische Beziehungen aufbauen.

Wenn wir unsere Aufmerksamkeit auf die Kunst des Brückenbaus richten, trägt das Ideal sozialer Verbundenheit dazu bei, menschliche Entwicklungsformen vorstellbar zu machen, die zur Kultivierung eines egalitären Klimas in unseren Institutionen und zur Maximierung des Nutzens erforderlich sind, den wir aus Diversität ziehen. Zum Schluss sollte ich allerdings noch unterstreichen, dass neue Interaktionskulturen allein nicht zur Schaffung einer vernetzten Gesellschaft ausreichen, wenn wir keine politischen Rahmenbedingungen verabschieden, durch die sich die Schlagzahl des Bauens von Brücken erhöht. Die kulturellen Rahmenbedingungen, die ich hier für soziale Verbundenheit vorschlage, verlangen mit anderen Worten als notwendigen Partner politische Rahmenbedingungen für eine vernetzte Gesellschaft.

VII. Schluss

Wird Europa in 50 Jahren gelernt haben, wie man im Kontext von sozialer Heterogenität vernetzte Gesellschaften errichtet? Werden die USA in 50 Jahren ein egalitäres Land sein, in dem keine Gruppe die Mehrheit stellt, keine über eine andere herrscht, und in dem die noch bestehenden Ungleichheiten sich nicht an ethnisch-rassischen Grenzlinien festmachen?

Wenn wir das erreichen wollen, müssen wir einen neuen Anlauf zu einem Ideal politischer Gleichheit nehmen, die als egalitäre Ermächtigung der gesamten Bürgerschaft zu verstehen ist.[53] Um sicherzustellen, dass politische Macht und die anderen Quellen, auf denen Ermächtigung beruht (Bildung, ökonomische Chancen, Gesundheit), gleichmäßig verteilt sind, müssen wir den Bau von Brücken maximieren. Noch nie dagewesene soziale Diversität stellt eine Herausforderung dar, weil sie von uns noch nie dagewesene Lernprozesse verlangt, wie sich solche Brücken bauen und fördern lassen. Dafür ist kulturelle und politische Ar-

---

53 Allen, *Our Declaration.*

beit erforderlich. Wir vergessen häufig, dass institutionelle und kulturelle Arbeit Hand in Hand gehen. Häufig versuchen wir herauszufinden, welche Gesetze geändert werden müssten, um Gerechtigkeit zu erlangen. Doch das Recht hat Grenzen und sollte auch Grenzen haben, und jenseits dieser Grenzen liegt die Verantwortung, dass wir unsere Ziele erreichen, auf unseren eigenen Schultern. Was Letzteres anbelangt, müssen Einzelpersonen Brücken bauen bzw. aktivieren – das heißt für die daran Beteiligten lohnend machen –, die gelernt haben, wie man die Kunst des »Brückenbaus« praktiziert. Wenn wir unter Bedingungen noch nie dagewesener Diversität eine gerechte Demokratie erreichen wollen, in der es nur herrschaftsfreie soziale Differenzen gibt, benötigen wir egalitäre politische Rahmenbedingungen, aber auch egalitäre Formen bürgerschaftlicher Handlungsmacht. Politische und kulturelle Arbeit bilden ein notwendiges Gespann.

Ein letzter Punkt zum Schluss: Wenn man dafür eintritt, sich ein Ideal sozialer Verbundenheit zu eigen zu machen, das Teil einer Wiederbelebung der demokratischen Verpflichtung zu politischer Gleichheit ist, dann hat das Auswirkungen darauf, was wir unter »dem Volk«, das heißt dem »demokratischen Volk« eines konkreten politischen Gemeinwesens verstehen. Genauso wie soziale Gruppen sich auf der Basis von Chancen und Zwängen bilden, die auf der Grundstruktur und auf den Interaktionsbemühungen der Mitglieder des politischen Gemeinwesens beruhen, bildet sich auch »das Volk« selbst aus Interaktionsformen und -praktiken. Wenn neue Mitglieder des politischen Gemeinwesens entweder über zivilgesellschaftliche Organisationen oder über politische Organisationen in Partizipationsprozesse einbezogen werden, ändert sich auch der inhaltliche Beitrag zu den kollektiven Verhandlungen darüber, was das Volk tun soll. Wenn dieser Inhalt sich ändert und wenn das Volk neu über die Richtung entscheidet, in die seine kollektiven Gespräche gehen, werden diese Entscheidungen aus dem Volk immer etwas leicht Neues machen, auch in kultureller Hinsicht. Ein solcher Gedanke fällt den Menschen in den USA und in anderen Siedlergesellschaften vergleichsweise leicht, weil unsere Kulturen schon immer im Entstehen begriffen waren, da die raschen demografischen Verschiebungen bei uns die Stimmenverteilung ändern, die zu unserer gemeinsamen Entscheidungsfindung beiträgt. In Anbetracht der Geschichte der europäischen Länder, in denen die Besiedelungsphasen, wie etwa die Eroberung durch die Normannen, sehr viel weiter in der Vergangenheit liegen, passt dieser Gedanke sich nicht so leicht in den politischen Diskurs in Europa ein, aber wichtig ist er trotzdem. Wenn man Demokratie, politische Gleichheit und eine vernetzte Gesellschaft zu Kernbestandteilen von Gerechtigkeit macht, heißt das auch, darauf zu verzichten, die kulturelle Gestalt eines spezifischen, demokratischen Volks a priori und ein für alle Mal zu umreißen. Ich vertrete die pragmatistische Auffassung, dass das demokratische Projekt darin besteht, bereits vorhandene Formen zu füllen, diese Formen beim Füllen zu verändern und uns dadurch selbst zu verändern, um die Antwort des Dichters Frank Bidart auf Jorge Luis Borges' Kurzgeschichte »Borges und ich« zu paraphrasieren (dessen Gedicht ebenfalls den Titel »Borges and I« trug). Gerechtigkeit mit demokratischen Mitteln bringt es mit sich, dass man die Fluidität kultureller Formen akzeptiert. Die Ermächtigung, die von Demokratie ausgeht, macht es das wert.

Viertes Kapitel
Polypolitanismus

I. Einleitung: Was ist mit der Zugehörigkeit?

Bisher habe ich in diesem Buch behauptet, eine richtig konstruierte Theorie der Gerechtigkeit nehme von der Prämisse ihren Ausgang, dass politische Gleichheit nicht geopfert werden darf. Meiner Meinung nach ist Demokratie der Weg zur Gerechtigkeit, und zwar der einzige. Es mag zwar sein, dass mildtätige Autokratien für materiellen Wohlstand in der Bevölkerung sorgen, aber sie werden qua Definition niemals die Grundlage für volles menschliches Wohlergehen schaffen und deshalb niemals vollumfängliche Gerechtigkeit erreichen.[1] Diese normative Tatsache legt nun aber als solche in keiner Weise fest, welche außenpolitische Haltung Demokratien gegenüber Nicht-Demokratien einnehmen sollten, aber auf dieses Problem werde ich in diesem Buch nicht eingehen.[2] Hier liegt der Fokus

1 Sen, »Democracy as a Universal Value«, und ders., *Ökonomie für den Menschen*.

2 In *Das Recht der Völker* (Aus dem Englischen von Wilfried Hinsch, Berlin, New York 2002 [1993]) unterscheidet John Rawls sehr gut zwischen den verschiedenen außenpolitischen Haltungen, die Demokratien gegenüber anderen Demokratien, gegenüber Autokratien, die insofern wohlgeordnet sind, als sie tatsächlich mildtätig sind und den Schutz der Grundrechte gewährleisten, und gegenüber Autokratien, die nicht wohlgeordnet sind, einnehmen können. Ich pflichte seinen diesbezüglichen Darlegungen zu weiten Teilen bei.

darauf, wie man Gerechtigkeit innerhalb eines politischen Gemeinwesens erreichen kann, nicht zwischen ihnen. Zudem wird es all meiner schlagenden Argumente für Gerechtigkeit, wie ich sie verstehe, zum Trotz immer Menschen geben, die einen anderen Weg wählen und auf Demokratie verzichten. Das nehme ich als unvermeidliche Gegebenheit des Lebens hin. Meine Einstellung gegenüber den Führungen und Bürgern, die eine solche Wahl treffen, geht in die Richtung, die Michael Walzer 2008 in dem Aufsatz »On Promoting Democracy« zum Ausdruck gebracht hat: Generell würde ich gerne denjenigen, die innerhalb solcher politischen Gemeinwesen versuchen, mit friedlichen Mitteln eine Demokratie aufzubauen, mit friedlichen Mitteln Hilfe und Trost anbieten.[3]

In Kapitel 2 habe ich gezeigt, dass richtig verstandene Gerechtigkeit auf politischer Gleichheit und den ihr zugrunde liegenden Institutionen beruht. In Kapitel 3 bin ich auf das Verhältnis des unentbehrlichen Ideals politischer Gleichheit zur Sozialpolitik eingegangen. In beiden Kapiteln habe ich gezeigt, dass eine Theorie der Gerechtigkeit, die politische Gleichheit als unentbehrlich betrachtet, die moralische Gleichheit der Menschen in einem politischen Gemeinwesen in vollem Umfang anerkennt und danach strebt, die politischen Institutionen so zu gestalten, die Sozialpolitik so zu strukturieren, die Ökonomie so weiterzuentwickeln und eine solche Art von kultureller Inklusionsarbeit möglich zu machen, dass ein gleichberechtigter Zugang zur politischen Macht gewährleistet ist. Dafür ist sowohl der Schutz der Grundrechte als auch die Anwendung des Prinzips einer »Differenz ohne Herrschaft« anstelle von (oder zusätzlich zu) Rawls' Differenzprinzip er-

3 »On Promoting Democracy«, in: *Ethics and International Affairs* 4 (2008), S. 351-355.

forderlich.[4] Der Schutz der Freiheit stellt sicher, dass Differenz entsteht, aber das Streben nach Gerechtigkeit verlangt fortgesetzte Anstrengungen zur Sicherstellung, dass die entstehenden Formen von Differenz – ob nun in der Welt des Sozialen oder in der Welt der Ökonomie – sich nicht mit der Herrschaft von einigen über andere bzw. eines Individuums über andere Individuen verknüpfen. Herrschaft zu vermeiden heißt nicht, auf Hierarchie zu verzichten; legitime Hierarchien verhindern Willkür und Rechtsverletzungen bei der Ausübung von Macht. Was die Anwendung eines Prinzips von Differenz ohne Herrschaft in der Welt des Sozialen anbelangt, habe ich als sozialpolitische Leitlinie das Ideal einer vernetzten Gesellschaft empfohlen. Eine vernetzte Gesellschaft fördert kosmopolitane Bindungen – Bindungen, die Offenheit für Verbindungen über die sozialen Trennungslinien hinweg kultivieren. In einer vernetzten Gesellschaft sind zudem – private und öffentliche – Institutionen so gestaltet, dass der soziale Brückenbau maximiert wird. Zusätzlich zu gesunden Bindungsnetzwerken führt eine solche Förderung der Herausbildung von Brücken bauenden sozialen Netzwerken zu Formen von Sozialpolitik, bei denen meiner Ansicht nach die Wahrscheinlichkeit am höchsten ist, dass sie das Prinzip einer Differenz ohne Herrschaft voranbringen. So weit, so gut, hoffe ich.

Die dringlichste, sich daran anschließende Aufgabe scheint darin zu bestehen, ökonomische Fragen anzugehen. Welche Art von politischer Ökonomie könnte auf einer Theorie der Gerechtigkeit aufbauen, die politische Gleichheit

---

4 Rawls, *Theorie der Gerechtigkeit*, Abschnitt 36 über die Formen des Ausgleichs, die nötig sind, um angesichts von Vermögensungleichheit den fairen Wert der gleichen politischen Freiheiten für alle zu bewahren.

als unentbehrlich betrachtet? Doch wie sich herausstellt, hat eine andere Frage Vorrang vor Fragen der politischen Ökonomie. Dabei handelt es sich um die Frage, wie ein politisches Gemeinwesen, das mit demokratischen Mitteln nach Gerechtigkeit strebt, Zugehörigkeit regelt. Wer darf sich Bürger nennen und wem ist die vielgepriesene politische Gleichheit zugänglich, von der ich behaupte, sie sei die Grundlage für vollumfängliche Gerechtigkeit?

Migrations-, Einwanderungs- und Einbürgerungsprobleme mögen auf den ersten Blick wie soziale, nicht wie ökonomische Fragen wirken. Aber das ist falsch. Ich habe alle Merkmale einer vernetzten Gesellschaft angesprochen, ohne auf die Frage einzugehen, wer die Möglichkeit besitzt, Mitglied in dieser Gesellschaft zu werden, und was über eine Zugehörigkeit zu ihr entscheidet. Es war möglich, so zu verfahren, weil die Prinzipien einer vernetzten Gesellschaft nicht davon abhängen, wer ihre Mitglieder sind – wie viele von ihnen Gebürtige oder Migranten sind, die vorherrschende Sprache oder eine Minderheitensprache sprechen. Ihre Umsetzung wird sich durch die demografischen Faktoren vor Ort ändern, die Prinzipien selbst aber nicht. Welche Arten von Differenz zur Fragmentierung einer Gesellschaft beitragen, wird variieren, aber selbst in relativ homogenen Gesellschaften kann ein Bürgerkrieg ausbrechen. Entsprechend werden verschiedene politische Maßnahmen in Bezug auf Migration und Zugehörigkeit unterschiedlich großen Druck auf die Institutionen einer vernetzten Gesellschaft ausüben, aber durch das Ideal gesellschaftlicher Verbundenheit wird unabhängig davon das Ziel einer Förderung kosmopolitaner Bindungen und einer Maximierung des Baus von Brücken festgelegt. Dabei mögen interessante empirische Fragen in Bezug auf den Grad von sozialer Dynamik zu berücksichtigen sein, der sich angesichts einzelner institutioneller Bindungs- und

Brückenbaukonfigurationen aufrechterhalten lässt.[5] Doch sind dies empirische Fragen. Wechselnde politische Maßnahmen in Bezug auf die Zugehörigkeit ändern nichts an den theoretischen Grundannahmen des Ideals gesellschaftlicher Verbundenheit.

Das lässt sich über die Welt der Ökonomie nicht sagen. Auf diesem Gebiet ist die Frage, wer sich unter welchen Bedingungen Mitglied welches politischen Gemeinwesens nennen darf, möglicherweise von vornherein ein ökonomischer Faktor. Da zum Beispiel Eigentumsrechte in den Rechtssystemen der einzelnen politischen Gemeinschaften verankert sind, geht die Zugehörigkeit zu einer bestimmten politischen Gemeinschaft (oder ihr Fehlen) dem Eigentum sogar voraus. Die Frage, welche Zugehörigkeitspolitik wir verfolgen, wird den möglichen Zuschnitt politischer Ökonomien einschränken. Wenn wir nach der Anwendung des Prinzips einer Differenz ohne Herrschaft auf die Welt des Sozialen dieses Prinzips jetzt auf den ökonomischen Bereich anwenden wollen, gewinnt die Frage der Zugehörigkeit im Sinne der Mitgliedschaft in einem politischen Gemeinwesen – die Frage, wer über nationale politische Rechte verfügt – deutlich an Relevanz. Die Zuweisung von Mitgliedschaft in den einzelnen nationalen politischen Gemeinwesen ist einer der Bausteine der globalen Ökonomie und deshalb der Ökonomie jedes einzelnen politischen Gemeinwesens. Wenn man sich ein Bild davon machen möchte, auf welche Weise politische Ökonomie auf einer Theorie der Gerechtigkeit aufbauen könnte, die politische Gleichheit als unentbehrlich betrachtet, sind Mi-

---

5 Ein innovativer Ansatz zum Verständnis der Wirkungsweisen von sozialer Dynamik findet sich in Danielle Allen u. a., »Evolutionary Theory and Endogenous Institutional Change«, ⟨https://www.dropbox.com/s/w9gkbsy7xmk463q/evol-inst1.pdf?dl=0⟩.

grations-, Einwanderungs- und Zugehörigkeitsfragen eine notwendige Zwischenstation.

An dieser Stelle sollte ich deutlich machen, inwiefern der Versuch, Formen politischer Ökonomie ins Auge zu fassen, die mit einem Prinzip von Differenz ohne Herrschaft vereinbar sind, die Frage der Zugehörigkeit zu einer politischen Gemeinschaft berührt. Sie überkreuzen sich an zwei Stellen. Erstens haben frühere Versuche der Schaffung von ökonomischer Ermächtigung und egalitärer Ökonomie es häufig nicht nur versäumt, den Weg des Prinzips einer Differenz ohne Herrschaft einzuschlagen, sondern Herrschaft gezielt als Werkzeug zur Förderung der ökonomischen Ermächtigung einer als Bürger eingestuften, privilegierten Gruppe von Menschen benutzt. Deshalb stellt sich die neue Frage, ob eine ökonomische Ermächtigung geschaffen werden kann, die nicht auf der Ausbeutung der außerhalb des magischen Kreises politischer Inklusion Stehenden beruht. Der zweite Überkreuzungspunkt zwischen Zugehörigkeitspolitik und der Aussicht auf ökonomische Ermächtigung hat mit der ökonomischen Bedeutung von Freizügigkeit zu tun. Die weltweite Zugehörigkeits- und Einwanderungspolitik strukturiert den weltweiten Arbeitsmarkt und dadurch das Wachstumspotenzial sowohl globaler als auch nationaler Ökonomien, ihren reibungslosen Ablauf und eine faire Verteilung der Produktivitätsgewinne. Die weltweite Zugehörigkeits- und Einwanderungspolitik hat Auswirkungen auf die materiellen Grundlagen von ökonomischer Ermächtigung. Diesen beiden Problemen – dem Verhältnis von Zugehörigkeit und Ausbeutung und dem Verhältnis von Zugehörigkeit und produktiven Arbeitsmärkten – werde ich mich jetzt nacheinander zuwenden.

Zunächst also zum Problem der Ausbeutung. Es sei daran erinnert, dass die Entwicklung einer mit dem Prinzip einer Differenz ohne Herrschaft vereinbaren politischen Ökonomie auf die Förderung von politischer Gleichheit abzielt. Das heißt, nach diesem Verständnis von Gerechtigkeit besteht das Ziel der politischen Ökonomie darin, für ökonomische Ermächtigung zu sorgen, also für eine Ökonomie, die Bürgerinnen und Bürger auf breiter Front zu gelingender, aktiver Bürgerschaft ermächtigt. Dieser Gedanke ist nicht neu. Sowohl Aristoteles als auch die Gründerväter der Vereinigten Staaten waren der Ansicht, dass eine Ökonomie »der Mitte« bzw. »Mittelschicht« die notwendige Grundlage für ein politisches Gemeinwesen aus freien und gleichen Bürgern bildete. Entsprechend war der amerikanische Präsident Abraham Lincoln im 19. Jahrhundert davon überzeugt, dass die Ökonomie einer Republik auf »freier Arbeit« (im Gegensatz zu Sklavenarbeit) beruhen müsse, damit die Bürgerschaft frei von Herrschaft und in vollem Umfang ermächtigt bliebe. Im Unterschied zu Aristoteles und der ersten Generation der US-amerikanischen Gründerväter stellte Lincoln zudem einen Zusammenhang zwischen dem Gedanken ökonomischer Ermächtigung und einer Ökonomie her, die niemanden ausbeutet. »So wie ich kein Sklave sein will«, hat er geschrieben, »so will ich auch kein Herr sein. Das drückt meine Vorstellung von Demokratie aus. Was immer davon abweicht, ist, im Ausmaß dieses Unterschiedes, keine Demokratie.«

In seinen Augen verlangte die Notwendigkeit, die Republik auf ökonomische Ermächtigung zu gründen, letzten Endes die Abschaffung der Sklaverei, damit die Ermächtigung der einen nicht auf der Enteignung der anderen beruhte. Seine Bemühungen, der Sklaverei ein Ende zu setzen, stellten – trotz all der taktischen und strategischen Drehungen und Wendungen, mit denen Lincoln sein Ziel verfolgte und trotz der Unausgewogenheit der Ergebnisse seiner Bemühungen – einen Versuch zur grundlegenden Neuausrichtung der politischen Ökonomie Amerikas dar.[6]

Lincolns Entschluss, die Sklaverei zu bekämpfen, strebte die Ersetzung des Modells der Generation der Gründerväter durch eine politische Ökonomie der Ermächtigung an. In der Einleitung zu dem Buch *Education and Equality* habe ich geschildert, wie die Begründer der ersten amerikanischen Republik politische Gleichheit auf ökonomischen Egalitarismus zu stützen versuchten. Als Beispiel habe ich die Georgia Land Lottery herangezogen, bei der gleich große Parzellen Land an weiße Männer, Witwen und Waisen verlost wurden.[7] Familien, die dem politischen Gemeinwesen angehörten, hatten Zugang zu einem wirtschaftspolitischen Konzept, durch das eine die politische Gleichheit verstärkende ökonomische Ermächtigung geschaffen werden sollte. Doch der versklavten Bevölkerung stand die Lotterie natürlich nicht offen. Und zu allem Überfluss war das Land, das verschenkt wurde, enteignetes Land eingeborener Amerikaner. Durch die Bestimmung einer Untergruppe von außerhalb des Kreises politischer Inklusion lebenden Menschen wurde mit anderen Worten ein Reich relativ egalitärer ökonomischer Ermächtigung geschaffen. Indigenen Amerikanern war keines der Instrumente zugänglich, die der Ökonom Albert Hirschman sowohl für Freiheit als auch für eine gut funktionierende Wirtschaft für erforderlich gehalten hat: Abwanderung, Widerspruch oder Einflussnahme durch Loyalität.[8]

6 Eric Foner, *The Fiery Trial. Abraham Lincoln and American Slavery*, New York 2011; John Witt, *Lincoln's Code. The Laws of War in American History*, New York 2012.

7 Danielle Allen, *Education and Equality*, Chicago 2016.

8 Albert O. Hirschman, *Abwanderung und Widerspruch. Reaktionen*

Konzeptuell und praktisch einflussreiche historische Versionen des Bekenntnisses zu einer auf der Unentbehrlichkeit von politischer Gleichheit beruhenden Theorie der Gerechtigkeit haben sich normalerweise auf die Ausbeutung derjenigen gestützt, die nicht durch Rechte geschützt wurden. Dies ist ein philosophischer Fehler, der korrigiert werden muss. Die Korrektur, die wir benötigen, hat Lincoln uns unterbreitet, nämlich die Einsicht, dass Demokratie sich durch folgende moralische Orientierung definieren sollte: »So wie ich kein Sklave sein will, so will ich auch kein Herr sein.« Das Beispiel der Landverlosung in Georgia führt vor Augen, dass der Versuch, im 21. Jahrhundert eine Theorie der Gerechtigkeit in einem politischen Gemeinwesen auf die Unentbehrlichkeit von politischer Gleichheit zu gründen, sich der Mühe einer Erklärung unterziehen muss, wie eine Wirtschaftsordnung konstruiert sein kann, die das Projekt politischer Gleichheit im Inland fördert, ohne den Ausschluss anderer vom Zugang zu politischer Gleichheit zu einer notwendigen Bedingung ihres Gelingens zu machen. Dies entspricht im 21. Jahrhundert dem im 19. Jahrhundert ergangenen Aufruf, sich eine Wirtschaft ohne Sklaven vorzustellen.

Warum soll es uns kümmern, ob das Projekt, im Inland politische Gleichheit zu schützen und ökonomische Ermächtigung sicherzustellen, andere ausbeutet, die keinen Zugang zu politischer Gleichheit haben? Unser eigenes Streben nach politischer Gleichheit beruht darauf, dass

---

auf Leistungsabfall bei Unternehmungen, Organisationen und Staaten. Aus dem Englischen von Leonhard Walentik, Tübingen 1974 [1970]. Was eine interessante Verwendung dieser Überlegungen in der gegenwärtigen Diskussion über relative Ermächtigung und Entmündigung innerhalb der Bürgerschaft anbelangt, siehe auch Shelby, »Impure Dissent«.

wir ihren Wert für menschliches Wohlergehen im Allgemeinen anerkennen. Diese Allgemeingültigkeit des Werts von politischer Gleichheit ist der Grund, warum wir respektieren sollten, dass sie für diejenigen, die außerhalb unserer inländischen Planungen stehen, die gleiche Bedeutung hat wie für die Inländer, zu deren rechtlichem Schutz wir uns bekennen. Ein solcher Respekt muss nicht die Form einer Herbeiführung von politischer Gleichheit für andere annehmen. Das sollte, ja darf er nicht einmal, denn politische Gleichheit ist nichts, was man für andere ins Leben rufen kann; demokratische Handlungsmacht müssen alle Handelnden selbst erlangen. Vielmehr zieht der Respekt für den Wert politischer Gleichheit für Menschen im Allgemeinen die Weigerung nach sich, die Schutzlosigkeit derjenigen auszunutzen, die über keine politische Stimme und über keinen politischen Einfluss verfügen. Durch die unterschiedliche Verteilung politischer Gleichheit verursacht die Zugehörigkeitspolitik in den Ländern dieser Welt Schutzlosigkeit. Manche Länder gewähren einigen ihrer Bewohner politische Gleichheit, anderen nicht; manche Länder gewähren nur sehr wenigen ihrer Bewohner politische Gleichheit. Manche Menschen verfügen aufgrund ihres angeborenen Zugehörigkeitsstatus über eine Stimme und über Einfluss; Millionen sind staatenlos und verfügen nirgends über eine Stimme und über Einfluss. Natürlich wirken sich auch ökonomische Ungleichheiten innerhalb eines konkreten Landes darauf aus, wer über eine Stimme und über Einfluss verfügt, aber die Zugehörigkeitspolitik geht dem noch voran. Die Frage, wie Zugehörigkeitspolitik auf der Erde gehandhabt wird, hat Auswirkungen darauf, in welchem Maße Menschen von sinnvoller politischer Mitsprache ausgeschlossen sind, und deshalb auch auf den Grad der Schutzlosigkeit, die nicht auszunutzen wir moralisch verpflichtet sind. Wenn wir im geschützten

Raum unserer Demokratie nach der Schaffung ökonomischer Ermächtigung streben, ist es in dem Maße unwahrscheinlicher, dass unsere Bemühungen in Ungerechtigkeit abgleiten, wie die auf fehlende Zugänglichkeit von politischer Gleichheit zurückgehende Schutzlosigkeit sich für andere minimiert. Deshalb sollten wir eine solche Minimierung anstreben, damit wir uns davor schützen, in ungerechtes Handeln abzugleiten. Um zu vermeiden, dass die Schaffung von ökonomischer Ermächtigung auf Ausbeutung beruht, sollten wir versuchen, die weltweite Zugehörigkeitspolitik so zu gestalten, dass sich die auf fehlende Zugänglichkeit von politischer Gleichheit und einer politischen Stimme zurückgehende Schutzlosigkeit der Arbeitnehmer minimiert. Dies ist die erste Weise, wie Zugehörigkeitspolitik und das Streben nach ökonomischer Ermächtigung sich überkreuzen.

Doch für die Schaffung ökonomischer Ermächtigung sind außerdem noch gut funktionierende Ökonomien erforderlich. Zugehörigkeitspolitik und das Prinzip einer Differenz ohne Herrschaft überkreuzen sich auch darin, dass Zugehörigkeits- und Einwanderungspolitik den weltweiten Arbeitsmarkt strukturieren. Die globale Mobilität von Arbeitskraft ist eine potenzielle Quelle der ökonomischen Leistungsfähigkeit der einzelnen Länder und der Welt im Allgemeinen. Wenn die globale Wirtschaftskraft maximiert werden soll, um die materiellen Grundlagen bürgerlicher Handlungsmacht für alle Völker dieser Welt zu schaffen, benötigen wir Zugehörigkeitskonzepte, die es den Arbeitnehmern möglich machen, sich auf der Welt zu bewegen. Die weltweite Zugehörigkeitspolitik legt nicht nur Muster in Bezug auf die Macht und die Schutzlosigkeit der Weltbevölkerung fest. Weil sie den weltweiten Arbeitsmarkt organisiert, strukturiert sie auch das Wachstumspotenzial sowohl globaler als auch nationaler Ökonomien, ihren reibungslosen Ablauf und eine faire Verteilung der Produktivitätsgewinne. Bevor wir erkunden können, wie ökonomische Ermächtigung, die niemanden ausbeutet, aussehen sollte, müssen wir uns deshalb vergewissern, wie in den Staaten dieser Erde eine Zugehörigkeitspolitik aussehen sollte, die gleichzeitig und aufeinander bezogen das Freizügigkeitspotenzial von Arbeitskraft maximiert und die Schutzlosigkeit der Weltbevölkerung in Bezug auf den Ausschluss von politischer Gleichheit minimiert. Die politische Gleichheit, die wir anstreben, soll beides gewährleisten. Dafür ist ein überarbeitetes Konzept von politischer Zugehörigkeit erforderlich.

Kurz gesagt, verweist die Frage, wie ökonomische Ermächtigung aussehen sollte, die niemanden ausbeutet, auf eine vorgeordnete Frage hinsichtlich politischer Zugehörigkeit. Was für eine Art von Zugehörigkeits- und Einwanderungspolitik kann die Freizügigkeit von Arbeitskraft maximieren und gleichzeitig die Schutzlosigkeit der Weltbevölkerung minimieren, die von politischer Mitsprache ausgeschlossen ist? Der Ausschluss der eingeborenen Amerikaner von der Zugehörigkeit zur amerikanischen Republik – und von der Gerechtigkeit, für die politische Gleichheit sorgt – hat die Enteignung ihres Landes möglich gemacht. Ihr Status der Nichtzugehörigkeit hat die »ökonomische Ermächtigung« der Bürger der neuen Republik ermöglicht. Die der politischen Zugehörigkeit zugrunde liegenden Rahmenbedingungen, die darüber entschieden, wer in den Eigentum, Kapital und Arbeitskraft strukturierenden Entscheidungsfindungsinstitutionen über eine politische Stimme verfügt, schufen die politische Ökonomie der ersten amerikanischen Republik. Was für die erste amerikanische Republik galt, gilt auch für die Erde von heute. Jede einzelne Volkswirtschaft ist an die Tiefenstruktur des politischen Systems gebunden, in dem sie operiert.[9] Die politischer Zugehörigkeit auf der ganzen Erde zugrunde liegenden Rahmenbedingungen bilden die Grundlage für die globale politische Gleichheit. Die moralische Frage, die sich hier stellt, lautet folgendermaßen: Wie können wir vermeiden, andere Teile der Erde so zu behandeln, wie die Gründerväter die amerikanischen Ureinwohner behandelt haben? Wie sieht eine Einwanderungspolitik aus, die unter der Auflage, dass sie den Ausschluss der Arbeitenden von politischer Gleichheit minimiert, die Freizügigkeit von Arbeitskraft maximiert?

Bevor ich mich der Frage zuwenden kann, wie ökonomische Ermächtigung aussehen sollte, die niemanden ausbeutet, die das Thema von Kapitel 5 ist, muss ich in diesem Kapitel noch auf die Frage eingehen, wie das Recht auf Bürgerschaft und bürgerschaftliche Handlungsmacht – und deshalb auf politische Gleichheit – überhaupt vergeben werden sollte. Politische Gleichheit muss in vollem Umfang zugänglich sein, wenn eine konkrete Demokratie zur Schaffung einer ökonomischen Ermächtigung in der Lage sein soll, die auf die Ausbeutung derjenigen verzichtet, die über keine politische Stimme verfügen. Doch wie kann das gehen? Wir haben keinen Zauberstab zur Hand, mit dem wir alle Personen auf der Erde in Bürger von gut funktionierenden Demokratien verwandeln können. Zudem würde es die Prinzipien der hier gegebenen Darstellung, wie Gerechtigkeit mit demokratischen Mitteln erreicht werden kann, verletzen, wenn man andere, zum Beispiel mit der Pistole auf der Brust, zur Freiheit zwingt. Die Frage, wie nationale politische Gemeinwesen Zugehörigkeit so strukturieren können, dass das Projekt der Gerechtigkeit vorangetrieben wird, ist anscheinend komplizier-

---

9 Acemoğlu, Robinson, »The Rise and Fall of General Laws of Capitalism«.

ter, als der Einmarsch verschiedener imperialistischer Armeen (zu denen auch die US-amerikanische gehört) im Namen der Demokratisierung nahegelegt haben. Wenn wir die Zugänglichkeit politischer Gleichheit auf der Welt tatsächlich verbessern wollen, brauchen wir keine neuen Kriege, sondern unverbrauchte Ideen. Wir brauchen eine neue Konzeption von politischer Zugehörigkeit.

Zur Verfolgung solch einer neuartigen Konzeption von politischer Zugehörigkeit werde ich mir zunächst das Verhältnis der Struktur der globalen Ökonomie zu den weltweiten Regelungen politischer Zugehörigkeit näher ansehen. Nachdem wir uns mit der Geschichte dieses Verhältnisses beschäftigt haben, werde ich mich mit einem gegenwärtig zur Debatte stehenden Vorschlag befassen, wie man die Zugehörigkeitsregeln auf mehr Gerechtigkeit abstimmen kann, den der Ökonom Glen Weyl und der Rechtstheoretiker Eric Posner unterbreitet haben. Ich werde ihre Auffassung kritisieren und eine alternative Sichtweise anbieten, die ich als »Polypolitanismus« bezeichne. Mit Polypolitanismus schwebt mir der Gedanke vor, dass jeder von uns mehreren politischen Gemeinschaften angehören und viele politische Rollen innehaben kann. Ob wir Zugang zu politischer Gleichheit haben, ist keine eindimensionale Frage, sondern eher eine Frage danach, wie unsere Zugehörigkeiten kumulieren und interagieren. Dieser Gedanke sollte auf eine Weise für die Neukonzeption von politischer Zugehörigkeit im Allgemeinen hilfreich sein, dass sich Mittel und Wege für ein überarbeitetes, der Ermächtigung dienendes Konzept von politischer Ökonomie eröffnen.

II. Wie die Rahmenbedingungen von Zugehörigkeit die Ökonomie strukturieren

Eine gar nicht in die sozialen Beziehungen eingebettete Ökonomie hat die Welt noch nicht erlebt, und so etwas wäre auch gar nicht vorstellbar. Die weltweite globale Ökonomie ist nicht nur in den politischen Systemen der einzelnen Nationalstaaten verankert, sondern auch in einem globalen System, das vor allem durch Regelungen in Bezug auf Zugehörigkeit, Migration und Einwanderung strukturiert wird.

In ihrem Buch *Wir sind der Markt* geben Weyl und Posner einen hilfreichen Überblick über die miteinander verflochtenen Geschichten von Kapitalismus und Migration vom 18. Jahrhundert bis in die Gegenwart. Im späten 18. Jahrhundert wich der protektionistische Merkantilismus der europäischen Monarchen der Neuzeit einer Politik freier internationaler Handelsbeziehungen, die von Denkern wie Jeremy Bentham, Adam Smith und David Hume befürwortet wurde. Diese politischen Philosophen machten geltend, dass der grenzübergreifende freie Austausch – von Gütern, Kapital und Krediten – das den Bürgern der einzelnen Nationen durch die Ökonomie gewährte Gesamtwohl maximieren würde.

Wichtig ist, dass Migration sich im 18. Jahrhundert weitgehend deshalb nicht im Blickfeld der Befürworter eines freien Marktes befand, weil sie zu diesem Zeitpunkt keine besonders große Rolle spielte. Dem Zeitalter der Entdeckungsreisen und den signifikanten Menschenbewegungen zum Trotz, die der transatlantische Sklavenhandel mit sich brachte, waren »anhaltende, länderübergreifende Unterschiede im Lebensstandard der Massen […] bis zum Ende des 19. Jahrhunderts unbekannt« (S. 134). Weyl und Posner schreiben, dass die extremste Wohlstandskluft, wie etwa zwischen China und dem Vereinigten Königreich, im späten 18. und frühen 19. Jahrhundert »nur 3 zu 1« betrug, während die Kluft in den 1950er Jahren einen Faktor von »10 zu 1« erreicht hatte. Sie kombinieren mehrere historische Datensätze über globale Ungleichheit und führen für den Zeitraum zwischen 1820 und 2011 einen bemerkenswerten Wandel vor Augen. Am wichtigsten daran ist, dass die Einkommensungleichheit »im internationalen Vergleich von rund 7 Prozent im Jahr 1820 auf rund 70 Prozent im Jahr 1980« stieg (S. 135); dank des Wachstums in China und Indien ist der Ungleichheitsgrad seit 1980 etwas gesunken, er liegt aber immer noch bei etwa 50 Prozent. Gleichzeitig ist die durchschnittliche Einkommensungleichheit innerhalb eines Landes relativ stabil geblieben und sogar leicht zurückgegangen. In diesem Rückgang spiegelt sich sowohl stärkere Ungleichheit in den reichen Ländern als auch geringere Ungleichheit in den Entwicklungsländern. Die Kombination aus der dramatischen Zunahme der Ungleichheit zwischen Ländern und der leichten Abnahme der Ungleichheit in den Ländern bedeutet, dass die globale Ungleichheit insgesamt heute viel größer ist als im frühen 19. Jahrhundert. Der Lebensstandard der Menschen richtet sich mit anderen Worten in erheblichem Maße danach, wo sie zufällig geboren wurden. Wie Weyl und Posner zeigen, folgt aus diesen ökonomischen Faktoren, dass die Welt von Bentham, Smith und Hume eine Welt gewesen ist, in der »die Migration den meisten Menschen nur wenig [brachte]«, während »in unserer Welt [...] die Migration für die meisten Menschen ein wichtiger Weg zu Wohlergehen und Wohlstand sein [kann]« (ebd.).

Die frühen Kapitaltheoretiker traten zwar für die Freizügigkeit von Gütern und Kapital ein, sprachen sich aber im Hinblick auf Menschen nicht für eine entsprechende

Freizügigkeit aus. Das lag nicht daran, dass sie gegen diese Art von Freizügigkeit gewesen wären, sondern schlicht und einfach daran, dass Migration im späten 18. Jahrhundert für die Effizienzmaximierung der globalen Ökonomie nicht relevant war. Das hat sich in den vergangenen Jahrhunderten geändert, und aufgrund dieser Änderung haben die Länder dieser Erde angefangen, die Migration stärker zu kontrollieren. Bis ins frühe 20. Jahrhundert war Migration relativ uneingeschränkt möglich. Doch dann fingen die reichen Länder der Welt an, ihre Tore für Migranten zu schließen, und zwar genau zu dem Zeitpunkt, als Migration begonnen hatte, unter dem Gesichtspunkt einer Leistungsmaximierung der globalen Ökonomie für den Wohlstand aller Völker dieser Welt eine Rolle zu spielen (S. 138f.). Als die gesamte Erde sich im Laufe des 20. Jahrhunderts bis ins frühe 21. Jahrhundert daranmachte, die verbliebenen Formen von Handelsprotektionismus und merkantilistischer Wirtschaftspolitik abzubauen, konnte das freigesetzte Kapital überall auf der Erde in die Richtung maximaler Allokationseffizienz fließen. Zum überwiegenden Teil konnten die Arbeitskräfte sich nicht entsprechend auf die Reise machen. Für die besser Ausgebildeten bestand Freizügigkeit, aber die nicht so gut ausgebildeten Arbeitnehmer waren nicht so beweglich. Wo, wie in der Europäischen Union, die den Bürgerinnen und Bürgern der Mitgliedstaaten innerhalb der Grenzen der EU Freizügigkeit gewährte, Experimente gemacht wurden, führte der asymmetrische Zustrom von Menschen aus den ärmeren Ländern, wie etwa Polen, in die reicheren Länder, wie etwa Großbritannien, zu Gegenreaktionen auf die sich zwangsläufig einstellende kulturelle Hybridisierung. Das EU-Experiment legte mit anderen Worten offen, dass mit Menschenflüssen andere Arten von Verwerfungen verbunden sind als mit dem Kapitalfluss. Die

Verwerfungen betreffen nicht Zinssätze oder den Zugang zu rentablen Anlageinstrumenten. Vielmehr geht es in ihnen um sprachliche, kulturelle und religiöse Belange – um die Grundlagen der Zusammenarbeit. Die Funktionsfähigkeit von Menschen beruht nicht bloß auf den Kompetenzen und Ressourcen jedes Einzelnen, sondern auch darauf, dass die Gemeinschaften in der Lage sind, für gesunde Interaktionsmuster zu sorgen. Damit Menschen sich bewegen können, sind kulturelle Anschlussfähigkeit und Integration erforderlich; die mit der Verlagerung der Arbeitskraft verbundenen Verwerfungen müssen als Teil der Frage behandelt werden, wie das Produktivitätspotenzial der weltweiten Arbeitsmärkte maximiert werden kann. Der Widerstand gegen Freizügigkeit in Bezug auf gewöhnliche Arbeitnehmer bedeutet nun aber, dass die Gewinne aus dem freien Fließen des Kapitals zu weiten Teilen an die Kapitaleigner gehen und dass Wohlstandseliten sich das Wachstum einer sich globalisierenden Welt unter den Nagel gerissen haben, das keineswegs weitgehend »geteilt« wird (S. 142).

Zusätzlich zu ihrem Hinweis darauf, dass die Globalisierungsmaßnahmen, die für das freie Fließen von Gütern und Kapital an die Stellen gesorgt haben, wo ihr Einsatz am nützlichsten ist, aber nicht für ein entsprechendes Fließen der Arbeitskraft, in der globalen Ökonomie zu ungleichen Gewinnen geführt haben, unterstreichen Weyl und Posner die Einigkeit, die unter Ökonomen darüber besteht, dass beinahe das gesamte Profitpotenzial, das die Liberalisierung des Handels und des Kapitalflusses abzuwerfen vermag, bereits ausgeschöpft ist. Die einzige Komponente der globalen Ökonomie, die sich zu diesem Zeitpunkt auf der ganzen Welt noch positiv auf die Verteilung des Wohlstands und der materiellen Grundlagen des Wohlstands auswirken könnte, ist die Migrationspolitik. Kurz gesagt, ist die Zugehörigkeitspolitik – in Gestalt einer restriktiven Einwanderungspolitik in der ersten Hälfte des 20. Jahrhunderts, des europäischen Experiments, Zugehörigkeit im späten 20. Jahrhundert zu liberalisieren, und des Zurückruderns der Europäer im 21. Jahrhundert – derzeit der wichtigste Gestaltungsbestandteil für die Regulierung der Funktionsfähigkeit der Weltwirtschaft. Da mittlerweile keine nationale Volkswirtschaft mehr ohne Rücksicht auf ihre Stellung innerhalb der globalen Ökonomie agieren kann, hängt die Frage, wie eine gerechte, für Ermächtigung sorgende Wirtschaftspolitik im Inland aussehen könnte, zuallererst vom weltweiten Konzept von Migration und Zugehörigkeit ab. Zusätzlich zu den Erfordernissen einer Maximierung der Bewegungsfreiheit bei gleichzeitiger Minimierung des Ausschlusses von politischer Partizipation, die ich bisher zur Diskussion gestellt habe, müssen wir uns jetzt noch einem weiteren Problem zuwenden: wie die spezifischen Arten von Verwerfungen minimiert werden können, die mit Menschenbewegungen einhergehen. Unsere »Maximierung« anstrebende Zugehörigkeits- und Migrationspolitik hat eine doppelte Minimierungsaufgabe.

III. Ökonomischer Profit aus Migration und Zugehörigkeit

Vor dem Hintergrund der Geschichte der politischen Ökonomie, ökonomischen Liberalisierung und globalen Ungleichheit versuchen Weyl und Posner, ein neues Konzept von Zugehörigkeit vorzulegen, das der Arbeitskraft auf der ganzen Erde mehr Freizügigkeit ermöglicht. Sie schlagen eine marktgestützte Politik vor, welche die mit der Migration einhergehenden Verwerfungen dadurch minimieren soll, dass die Anreize für Migranten und einheimische Bürger durch Markttransaktionen aufeinander abgestimmt werden.[10] Ziel ihres Vorschlages ist es, das globale Wirtschaftswachstum auf eine Weise auszuschöpfen, die eine fairere Verteilung der materiellen Wachstumsgewinne auf die gesamte Weltbevölkerung bewirkt. Wenn ungelernten Arbeitskräften gestattet wird, von ärmeren in reichere Länder zu ziehen, ist zu erwarten, dass sich durch die sich daraus ergebende, direkte Verlagerung der Einkommensverteilung der beteiligten Einzelindividuen in Verbindung mit den voraussichtlichen Auswirkungen ihrer Geldsendungen auf ihre Heimatökonomie die globale Ungleichheit verringert. Doch mit ihrer Behauptung, dass ökonomische Gerechtigkeit in diese Richtung zu verstehen sei, schlagen Weyl und Posner einen Plan vor, der politische Gleichheit entbehrlich macht.

Um die Verwerfungen rund um die Migration in den Griff zu bekommen, sollte ihrer Meinung nach Bürgerinnen und Bürgern reicher Länder gestattet werden, Arbeitnehmer ihrer Wahl aus anderen Teilen der Welt zu sponsern, etwa so wie Firmen gegenwärtig in vielen Fällen hochqualifizierte Arbeitskräfte sponsern können. Jeder Bürger bzw. jede Bürgerin könnte jeweils eine Arbeitskraft sponsern, also entweder »eine turnusmäßig wechselnde Gruppe befristet tätiger Gastarbeiter« oder »ein[en] lebens-

---

10 Auch der von den Vereinten Nationen im Dezember 2018 verabschiedete Globale Pakt für sichere, geordnete und reguläre Migration strebt eine Abstimmung der Interessen der an der Migrationspolitik Beteiligten und von ihr Betroffenen aufeinander an, um die Verwerfungen zu verringern. Er strebt diese Abstimmung aber nicht durch Markttransaktionen, sondern durch inklusive, partizipatorische Entscheidungsfindungsprozesse an. Siehe den »Report of the United Nations High Commissioner for Refugees« (Teil II, Globaler Pakt für Flüchtlinge, Generalversammlung der Vereinten Nationen, Dezember 2018, 73. Sitzung, Anhang Nr. 12).

lang gesponserte[n] permanente[n] Zuwanderer«.[11] Mit einer solchen Sponsorschaft wäre die Beschaffung einer Wohnung, von Gesundheitsversorgung und einer Arbeitsstelle für den Migranten sowie die Verpflichtung verbunden, dem Migranten eine bestimmte Summe in der Höhe zu zahlen, mit welcher der Sponsor entweder rechnen könnte, wenn der Migrant in irgendeiner Form für ihn arbeiten würde, oder er findet für den Migranten eine Anstellung zu einem höheren Stundenlohn und steckt die Differenz selber ein. Damit dies funktioniert, behaupten Weyl und Posner, müsste den Migranten gestattet werden, für weniger als den landesüblichen Mindestlohn zu arbeiten, alle anderen Arbeitsschutzgesetze und -regelungen würden aber für die Migranten gelten. Die Sponsoren wären wiederum zivilrechtlich verantwortlich, falls der Migrant, den sie sponsern, irgendein Verbrechen beginge oder sich vom vorgesehenen Wohnort absetzen würde. Außerdem würden Migranten im Aufnahmeland nicht automatisch ein Bleiberecht erhalten. Weyl und Posner beschwören ein optimistisches Szenario herauf, dem zufolge die Migranten nach einer Zeit höherer Einkünfte im Aufnahmeland nach Hause zurückkehren möchten und beim Neustart der Ökonomie ihrer Heimatländer helfen wollen.[12]

---

11 Weyl, Posner, *Wir sind der Markt*, S. 149. In »Immigration, Membership, and Justice. On the Right to Bring Others in the Polity« (in: Allen / Somanathan (Hg.), *Difference without Domination*, Kap. 12) vertritt Claudio López-Guerra die provokative Meinung, dass jeder Bürger so viele ausländische Migranten sponsern können sollte, wie er sonst durch das Zeugen von Kindern in das politische Gemeinwesen einbringen würde. Das heißt jeder Bürger hätte das Recht, »neue Bürger zu machen«, und könnte dieses Recht entweder durch eigene Kinder oder durch Sponsorschaft wahrnehmen.

12 Weyl und Posner beginnen jedes Kapitel ihres Buches mit einer utopischen Fiktion, was die Welt gewinnen würde, wenn ihre politi-

Ein solches Programm, meinen sie, würde Migration in etwas verwandeln, von dem die einheimischen Bürger eines Landes profitieren. Eine einheimische, gering qualifizierte Arbeitskraft in einem reichen Land könnte zwar von einer Migrantin verdrängt werden, die bereit ist, für weniger Geld zu arbeiten, aber sie könnte eben diese Migrantin sponsern und so die Arbeitskräfte managen, die ihren Platz einnehmen. Durch die Verwandlung der Migration in etwas, von dem die Nicht-Eliten in der einheimischen Bevölkerung profitieren könnten, hoffen Weyl und Posner zudem, den kulturellen Auswirkungen der Ankunft von Menschen ihren Stachel zu nehmen, die andere Sprachen sprechen, sich anders ernähren, andere Götter anbeten und andere Lieder singen.

Weyl und Posner geben zu, dass ihr Programm auf den ersten Blick deshalb anstößig wirken könnte, weil es eher wie ein Programm für Schuldknechtschaft aussieht. Diesen Einwand versuchen sie durch die Versicherung abzuwehren, dass »es Migranten jederzeit freistände, das Land zu verlassen« (S. 152), und dass ihr Programm sowohl den Programmen entspricht, durch die Firmen hochqualifizierte Arbeitskräfte ins Land holen, als auch den Programmen, über die Familien Au-Pair-Mädchen und -Jungen engagieren. In Weyls und Posners Fall hilft allerdings keine dieser Versicherungen. Es ist unwahrscheinlich, dass jemand, der weniger als den Mindestlohn verdient, in der Lage ist, in sein Heimatland zurückzureisen. In den meisten Fällen wird er auf Gedeih und Verderb auf seinen Sponsor

schen Programme in Kraft wären. Einige dieser narrativen Komponenten enthalten Gedanken, die über das hinausgehen, was tatsächlich notwendig aus ihren politischen Programmen folgen würde. In diesem Sinne geben sie sich romantisierenden Phantasiegebilden hin.

angewiesen sein, wenn er aussteigen möchte.[13] Eine wichtige Bedingung für die US-amerikanischen Programme, in denen Firmen hochqualifizierte Arbeitskräfte sponsern, besteht zudem darin, dass diesen Arbeitskräften der landesübliche Lohn gezahlt wird. Das Weyl-Posner-Programm beruht explizit auf der Abschaffung einer solchen Bedingung. Auch Au-Pair-Programme sind in letzter Zeit zunehmend auf den Prüfstand gestellt worden, weil die Ausbeutung überhandnahm.[14] Eine vergleichbare Praxis, Migranten zu sponsern, an der womöglich all das deutlich wird, was an ihrem Vorschlag falsch ist, erwähnen Weyl und Posner denn auch gar nicht erst, nämlich das sogenannte Sex trafficking – also Menschenhandel zum Zweck sexueller Ausbeutung. Es stimmt zwar, dass sie keine illegalen Arbeitsbürgschaften für Migranten vorschlagen, aber die anderen Punkte ihres Programms weisen nicht unerhebliche Ähnlichkeiten dazu auf. Um ihre Rechte überhaupt wahrnehmen zu können, bleiben die Migranten auf ihre Sponsoren angewiesen, und ihre ökonomische Macht im Aufnahmeland würde so gering sein, dass Abwanderung oder Widerspruch ihnen nicht in irgendeiner sinnvollen Form zugänglich wären. Weyl und Posner vermitteln eine Vorstellung davon, wie die Weltwirtschaft nach ihrem Modell durch Produktivitätsgewinne besser dastehen wür-

---

13 Das kanadische Sponsorenprogramm für Flüchtlinge hat Probleme dieser Art mit Individualsponsorschaften gehabt; wegen der Probleme, die sich aus der finanziellen Verschränkung der beiden Parteien ergeben, vermeidet ein neueres holländisches Modell dergleichen finanzielle Beziehungen.

14 Siehe Zack Kopplin, »›They Think We Are Slaves‹. The U.S. Au Pair Program Is Riddled with Problems – and New Documents Show that the State Department Might Know More than It's Letting On«, in: *Politico*, 27. März 2017, über neuere Untersuchungen zu US-amerikanischen Au-Pair-Programmen.

de, und sie haben eine Vorstellung davon, wie die Bürgerinnen und Bürger reicher und ärmerer Länder sich diese Gewinne teilen könnten, aber die Arbeitsmigranten wären so wenig vor Ausbeutung geschützt, dass damit zu rechnen ist, dass die ihnen in diesem Modell zugedachten Gewinne wahrscheinlich eher von den Sponsoren und anderen Personen im Aufnahmeland abgeschöpft werden würden. Da ihre Gewinne vom guten Willen ihrer Sponsoren abhängen würden, wären sie tagein, tagaus der Willkür ihrer Sponsoren ausgesetzt und damit deren Herrschaft unterworfen. Und zum wahrscheinlichen Abschöpfen ihrer materiellen Gewinne durch diejenigen, die sie zu beherrschen vermögen, kämen in der Bewertungsbilanz eines solchen Programms noch die psychologischen und sozialen Kosten hinzu, welche die andauernde Erfahrung des Beherrschtwerdens bei ihnen verursacht. Die Produktivität, die nach Weyls und Posners Vorstellung auf die von ihnen empfohlene Art der Freizügigkeit von Arbeitskraft zurückzuführen ist, würde von den durch Herrschaft aufgeworfenen Produktivitätshindernissen untergraben werden.

Das soll nicht heißen, dass Wohlergehen Schuldknechten immer verwehrt gewesen ist. Bei einigen war das sicher nicht der Fall und ist es in den Teilen der Welt heute noch nicht, in denen weiterhin Schuldknechtschaft betrieben wird. Was ich damit sagen will, ist vielmehr, dass die im 17. und 18. Jahrhundert von Schuldknechtschaft herrührenden umfassenden Gewinne höchstwahrscheinlich nicht gleich oder fair verteilt worden sind. Überdies werden die durch dieses Konzept von Produktivitätswachstum erzielten monetären Gewinne durch die psychologischen und sozialen Kosten von Herrschaft wieder aufgehoben. Dass diese real und messbar sind, haben im Umkehrschluss die Messungen von Richard Wilkinson und Kate Pickett in ihrem Buch *Gleichheit ist Glück* gezeigt. Das politische Programm von Weyl und Posner ist keine Lösung des Problems, wie Zugehörigkeit in den politischen Gemeinwesen dieser Welt mit Blick auf die Begünstigung von ökonomischer Ermächtigung gemäß dem Prinzip einer Differenz ohne Herrschaft und entsprechend einem gerechten Maßstab organisiert werden kann. Es trägt jedoch dazu bei, dass wir unser Augenmerk auf die notwendige Verringerung der Verwerfungen richten, die mit der Freizügigkeit von Völkern einhergehen können, und es rückt die Marktmechanismen in den Blick, die dazu beitragen können, die betreffenden Arten von Verwerfungen und Transaktionskosten zu verringern.

Was wäre eine Alternative? Bisher können wir sagen, was die Kriterien für eine Politik sein müssten, die als umsetzbare Alternative betrachtet werden könnte. Sie lauten folgendermaßen:

(1) Das System globaler Zugehörigkeit sollte Rahmenbedingungen schaffen, welche die Freizügigkeit von Arbeitskraft maximieren.
(2) Dadurch werden Anreize für die gastgebenden Bürger geschaffen, Migranten und ihre Integration zu begrüßen, wodurch eine Erhöhung der Transaktionskosten in der Aufnahmeökonomie vermieden wird.
(3) Dies stellt sicher, dass Migranten *in den Aufnahmeländern* Zugang zu politischer Gleichheit haben.

Die weltweite Politik, wie Bevölkerungen in einzelnen Nationen organisiert sind und Freizügigkeitsrechte genießen oder nicht, gehört zu den Grundmerkmalen der weltweiten Wirtschaftsstruktur. Wenn man *innerhalb* eines bestimmten politischen Gemeinwesens Differenz ohne Herrschaft erreichen möchte, muss man sich darüber verständigen, wie die globalen Zugehörigkeitsstrukturen und die Wirtschaftspolitik aufeinander einwirken. Angezielt wird die Ermittlung eines Konzepts von Zugehörigkeitspolitik, das gleichzeitig ökonomische Ermächtigung und Beziehungen, in denen niemand ausgebeutet wird, zu den Menschen innerhalb und außerhalb der Grenzen des betreffenden Landes zu fördern vermag, die über keine politische Stimme verfügen. Die betreffende Zugehörigkeitspolitik muss die Fähigkeit der Arbeitskräfte zu Freizügigkeit maximieren und dabei sowohl die Verwerfungen, die durch die Schwierigkeiten der Integration der Einwanderer verursacht werden, als auch den Grad minimieren, in dem Arbeitnehmer Situationen ausgesetzt sind, in denen sie keine politische Gleichheit besitzen und über keine politische Stimme verfügen.

Das gegenwärtige globale Zugehörigkeitssystem beruht auf den Begriffen Nationalismus und Selbstbestimmung. Dank des Versailler Vertrages und seiner Formulierung des Prinzips nationaler Selbstbestimmung, das die Vereinten Nationen später noch einmal bekräftigt haben, beruht unsere Grunderwartung, wie Zugehörigkeit in einem politischen Gemeinwesen gehandhabt wird, auf dem Begriff eines kulturell einheitlichen, über seine Lebensform bestimmenden Volkes. Deshalb ist der nationalistische Begriff von Zugehörigkeit oftmals »ethnonationalistisch«. Einwanderung stellt per definitionem eine Herausforderung dar, weil sie häufig die Ankunft von Menschen innerhalb der nationalen Grenzen nach sich zieht, die über keine historische oder kulturellen Verbindung mit »dem Volk« verfügen, welches das fragliche politische Gemeinwesen definiert und »bestimmt«. Die Siedlergesellschaften – die Vereinigten Staaten, Australien und Kanada – sind immer eine Ausnahme von diesem Modell gewesen, weil in diesen Ländern Einwanderer die indigenen Bevölkerungsgruppen überflutet und dadurch den Begriff einer feststehenden kulturellen Grundlage von Zugehörigkeit hinfällig gemacht haben. Obwohl auch in diesen Ländern vorübergehend Anstrengungen zur Errichtung einer kulturellen Zugehörigkeitsbasis unternommen worden sind – die USA erleben im Moment Anstrengungen dieser Art –, lässt die tiefgreifende Hybridität der Bevölkerung diese Aufgabe zu einer Unmöglichkeit werden. Dennoch haben auch diese Länder die Einwanderung erheblich einzuschränken versucht und dadurch praktisch, wenn nicht sogar ideologisch, das auf der Erde vorherrschende Muster von nationalistischen, ja sogar ethnonationalistischen Zugehörigkeitsmodellen verstärkt. Wichtig ist, dass diese nationalistischen Zugehörigkeitsmodelle das Vermögen der globalen politischen Ökonomie beschneiden, das materielle Wohl aller Völker dieser Erde zu maximieren. Geschützt wird dieses nationalistische Ideal dadurch, dass auf der gesamten Erde einige Bevölkerungsgruppen in Formen von Armut abgedrängt werden, die tiefer gehen, als es streng ökonomisch gesehen notwendig wäre. Bei einer restriktiven Zugehörigkeitspolitik bedeutet der Versuch, in einem entwickelten Land nach ökonomischer Ermächtigung zu streben, dass die Profite des Egalitarismus im Inland auf der Ausbeutung von Völkern außerhalb der Landesgrenzen beruhen, wie es zu weiten Teilen der Fall war, als der ökonomische Egalitarismus der ersten amerikanischen Republik auf der Ausbeutung der eingeborenen Völker beruhte.

Ein solches Bild des Verhältnisses von Zugehörigkeitspolitik und politischer Ökonomie hat natürlich auch am anderen Ende des ideologischen Spektrums eine extreme Position hervorgerufen, nämlich ein kosmopolitisches Ideal von Zugehörigkeit. Diesem Ideal zufolge bedeuten die Gewinne an Verteilungsgerechtigkeit, welche die Freizügigkeit der Völker erlauben, dass alle Länder auf der Welt offene Grenzen haben sollten. Wenn Arbeitskraft frei beweglich wäre, würde die globale Ökonomie maximal gewinnbringende Bedingungen für materiellen Wohlstand hervorbringen, und das generierte Vermögen würde maximal egalitär verteilt werden. Dieses Bild des Verhältnisses von Zugehörigkeitspolitik und Wirtschaftspolitik ist utopisch. Es stellt Menschenbewegungen auf dieselbe Ebene wie Kapitalbewegungen, als ob Menschen und Kapital sich im gleichen Maße ungehindert bewegen könnten. Aber die kosmopolitische Vision, wie Verteilungsgerechtigkeit zu maximieren ist, scheitert daran, dass die Bevölkerung in keiner einzigen Gesellschaft bereit ist, jedem beliebigen, zufällig gerade eintreffenden Migranten Zugehörigkeit, das heißt Mitgliedschaft in ihrer Gesellschaft zu gewähren. Und diese mangelnde Bereitschaft ist noch nicht einmal völlig verwerflich. Sozialer Zusammenhalt verringert die Transaktionskosten innerhalb einer Volkswirtschaft und trägt so auch zur Produktivität bei. Wenn wir die Freizügigkeit von Arbeitskraft um des Wirtschaftswachstums willen erhöhen, sollten wir das nicht auf eine Weise tun, die gleichzeitig das Wachstum untergräbt, weil sie die Verwerfungen bei binnenwirtschaftlichen Transaktionen erhöht. Das kosmopolitische Ideal scheitert, weil es den Arten von Verwerfungen nicht genügend Aufmerksamkeit schenkt, die zwangsläufig mit Völkerbewegungen einhergehen und in einer funktionsfähigen Volkswirtschaft zusätzliche Transaktionskosten verursachen.

Eine vernetzte Gesellschaft sollte zwar in der Lage sein, die Integration von Neuankömmlingen zu maximieren, aber der Aufwand an Zeit und anderen Ressourcen, der für die Bemühungen um die Bildung sowohl von kosmopolitischen Bindungen als auch von Brücken erforderlich ist, und der zeitliche Rhythmus dieser Bemühungen müssen auf das Ankunftstempo abgestimmt werden, wenn die Migration auf einer Linie mit dem für eine Welt notwendigen sozialen Zusammenhalt liegen soll, in der Differenz nicht mit Herrschaft verknüpft ist. Wenn die Weltbevölkerung sich um eine ihren Chancen entsprechende Bewegungsfreiheit bemüht, können die Aufnahmeländer nicht einfach vorbehaltlos ihre Tore aufreißen, ohne die Hoffnung auf die Aufrechterhaltung der Funktionstüchtigkeit der für den sozialen Zusammenhalt verantwortlichen Institutionen und Praktiken aufzugeben. Welches Zugehörigkeitskonzept würde gleichzeitig den Wert der Freizügigkeit der Völker für Verteilungsgerechtigkeit, den Wert von politischer Gleichheit bzw. Mitsprache für alle Menschen und die tatsächlichen Verwerfungen beachten, die mit Menschenbewegungen verbunden sind? Diese Frage ist, um es noch einmal zu sagen, gleichbedeutend mit der Frage, wie wir die Freizügigkeit von Arbeitskraft maximieren und dabei die Schutzlosigkeit der Migranten sowie alle negativen Auswirkungen auf die Transaktionskosten in der Aufnahmeökonomie minimieren können.

Das nationalistische Zugehörigkeitsmodell hat zur Folge, dass die Angehörigen der reichen Länder ihr materielles Wohl durch die Ausbeutung und auf Kosten der Angehörigen der anderen Länder erwerben. Das kosmopolitische Zugehörigkeitsmodell hat zur Folge, dass die Angehörigen der weniger begüterten Länder ihren materiellen Wohlstand auf Kosten der Funktionsfähigkeit der politischen und sozialen Institutionen der Aufnahmeländer vergrößern. Weyl und Posner haben versucht, dieses Problem durch das Eintreten für ein Migrationskonzept zu lösen, das irgendwo zwischen Nationalismus und Kosmopolitismus liegt. Sie haben ihr Programm *Visas-Between-Individuals*-Programm (VIP) genannt. Allgemeiner könnte man es auch als ein dem freien Markt verpflichtetes Konzept von Zugehörigkeit bezeichnen. Ihrem Modell zufolge passen sich die Zugehörigkeitsgrenzen jedes Mal an, wenn eine freie Markttransaktion zu einer stabilen Beziehung zwischen Sponsor und Migrant führt. Die Grenzen der politischen Gemeinwesen – und wer sich jeweils in ihnen befindet, ob nun als Bürger oder nicht – verlagern sich unaufhörlich, je nachdem, wo die Arbeitskraft sich aufgrund der Marktkräfte auf der Welt hinbewegt. Doch genauso wie die nationalistische und die kosmopolitische Auffassung jeweils durch eine Form der Ausbeutung in Mitleidenschaft gezogen werden, erfährt auch ihr Modell eine solche Beeinträchtigung. In ihrem Fall wird das Modell dadurch beeinträchtigt, dass die Migranten der Herrschaft der Sponsoren ausgesetzt sind.[15] Der Wert ihres Modells liegt darin, dass sie die Dynamik eines globalen Arbeitsmarkts und freier Markttransaktionen als Teil eines Zugehörigkeitssystems bestimmt haben, das zu Wirtschaftsformen beitragen könnte, die niemanden ausbeuten, aber sie haben versäumt, ihr Modell darauf auszurichten, dass die Migranten vor Herrschaft geschützt sind.

Auch unsere Zugehörigkeitspolitik muss dem Maßstab einer Differenz ohne Herrschaft gerecht werden, und die Frage ist, ob wir Weyls und Posners falsche Auffassung korrigieren können, wenn wir einen Weg finden, der gleichzei-

---

15 Siehe Anmerkung 14 in diesem Kapitel.

tig Migration maximiert, die Funktionsfähigkeit der politischen Institutionen im Inland und die Migranten vor Herrschaft schützt. Eine funktionierende Zugehörigkeitspolitik muss den Migranten also Zugang zu den Schutzvorkehrungen politischer Gleichheit gewähren und gleichzeitig den Wert der Liberalisierung der Arbeitsmärkte maximieren. Das heißt, jegliche Liberalisierung der Arbeitsmärkte muss an die Bedingung gebunden werden, dass Arbeitsmigranten Zugang zu politischer Gleichheit haben und das Aufnahmeland zur Integration von Einwanderern in der Lage ist. Wie lässt sich das bewerkstelligen?

Wenn wir zu unserer Richtschnur machen, dass Gerechtigkeit in jeder Gesellschaft auf der Unentbehrlichkeit von politischer Gleichheit in ihr beruht, könnte dies uns bei unserer Suche nach einer Antwort helfen. Wie sich herausstellen wird, lagen Weyl und Posner gar nicht so falsch. Ihr Fehler bestand darin, dass sie sich ausschließlich auf die Frage konzentriert haben, wie die gerechte Verteilung ökonomischer Produktivität maximiert werden kann. Durch diese Fragestellung haben sie sich aller Möglichkeiten begeben, den Zugang ihrer Migranten zu politischer Gleichheit ob nun im Aufnahme- oder im Entsendungsland in Erwägung zu ziehen. Ich habe dafür plädiert, dass zu den gerechten politischen Systemen, die für menschliches Wohlergehen in all seinen Dimensionen sorgen können, nur solche Formen politischer Gestaltung gehören, die im Hinblick auf die politische Entscheidungsfindung Zugang zu politischer Ermächtigung gewähren. Dies scheint darauf hinauszulaufen, dass jeder Bewohner eines politischen Gemeinwesens Zugang zu Bürgerrechten haben muss, damit ein solcher Zugang zu politischer Ermächtigung gewährt ist. Der politische Ideenhistoriker Richard Tuck vertritt genau diese Position und verbindet sie mit der Verteidigung einer restriktiven Einwanderungspolitik. Gegen diese Position werde wiederum ich einwenden, dass die Palette politischer Lösungen, die politische Ermächtigung sicherzustellen vermögen, breiter ist, als normalerweise zugegeben wird. Dass Bewohnern eines politischen Gemeinwesens die Staatsbürgerschaft gewährt wird, ist zwar das grundlegende Mittel, damit sie Zugang zu politischer Ermächtigung erlangen, es ist aber nicht das einzige. An dieser Stelle stoßen wir uns an unserer starren Erwartungshaltung im Hinblick auf die Zugehörigkeitspolitik. Diese Starrheit müssen wir überwinden. Unser kultureller Horizont ist so lange auf einen nationalistischen Rahmen ausgerichtet gewesen, dass wir uns politische Gleichheit außerhalb des Kontextes nationaler politischer Institutionen kaum vorstellen können. Die Berufung auf den Zugang zu politischer Gleichheit führt unmittelbar dazu, dass wir denken, damit sei gemeint, dass diejenigen, denen diese Gleichheit gewährt wird, an nationalen Wahlen teilnehmen dürfen. Mit dem Folgenden verfolge ich das Ziel, einige der anderen möglichen Wege zum Schutz politischer Gleichheit zu skizzieren.

Wenn man und sei es nur geringfügig von der nationalistischen Sichtweise abrückt und seinen Blickwinkel verlagert, ist leicht zu erkennen, dass alle in einer entwickelten Demokratie Lebenden über viele verschiedene politische Zugehörigkeiten verfügen. Auf politischer Ebene sind wir Angehörige unserer Städte, unserer Bundesstaaten oder -länder sowie unserer Nationalstaaten. Wenn wir Mitglied in einer Gewerkschaft sind, haben wir auch durch dieses Solidarsystem Zugang zu politischer Gleichheit. Wenn wir in einer Firma angestellt sind, kann diese Firma nach geltendem US-Recht im politischen Diskurs als »Person« fungieren, und vermutlich tut sie das auch in unserem Namen. Wenn wir Mitglied in einer politischen Partei sind, haben wir über diese Organisation Zugang zu politischer Gleichheit. Es sei daran erinnert, dass es früher in der amerikanischen Politik gang und gäbe war, dass Menschen zum Beispiel auf kommunaler Ebene wählen durften, aber nicht auf Bundes- oder nationaler Ebene. In Bethesda im Bundesstaat Maryland werden Menschen Stimmrechte eingeräumt, die bei nationalen Wahlen nicht wählen dürfen. Wenn es uns gelänge, uns wieder an den vielen verschiedenen Arten von Zugehörigkeit zu orientieren, die Zugang zu politischer Mitsprache sowie zu politischem Einfluss und dadurch zu politischer Gleichheit gewährleisten, ständen uns mehr Instrumente für die Schaffung neuartiger Einwanderungsparadigmen zur Verfügung. Diejenigen von uns, die Angehörige von entwickelten demokratischen Nationalstaaten sind, müssen sich nicht zwangsläufig als Nationalisten oder Kosmopoliten verstehen. Vielmehr können wir uns für »Polypoliten« halten – für Menschen, die gleichzeitig mehreren politischen Gemeinwesen oder Organisationen angehören. Als Polypoliten stehen uns viele verschiedene Wege zu politischer Macht und zur Wahrung unserer Interessen offen. Die Wahrscheinlichkeit ist hoch, dass die meisten Polypoliten auf viel weniger politische Machtressourcen zurückgreifen, als ihnen zur Verfügung stehen. Polypolitanismus stellt auch Ressourcen bereit, wie man Migranten eine politische Stimme verschaffen kann.

Polypolitanismus ist kein neues Phänomen. Er hat die Demokratie von Anfang an begleitet. Für das antike Athen war Polypolitanismus eine große Herausforderung, weil es in regelmäßigen Abständen Kanalisierungen von Macht unterbinden musste, die nicht auf die politischen Institutionen der Stadt, sondern auf Stammeszugehörigkeiten zurückgingen. Wenn auf verschiedenen Ebenen angesiedelte politische Zugehörigkeiten miteinander in Konflikt geraten, kann Polypolitanismus sogar mit Instabilität einhergehen. Dafür ist der US-amerikanische Bürgerkrieg ein gutes

Beispiel – in dem nationale und regionale Zugehörigkeiten und Formen von Mitgliedschaft in Konflikt miteinander gerieten. Der Grad, in dem Menschen eine »polypolitane« Rolle in der Welt spielen, ist häufig in Krisenmomenten sichtbar geworden; zu einer Krise kommt es, wenn sie sich in Bezug auf ihre Loyalität zwischen mehreren Wegen, ihrer Stimme Gehör zu verschaffen, entscheiden müssen. Doch trotz der Gefahren, die damit verbunden sind, Menschen daran zu erinnern, dass sie Zugang zu vielen verschiedenen politischen Zugehörigkeiten haben, stellt die Vielgestaltigkeit dieser möglichen Zugehörigkeiten eine große institutionelle Chance im Rahmen des Versuches dar, neuartige Vorstellungen einer gerechten Politik und Wirtschaft für das 21. Jahrhundert zu entwickeln.

Die unter Einbeziehung des Polypolitanismus-Gedankens leicht abgeänderten Grundlagen eines gerechten Zugehörigkeitssystems für die Staaten dieser Welt würden jetzt also folgendermaßen aussehen:

(4) Das System globaler Zugehörigkeit sollte Rahmenbedingungen schaffen, welche die Freizügigkeit von Arbeitskraft maximieren.
(5) Dadurch werden Anreize für die gastgebenden Bürger geschaffen, Migranten und ihre Integration zu begrüßen, wodurch eine Erhöhung der Transaktionskosten in der Aufnahmeökonomie vermieden wird.
(6) Dies stellt unter Heranziehung der Ressourcen des »Polypolitanismus« sicher, dass Migranten *in den Aufnahmeländern* Zugang zu politischer Gleichheit haben.

Ein mögliches Konzept für eine Zugehörigkeitspolitik, die diesen Kriterien gerecht wird, könnte das von Weyl und Posner vorgeschlagene Sponsorenmodell übernehmen, müsste es aber stärker auf die Art ausrichten, wie das Firmensponsoring von hochqualifizierten Migranten politisch gestaltet wird. Der entscheidende Unterschied wäre, dass dieses Programm die Befugnis zur Sponsorschaft nicht in die Hände von Einzelpersonen legt. Sie würde vielmehr in den Händen von Körperschaften liegen, die ihren Mitgliedern eine Stimme sowie Einfluss und deshalb politische Gleichheit verschaffen. Mit »Körperschaften« meine ich nicht bloß gewinnorientierte, gewerbliche Firmen, sondern eher zivilgesellschaftliche Organisationen. Insbesondere Städte, Bundesländer oder -staaten, Gewerkschaften, Glaubensgemeinschaften und andere zivilgesellschaftliche Organisationen könnten als Sponsoren für Migranten in Bezug auf Aufgaben fungieren, für die den Migranten ein landesüblicher Lohn gezahlt werden würde und für die sie im Gegenzug eine Gebühr bei ihren Sponsoren entrichten müssten. Genau so ein Programm hat Kanada in den letzten vier Jahrzehnten erfolgreich bei der Aufnahme von Flüchtlingen eingesetzt. Ich schlage vor, dieses Modell auf Migration im Allgemeinen auszuweiten. Die Zahl der zur Verfügung gestellten Sponsorschaften könnte jährlich auf die Bevölkerungszahl abgestimmt werden, um zum Beispiel als Ziel eine jährliche Aufnahmequote von einem Prozent der tatsächlichen Bevölkerung anzupeilen.[16] Solange politi-

16 Dieses Ziel, jedes Jahr eine Migrantenrate von einem Prozent der tatsächlichen Bevölkerung aufzunehmen, hat Kanada sich gesetzt. Damit man ein Gespür für die Größenordnung bekommt, um die es dabei geht: Eine Aufnahmerate von einem Prozent würde in den USA ungefähr drei Millionen Personen pro Jahr bedeuten. Zur Zeit nehmen die USA pro Jahr eine Million Einwanderer auf. Internationale Studierende werden zur Zeit im Grunde genommen nach einem Sponsorenmodell ins Land gelassen; auf diese Weise bewältigt das Land derzeit jährlich die Zulassung von ungefähr einer Million ausländischer Studierender. Eine Zielvorgabe von einem Prozent der Bevölkerung würde demnach die Bemühungen beträchtlich in die Höhe schnellen lassen. Das Ziel wäre nicht, dies über Nacht zu erreichen, vielmehr könnte man zunächst auf der bestehenden Zahl von

sche Programme bereitstehen, die anspruchsberechtigten Aushilfsarbeitern nach einer bestimmten Zeit die Möglichkeit eröffnen, sich dauerhaft in dem betreffenden Land niederzulassen, könnten die dauerhaft dort Ansässigen und die Aushilfsarbeiter die gesponserten Arbeitsplätze unter sich aufteilen. Die Sponsoren würden von ihrer Sponsorschaft finanziell profitieren. So wie sich aus den Gebühren, die an die Anbieter von Auslandsstudiums-Programmen gezahlt werden, ein Markt für Auslandsstudiums-Programme entwickelt hat, könnte sich aus den Gebühren an die Sponsoren ein Sponsorenschafts-Markt entwickeln. Derartige Sponsorschaften würden die Integration der Migranten beschleunigen – weil die sponsernde Organisation für die Integration verantwortlich wäre. Die sponsernde Organisation wäre auch für den Schutz der Rechte der Migranten und dafür verantwortlich, dass ihre Stimme bei regelmäßigen Anhörungen eines Office of Civil and Political Rights Gehör finden würde, das nicht nur auf die Einhaltung der Bürgerrechte und politischen Rechte achtet, sondern das Amt ist, das der Sponsorschaft der einzelnen Organisationen überhaupt erst zustimmen muss. Sponsorenkonzepte im Zusammenhang mit der Migrationspolitik würden konsequentere Zielsetzungen erlauben, darunter bessere Reaktionsmöglichkeiten auf spezifische Arbeitsmarktbedingungen und mehr Aufmerksamkeit für regionale ökonomische Besonderheiten, da regionale Sponsoren ihre spezifischen Bedürfnisse eigenverantwortlich und klar zum Ausdruck bringen müssten.

einer Million (bzw. zwei Millionen, wenn man die Studierenden mitzählen möchte) aufbauen und drei Millionen im Laufe eines Zeitraums von fünf bis zehn Jahren anstreben, in denen die Gesellschaft sich besser für die Bewältigung von Migration durch ein Sponsorenprogramm und entsprechend der mit dem kanadischen Programm verfolgten Absichten zu rüsten vermag.

Im Grunde genommen ist ein solcher Vorschlag eine aktualisierte und formalisierte Version des informellen Verfahrens, wie im 19. Jahrhundert unter Hinzuziehung transnationaler Arbeitergenossenschaften die Arbeitsmigration gefördert wurde. Als Arbeiter im 19. Jahrhundert aus landwirtschaftlichen Gebieten in die Städte übersiedelten und im späten 19. Jahrhundert dann auch von einem Teil der Erde in einen anderen Teil auswanderten, gründeten sie häufig genossenschaftliche Vereinigungen.[17] Ich denke dabei vor allem an Organisationen wie die Oddfellows, verschiedene Freimaurerlogen, den Templerorden, die Kolumbusritter und viele andere Organisationen. Solche zivilgesellschaftlichen Vereinigungen wurden – im Vorfeld der Entwicklung des liberalen Wohlfahrtsstaats – gegründet, um im 19. Jahrhundert die Gesundheitsversorgung, Arbeitslosenversicherung und Ruhegelder für nicht abgesicherte Arbeiter zu gewährleisten. Da diese Organisationen regionenübergreifend und sogar transnational operierten, konnten sie die Arbeiter dabei unterstützen, sich auf die Märkte zu begeben, auf denen sie bessere Chancen hatten, und dadurch wurde auch ihre Integration bei der Ankunft leichter. In vielen Fällen verschafften sie überdies der Stimme von politisch Stimmlosen Gehör. Als Beispiel schwe-

17 Einen guten Überblick über die Rolle der Genossenschaften in den USA geben David T. Beito, *From Mutual Aid to the Welfare State. Fraternal Societies and Social Services, 1890-1967*, Chapel Hill 2000, S. 320ff., Jason Kaufman, *For the Common Good? American Civic Life and the Golden Age of Fraternity*, New York 2002, S. 286, und Theda Skocpol, *Diminished Democracy. From Membership to Management in American Civic Life*, Norman 2003. Viele der von diesen Autoren erörterten Vereinigungen waren transnational, zum Beispiel die Oddfellows, und die von ihnen skizzierten Geschichten haben europäische Gegenstücke. Beito konzentriert sich besonders auf die Bereitstellung von Sozialleistungen.

ben mir die Freimaurer von Prince Hall vor, die sich im späten 18. Jahrhundert in Boston formierten, um entrechtete Afroamerikaner mit politischer Macht zu versehen. Formalen Organisationsstatus erlangten die Prince Hall-Freimaurer durch ihre Angliederung an ein Netzwerk schottischer Freimaurerlogen – was ihnen eine Stimme sicherte, über die sie innerhalb der politischen Institutionen der USA nicht verfügten. Aufgrund der über die Prince Hall-Freimaurerloge erfolgenden Solidaritätsbekundungen waren die betreffenden afroamerikanischen Arbeiter in der Lage, die (1780 erlangte) Abschaffung der Sklaverei in Massachusetts anzustreben, ihre Rückkehr nach Afrika zu erwägen (was im späten 18. Jahrhundert eine Frage der Arbeitskraftmobilität war) und Ressourcen zu erschließen, die den Kindern ihrer Gemeinschaft eine Ausbildung ermöglichten. Die Entstehung des Wohlfahrtsstaats und die institutionalisierte Gewährung sozialer Rechte führten zum Erlahmen dieser Art von Vereinigungen. Doch könnten wir heute zugunsten eines Sponsorenmodells bei der Einwanderung ihr Wiedererstarken vorantreiben.

Das kanadische Modell hat denn auch das Wachstum neuer solcher Vereinigungen angeregt. Wurden sie früher in erster Linie gegründet, um so etwas wie die sozialen Rechte der Arbeiter sicherzustellen, könnten sie heute ihrer Stimme Gehör verschaffen, ihre Bürgerrechte schützen sowie sie in politischen Verfahren repräsentieren und ihnen in diesem Sinne zu politischen Rechten verhelfen. Wenn Migranten die Möglichkeit haben, durch ihre politische Stimme in derartigen Solidargemeinschaften Schutz zu finden, könnten die entwickelten Volkswirtschaften die Bewilligungsrate, dass Migranten die volle Staatsbürgerschaft erlangen, zeitlich und zahlenmäßig so zuschneiden, dass es zu keiner kulturellen Gegenreaktion kommt, und gleichzeitig die ungerechte Aufrechterhaltung eines Kastensystems vermeiden, in dem einige Mitglieder des politischen Gemeinwesens auf Dauer keine Rechte haben. Genauso wie einheimische Bürgerinnen und Bürger verschiedene Stadien von Zugehörigkeit und Partizipation durchlaufen, könnte man auch bei Migranten verfahren. Anstatt schlicht und einfach über keine politische Stimme zu verfügen, könnten sie – als Polypoliten – ihr bürgerschaftliches Leben in den Aufnahmegesellschaften damit beginnen, dass sie sich auf anderen Wegen als durch nationale politische Institutionen politisch Gehör verschaffen. Ein Anfang könnte die Beteiligung an zivilgesellschaftlichen Solidarorganisationen sein. Und natürlich sollten wir auch nicht vergessen, dass einige Migranten durch die politischen Institutionen ihres Entsendungslandes über eine politische Stimme verfügen. Außerdem sollten die Aufnahmeländer sicherstellen, dass die Botschaften und Konsulate der Entsendungsländer ausreichend ermächtigt sind, den Migranten aus ihren Ländern zu einer Stimme zu verhelfen.

Das kanadische Modell privater Sponsorschaften für Flüchtlinge wird weithin als Erfolgsmodell anerkannt; die einzige Frage ist, ob wir ein solches Modell tatsächlich auf Migration im Allgemeinen ausweiten und auf diese Weise Migranten einen »polypolitanen« Weg zu politischer Gleichheit anbieten können, der die Beteiligung an und die Repräsentation durch zivilgesellschaftliche Solidarorganisationen einschließt.

Dass die Funktionstüchtigkeit einer Volkswirtschaft in Wechselwirkung mit dem politischen System steht, in dessen Rahmen sie operiert, könnte zu der Annahme verleiten, dass bestimmte ökonomische Ziele durch Anpassungen des zugrunde liegenden politischen Regimes erreicht werden sollten. In manchen Fällen mag diese instinktive Annahme richtig sein. Das Ende des kommunistischen Systems im früheren Ostblock lag zum Beispiel sehr stark im Interesse des wirtschaftlichen Wohlergehens der im sowjetischen Einflussgebiet lebenden Bevölkerungen, konnte aber nur durch die Anpassung der grundlegenden politischen Strukturen bewirkt werden. Doch ökonomischer Profit war nicht der Grund, warum die angestrebte Anpassung in die Richtung demokratischer Politik ging. Die Wahl einer Staatsform erfolgt nicht auf ökonomischer Grundlage, sondern beruht auf einem breiteren Verständnis menschlichen Wohlergehens. Deshalb sollte die Frage, welche politischen Formen für menschliches Wohlergehen zu sorgen vermögen, beantwortet werden, bevor man sich um die Beantwortung der Frage bemüht, welches Wirtschaftssystem eingeführt werden soll. Das heißt, das Gesamtpaket staatspolitischer Formen, die für menschliches Wohlergehen in all seinen Dimensionen zu sorgen vermögen, setzt den möglichen Strukturen einer gerechten politischen Ökonomie Grenzen.

Vernetzte Gesellschaften werden dem Prinzip der Förderung von Differenz ohne Herrschaft gerecht und legen dadurch den Grundstein für ökonomische Ermächtigung. Vernetzte Gesellschaften können mit Hilfe eines nationalistischen oder mit Hilfe eines kosmopolitischen Modells angestrebt werden, aber wenn man eine politische Ökonomie zu Wege bringen will, die zusätzlich dem Prinzip einer Differenz ohne Herrschaft gerecht wird, muss man zu einem polypolitanen Modell überwechseln.

Dieser Begriff lässt den Umstand hervortreten, dass jeder Einzelne die Möglichkeit besitzt, gleichzeitig mehr als einer politischen Gemeinschaft anzugehören, und bereits dieser Gedanke erhöht die Flexibilität, mit der wir über Grenzen, Zugehörigkeit und Einwanderung nachdenken. Ich plädiere mit anderen Worten für einen Analyseansatz des Zugangs zu politischer Ermächtigung, der die Möglichkeit anerkennt, dass Einzelpersonen über eine große Zahl verschiedenartiger Zugehörigkeiten in unterschiedlichen politischen Gemeinwesen und Organisationen verfügen. Zusammen genommen sollten die Zugehörigkeiten, die sie besitzen, zu ihrer politischen Ermächtigung auf den Ebenen der politischen Entscheidungsfindung führen, von denen sie jeweils betroffen sind. Doch diese Betrachtungsweise, wie jede einzelne Person Zugehörigkeiten und Zugangswege zu politischer Ermächtigung auf sich vereint, ermöglicht auch mehr Beweglichkeit im Hinblick darauf, wie wir über Einwanderung, Migration, Grenzen und die globalen Bewegungen der Arbeitskraft denken. Der Wert dieser Beweglichkeit besteht darin, dass sie den Schutz politischer Ermächtigung bzw. politischer Gleichheit in die Grundlagen jeder gerechten politischen Ökonomie einbaut und gleichzeitig das Gesamtpaket politischer Formen maximiert, die zur Verfügung stehen, um die Maximierung des ökonomischen Wohls auf der ganzen Erde voranzutreiben.

In ihrem Bemühen, eine maximal egalitäre Verteilung der Früchte der Produktivität zu erreichen, sind die Ökonomen nun aber versucht gewesen, ein Kastensystem zu befürworten. Dies war der Versuch, eine Antwort auf die Fragen zu finden, welche die politische Philosophie ihnen vorgelegt hatte. Das vorherrschende Paradigma hatte die Frage aufgeworfen: Wie können wir die Früchte der weltweiten Produktivität so verteilen, dass auch die am schlechtesten Gestellten davon profitieren? Weyl und Posner haben auf diese Frage mit der Behauptung geantwortet, dass uns das gelingen kann, wenn wir die politische Gleichheit preisgeben. Auch Rawls hat dafür plädiert, dass in manchen Fällen politische Gleichheit geopfert werden müsse. Mit anderen Worten haben Philosophen den Ökonomen eine Frage gestellt, in der politische Gleichheit implizit aus der Gleichung herausgekürzt worden war, und Ökonomen haben diese Frage durch ihre explizite Herauskürzung beantwortet. Diese Art von Antwort – den Vorschlag der Wiedereinführung eines Kastensystems – erhalten wir, *weil* wir die politische Gleichheit bereits aus der Gleichung herausgekürzt hatten, um deren Lösung wir die Ökonomen baten. Wir haben aufgehört, ihnen die Wichtigkeit der politischen Gleichheit zu vermitteln. Doch können wir eine andere politische Ökonomie entwickeln, wenn wir eine andere Frage auf die Tagesordnung setzen?

Mit dem Ideal einer vernetzten Gesellschaft vor Augen und den flexiblen Möglichkeiten, die der Polypolitanismus bietet, stehen uns neue Wege offen, für ökonomische Ermächtigung zu sorgen. Im fünften und letzten Kapitel möchte ich mich der Frage zuwenden, wie in einer nach einem polypolitanen Zugehörigkeitsmodell strukturierten Welt für ökonomische Ermächtigung gesorgt werden kann.

Fünftes Kapitel
Ökonomische Ermächtigung

I. Einleitung: Ökonomische Ermächtigung

Im Laufe der ersten vier Kapitel mögen sich bei manchen Leserinnen und Lesern durchaus quälende Fragen in Bezug auf die Behauptung eingestellt haben, dass politischer Gleichheit in einer Theorie der Gerechtigkeit Vorrang eingeräumt werden müsse. Bestimmt ist zum Beispiel die Frage aufgekommen, ob die Menschen für die politische Gleichheit, die mir vorschwebt, nicht materielle Unterstützung benötigen würden. Oder die Frage, warum man soziale Verbundenheit oder soziale Gleichheit anstreben soll, wenn sich daraus große materielle Ungleichheit und Machtunterschiede ergeben? Dass sich meine Argumentation durchgängig auf das Thema der politischen Gleichheit konzentriert hat, mag mit anderen Worten wie ein vorsätzliches Ausweichen gewirkt haben, als ob ich einigen der schwersten Probleme ganz einfach keine Beachtung schenken wollte, vor denen die Bürgerinnen und Bürger der entwickelten Demokratien und ihre Repräsentanten gegenwärtig stehen, nämlich den politisch-ökonomischen Problemen. Schließlich werde die Welt der Politik innerhalb der Grenzen jeder einzelnen entwickelten Demokratie von den Folgen erheblich gewachsener Ungleichheit geplagt. Zudem scheinen in den USA andere, tiefsitzende Arten von Ungleichheit – zum Beispiel struktureller Rassismus –

die Aussicht auf eine wirklich vernetzte Gesellschaft in weite Ferne zu rücken.

Ich habe bisher von einer Erörterung der politischen Ökonomie abgesehen, um uns zum Nachdenken über andere als materielle Formen von Gleichheit zu zwingen und um ökonomischen Fragen innerhalb des Gefüges aus menschlichem Streben und Gerechtigkeitstheorien wieder ihre alte, untergeordnete Rolle zuzuweisen. Diese Strategie macht Anleihen bei Hannah Arendts philosophischer Perspektive. Meines Erachtens sollte man ökonomische Fragen als entscheidende Absicherung der Basis von politischer Gleichheit und menschlicher Freiheit, aber nicht als Zwecke an sich betrachten. Nach meinem Verständnis sind politische Gleichheit und menschliche Freiheit von intrinsischem Wert, wohingegen ökonomische Gerechtigkeit eine instrumentelle Zielsetzung darstellt. Wir streben nach ökonomischer Gerechtigkeit bzw. besser gesagt nach ökonomischem Egalitarismus, um politische Gleichheit und menschliche Freiheit sicherzustellen. Die dafür erforderliche politische Ökonomie wird sich uns nur dann erschließen, wenn wir uns zwingen, nach der Ökonomie erst zu fragen, wenn wir uns den Inhalt politischer Gleichheit klargemacht haben. Das haben wir im Laufe der ersten vier Kapitel erledigt, weshalb wir jetzt bereit für jene politisch-ökonomischen Fragen sind.

Ich möchte noch einmal daran erinnern, dass die Entwicklung einer mit dem Prinzip einer Differenz ohne Herrschaft vereinbaren politischen Ökonomie auf die Förderung von politischer Gleichheit abzielt. Nach diesem Verständnis von Gerechtigkeit besteht das Ziel der politischen Ökonomie darin, für ökonomische Ermächtigung zu sorgen, also für eine Ökonomie, die Bürgerinnen und Bürger auf breiter Front zu gelingender, aktiver Bürgerschaft ermächtigt. Den Gedanken von »ökonomischer Ermächtigung« möchte ich jetzt näher ausführen. Ich verwende diese Formulierung zur Bezeichnung einer politischen Ökonomie, die vier Dinge tut: Erstens sollte sie für die materielle Basis von Ermächtigung sorgen. Um George Marshalls Ankündigung des Marshall-Plans nach dem Zweiten Weltkrieg zu paraphrasieren, benötigen wir eine funktionstüchtige Ökonomie – die Wachstum und Produktivität bringt sowie stabile Transaktionen und Preise (das Gegenteil von Venezuela) –, »welche die Entstehung von politischen und sozialen Bedingungen erlaub[t], unter denen es freie Institutionen geben kann«. Zweitens sollte die ökonomische Produktionsstruktur so gestaltet werden, dass sie mit dem Prinzip einer Differenz ohne Herrschaft harmoniert. Das heißt schwerpunktmäßig stützt sich die Ökonomie auf freie Arbeit. Drittens sollte die auf politischen Entscheidungen beruhende Distributionsstruktur der Ökonomie demokratischer Steuerung unterliegen und nicht vollständig Technokraten überlassen werden. Experten wären wertvolle Ratgeber, sollten aber selbst keine Entscheidungen treffen. Und viertens schließlich sollten die Produktivkräfte und die Distributionsentscheidungen so organisiert werden und so vorgehen, dass sowohl die positiven als auch die negativen gleichen Grundfreiheiten geschützt werden, darunter das Recht auf Eigentum und private Vertragsfreiheit sowie das Recht auf politische Teilhabe und auf politische Gleichheit. Mit anderen Worten sollten weder das Strukturierungssystem der Produktion noch die Rahmenbedingungen der Verteilung die Grundfreiheiten oder den Zugang zu politischer Gleichheit untergraben.

Insgesamt ist die für freie Institutionen notwendige politische und soziale Bedingung eine produktive Ökonomie, deren Operationsgrundlage freie Arbeit ist und die ökonomische Gewinne auf weitgehend egalitäre Weise verteilt. Letzteres macht eine demokratische Steuerung der Wirtschaft erforderlich; Reichtum darf die politische Entscheidungsfindung nicht dominieren – damit er nicht auf Dauer die Mieten abschöpft und einen Großteil der Produktivitätsgewinne einstreicht – und auch nicht die materielle Basis der Ermächtigung anderer aushöhlen. Die Bedeutung der freien Arbeit für die Existenz von ökonomischer Ermächtigung macht eine Form von politischer Ökonomie erforderlich, die ihr Augenmerk in gleichem Maße auf die Produktion wie auf die Verteilung bzw. Umverteilung richtet. Und schließlich muss diese Art von politischer Ökonomie auf dem Schutz der Grundrechte fußen, zu denen das Recht auf Eigentum und private Vertragsfreiheit gehören. Deshalb zeichne ich das Bild einer kapitalistischen Ökonomie mit zwei Schlüsselmerkmalen: Erstens stützt sie sich auf freie, da auf Ermächtigung beruhende Arbeit; und zweitens wird sie unter Hinzuziehung von Expertenratschlägen demokratisch und nicht durch eine technokratische Elite gesteuert, die über die Köpfe der Politiker hinweg oder außerpolitisch agiert. In diesem Bild gründet politische Ökonomie auf Nicht-Beherrschung sowohl in der privaten als auch in der öffentlichen Sphäre. Aufgabe dieses Kapitels wird die inhaltliche Ausarbeitung einer politischen Ökonomie sein, die eine so definierte »ökonomische Ermächtigung« anstrebt.

II. Einbeziehung ökonomischer Schlüsselideen in die Argumentation des Buches

Wissenschaftler und Intellektuelle machen sich zur Zeit viele Gedanken über Fragen der Ungleichheit, aber ihre Analyse ist meiner Meinung nach in erster Linie deshalb nicht besonders gut, weil wir uns nur selten die Zeit nehmen, zwischen verschiedenen Arten von Gleichheit (und dadurch von Ungleichheit) zu unterscheiden, die uns Sorgen bereiten können. Wo Ungleichheit kritisiert wird, richtet die Kritik sich normalerweise zunächst auf materielle Ungleichheit. Ziel dieses Buches ist es gewesen, zuerst die moralische Gleichheit, die politische Gleichheit und die soziale Gleichheit der Menschen auf die Tagesordnung zu setzen und ihnen dadurch eine Vorrangstellung zu verschaffen. Ich habe behauptet, eine Theorie der Gerechtigkeit müsse mit der Anerkennung der moralischen Gleichheit der Menschen beginnen und Gerechtigkeit bestehe im Lichte dieser Gleichheit im Schutz von negativen wie positiven Freiheiten, privater wie öffentlicher Autonomie, Freiheit in der Privatsphäre sowie politischer Gleichheit bzw. gleicher, nicht-verhandelbarer, das heißt unentbehrlicher positiver Freiheit.

Nachdem ich Gerechtigkeit auf diese Weise definiert hatte, habe ich darauf aufmerksam gemacht, dass Gerechtigkeit als solche anscheinend Paradoxien erzeugt, die sie selbst untergraben. Zunächst einmal ruft Vereinigungsfreiheit soziale Differenzen hervor. Diese können sich leicht mit Herrschaftsmustern verknüpfen. Entsprechend denken wir zweitens, dass vom Schutz der privaten Vertragsfreiheit (und deshalb des Rechts auf Eigentum) die Erzeugung von Einkommens- und Vermögensunterschieden zu erwarten ist, die sich ebenfalls leicht mit Herrschaft verknüpfen. Diese Beobachtungen führten dann zu einem zweiten Prinzip. Als Erstes macht Gerechtigkeit den Schutz positiver und negativer gleicher Grundfreiheiten erforderlich, die jeweils als unentbehrlich betrachtet werden. Zweitens macht Gerechtigkeit es erforderlich, dass der Schutz dieser Grundfreiheiten so organisiert wird, dass Differenz ohne Herrschaft gewährleistet ist.

Aus dem Ziel, dass diese beiden Prinzipien in wechselseitigem Bezug aufeinander funktionieren sollen, ergibt sich ein *Circulus virtuosus*, durch den in der Welt des Sozialen und der Ökonomie – deren Struktur auf dem Schutz der Grundrechte beruht – das Projekt des Grundrechtsschutzes ebenfalls eher gestärkt als unterminiert wird. (Vgl. Abb. 1, S. 87.)

Mit dem Anspruch, einen solchen *Circulus virtuosus* der wechselseitigen Verstärkung der Gebiete des Politischen, Sozialen und Ökonomischen zu erreichen, geht innerhalb der Sphäre des Grundrechtsschutzes nicht nur die Notwendigkeit formaler, den zivilen und politischen Rechten gewidmeter Institutionen einher, es muss außerdem sichergestellt werden, dass die gesetzlichen Rahmenbedingungen, die Grund und Boden, Arbeitskraft und Kapital organisieren, ebenfalls zur Ermächtigung der Bürgerinnen und Bürger und zur Stärkung ihrer Grundrechte beitragen. Die Organisationsweise von Grund und Boden, Arbeitskraft und Kapital sollte gewährleisten, dass Arbeit in dem Sinne frei ist, dass die Arbeiter keiner Herrschaft unterworfen sind. Diese Organisationsweise sollte sicherstellen, dass die der Ökonomie zugrunde liegenden Rahmenbedingungen durch demokratische Entscheidungsfindung gesteuert werden, sodass Informationen über die Distributionseffekte der wirtschaftlichen Organisationsweise durch eine Rückkopplungsschleife auf die Entscheidungsfindungsebene zurückfließen und ständig Anpassungen in Richtung von mehr Egalitarismus vorgenommen werden können. Und schließlich sollten Grund und Boden, Arbeitskraft und Kapital nach gesetzlichen Rahmenbedingungen organisiert werden, die Grundrechte wie die Vertragsfreiheit, das Recht auf Eigentum, Vereinigungsfreiheit sowie positive Teilhaberechte schützen.

Im Zuge ihrer ganz gewöhnlichen, alltäglichen Arbeitsweise geben noch die liberalsten politischen Institutionen die gesetzlichen Rahmenbedingungen für die Organisationsweise von Grund und Boden, Arbeitskraft und Kapital vor. Festzustellen, dass die Regelungen für Grund und Boden, Arbeitskraft und Kapital Teil der Grundstruktur sind, und vorzuschlagen, sich mit diesen Gebieten unter dem Gesichtspunkt von Grundrechten zu befassen, heißt nicht, dass man neue Interventionsbereiche vorschlägt, sondern eher, dass bestehende Interventionsstrukturen – in Form des Rechts – zum Schutz von gleichen Grundrechten und politischer Gleichheit genutzt werden. Im 18. Jahrhundert hat der Jurist und Philosoph Cesare Beccaria das folgendermaßen formuliert: »Die Menschen überlassen meistens die wichtigsten Regelungen der alltäglichen Klugheit oder dem Gutdünken derjenigen, deren Interesse es ist, sich den segensreichsten Gesetzen in den Weg zu stellen, welche natürlicherweise die Vorteile verallgemeinern und sich jener Gewalt widersetzen, die dahin tendiert, diese Vorteile sich in der Hand weniger verdichten zu lassen, so daß auf der einen Seite Macht und Glücksgüter aufgehäuft sind, auf der anderen aber Schwäche und Armut.«[1]

An dieser Stelle möchte ich ein kurzes Beispiel für die Rolle von Gesetzen bei der Schaffung einer sozioökonomischen Grundstruktur anführen und greife dabei auf die Person Thomas Jeffersons zurück, der zu den Begründern der US-amerikanischen Staatsordnung gehört. Jefferson ist nicht bloß für seinen Entwurf der Unabhängigkeitserklärung, als erster Außenminister und dritter Präsident der Vereinigten Staaten berühmt. Er war auch dafür verantwortlich, dass in den Anfangsjahren der USA das Erstgeborenenrecht ein Ende fand, durch das im Fall von Erb-

1 Cesare Beccaria, *Von den Verbrechen und von den Strafen.* Aus dem Italienischen von Thomas Vormbaum, Berlin 2005 [1764], S. 6.

schaften der gesamte Besitz auf den erstgeborenen Sohn übergeht. Er sah diese Form des Erbschaftsrechts als etwas an, das der Absicherung des europäischen Systems großer aristokratischer Ländereien diente. Um politische Gleichheit zu bewahren, mussten seiner Meinung nach in einer demokratischen Republik Grund und Boden und Kapital auf eine Weise organisiert werden, die der auf eine kleine Elite konzentrierten Reichtumsakkumulation entgegenwirkte. Dabei dachte er an die Aufteilung großer Ländereien in ein Geflecht aus Grundstücken von eher mittlerer Größe. Dies war Teil des Versuchs, die berühmte Ökonomie der Mitte bzw. Mittelschicht zu gewährleisten, die neben Jefferson und Marshall auch Aristoteles für notwendig hielt, wenn ein stabiles politisches Gemeinwesen in der Lage sein sollte, die Bedingungen für menschliches Wohlergehen und das Entstehen von freien Institutionen sicherzustellen.

Wenn wir uns der Frage widmen, wie eine Ökonomie aussehen muss, die für Differenz ohne Herrschaft sorgt, das heißt für »ökonomische Ermächtigung«, müssen wir die Debatte erneut zurück auf die Frage lenken, wie die gleichen Grundfreiheiten geschützt werden sollen. Wie in der Welt des Sozialen können wir davon ausgehen, dass der Schutz von gleichen Grundfreiheiten im Eigentums-, Vertrags- und Vereinigungsrecht in der Welt der Ökonomie Differenzen hervorrufen wird.[2] Doch wie können wir die gleichen Grundfreiheiten auf eine Weise schützen, die vermeidet, dass Herrschaft aus diesen, in der Welt der Ökonomie auftretenden Formen von Differenz entsteht?

Wie in der Welt des Sozialen macht der Maßstab des Strebens nach Differenz ohne Herrschaft auch in der der Ökonomie nicht unbedingt die Schaffung von neuen poli-

2 Vgl. Nozicks Aufsatz »Verteilungsgerechtigkeit«.

tischen Programmen oder Maßnahmen notwendig. Vielmehr verlangt er eine Überprüfung der gegenwärtigen Politik in allen wirtschaftspolitischen Bereichen wie der Arbeitsmarktpolitik, der Handelspolitik, der Betriebsorganisation usw. mit Blick auf die Einschätzung, inwiefern diese gegenwärtige Politik die gleichen Grundfreiheiten schützt oder nicht. Dort, wo sie es entweder versäumt, die gleichen Grundfreiheiten zu schützen, oder eine strenge Überprüfung, ob sie für Differenz ohne Herrschaft sorgt, nicht besteht, müssen wir unsere Politik korrigieren. Während viele der gegenwärtigen wirtschaftspolitischen Ansätze nach einer Vorstellung von Gerechtigkeit strukturiert sind, die ihr Augenmerk in erster Linie auf die Verteilung materieller Güter richtet, vertrete ich eine alternativen Ansatz, der eher auf einem Bild von Gerechtigkeit beruht, das sich grundsätzlich auf politische Gleichheit bzw. egalitäre Ermächtigung stützt.

Wenn wir dieses strenge Überprüfungsprinzip für Differenz *mit* Herrschaft auf die Welt der Ökonomie anwenden, stechen drei Probleme unmittelbar ins Auge. Auf Seiten der Produktion wird die Freiheit der Arbeit durch die gegenwärtige Funktionsweise der Betriebe gefährdet; im Zusammenhang damit macht die notwendige Freizügigkeit der Arbeitskraft ein Achten darauf erforderlich, dass die Stimme der Arbeitnehmer in einwanderungspolitischen Kontexten Gehör findet. Auf Seiten der Distribution scheinen egalitäre Verteilungsweisen der Produktivitätsgewinne teilweise deshalb auf der Strecke geblieben zu sein, weil von einer demokratischen Steuerung der Wirtschaft Abstand genommen wurde. Das wird deutlich, wenn man sich die Maßnahmen, die Ökonomen zur Verringerung von Einkommensungleichheit vorgeschlagen haben, und die Probleme näher ansieht, die diesen Vorschlägen innewohnen. Und schließlich deutet auch das beträchtliche Wachsen der Ungleichheit in den entwickelten Ländern auf die Aushöhlung bürgerschaftlicher Ermächtigung hin, da die Landschaft der politischen Entscheidungsfindung zunehmend von Vermögensbesitzern dominiert wird.[3] Für eine Anwendung des Prinzips von Differenz ohne Herrschaft auf die Wirtschaft muss man die Funktionsweise der Firmen überdenken und die Einwanderungspolitik als Teil der politischen Ökonomie betrachten. Außerdem muss man Lösungen für die Einkommensungleichheit finden, die Ermächtigung wiederherstellen, statt ihre Aushöhlung zu verstärken. Im Folgenden möchte ich Wege für all diese Dinge bahnen.

Es sei noch ein weiterer Punkt dafür angeführt, wie sich Differenz ohne Herrschaft auf die Erwägung von Fragen ökonomischer Gerechtigkeit auswirkt. Nicht nur beeinflusst die Art und Weise, wie wir unsere Grundfreiheiten schützen, direkt die Wirtschaftsergebnisse dahingehend, wie Betriebe arbeiten, oder dahingehend, wer bei ökonomischen Entscheidungen seine Macht geltend macht. Wirtschaftsergebnisse entspringen ebenso unseren sozialen Strukturen. Man rufe sich erneut das Beispiel der Segregation in Erinnerung. Diese Art von Sozialstruktur führt zu spezifischen, nichtegalitären Verteilungsmustern von materiellen Gütern. Wenn wir nach ökonomischem Egalitarismus streben, ist daher die Anwendung des Prinzips einer Differenz ohne Herrschaft in der Welt des Sozialen genauso wichtig wie in der Welt der Ökonomie. Gerade unter pluralistischen Bedingungen können wir eine egalitäre Ökonomie, die herrschaftsfreie Differenz erschafft, nur dann erreichen, wenn die zugrunde liegende pluralistische Sozialstruktur ebenfalls egalitär ist. Und in der Welt des Sozialen kann man in Umkehrung des Bildes, das die Segregation

3 Gilens, *Affluence and Influence*.

abgibt, annehmen, dass die Entstehung einer vernetzten Gesellschaft sich egalitärer auf die Verteilungsmuster der ökonomischen Ressourcen auswirkt.[4]

Insgesamt schlage ich vor, die Ökonomie als Instrument zu betrachten, das die Bedingungen menschlichen Wohlergehens vor dem Hintergrund von dessen Definition als einer Frage der Freiheit sicherstellen soll – das heißt vor dem Hintergrund des Erlangens privater und öffentlicher Autonomie, die beide auf politischer Gleichheit beruhen.

III. Produktivkräfte – Freie Arbeit

Ich bin keineswegs die erste politische Theoretikerin oder politische Philosophin, die versucht, politisch-ökonomische Themen von einem Verständnis von Gerechtigkeit aus anzugehen, das seinen Ausgang von öffentlicher Autonomie und privater Autonomie, politischer Gleichheit oder Demokratie in einigen ihrer Lesarten nimmt. Sowohl Elizabeth Anderson als auch Carol Gould haben bereits an eine solche Argumentationsweise herangeführt. Wir können an ihre Auffassungen anknüpfen, um auf den notwendigen Schutz von freier Arbeit hinzuarbeiten.

Mit ihrem berühmten Aufsatz »Warum eigentlich Gleichheit?« hat Elizabeth Anderson diesen Forschungsbereich im Jahr 1999 angestoßen. Wie meine Vorlesungen kritisiert auch dieser Aufsatz John Rawls' *Theorie der Gerechtigkeit* dafür, dass sie es versäumt, politischer Gleichheit auf angemessene Weise Anerkennung zu zollen und Schutz zu ge-

4 Siehe Kapitel 3.

währen. Im Laufe der Jahre hat Anderson ihre Gleichheitsanalyse zu einer Theorie der Freiheit erweitert, die ihr Augenmerk auf das Zustandekommen einer Verknüpfung von negativer Freiheit, positiver Freiheit und republikanischer Freiheit richtet – auf eine Kombination aus Freiheit vor Einmischungen, Partizipationsfreiheit und Herrschaftsfreiheit. In ihren Tanner-Lectures »Liberty, Equality, and Private Government« hat Elizabeth Anderson im Jahr 2015 dafür plädiert, diese Theorie der Freiheit auf die Organisationsform kapitalistischer Firmen anzuwenden und Rahmenbedingungen für eine Neufassung der Arbeitnehmerrechte bestimmt. In den USA, macht sie geltend, »ist die Außengrenze der Firma als der Punkt *definiert*, an dem die Märkte [und die Marktfreiheiten] aufhören und die autoritäre Planung und Leitung anfängt«. Und sie fährt fort: »Warum erkennen wir einen solchen allgegenwärtigen Teil unserer sozialen Verhältnisse nicht als das, was er ist? Sollten wir diese Regierungsformen nicht mindestens ebenso sehr der kritischen Überprüfung unterziehen, wie wir sie dem demokratischen Staat angedeihen lassen?« Anderson vertritt die These, dass wir für Gerechtigkeit sicherstellen müssen, dass vertikale Beziehungen oder Verbindungen innerhalb von Organisationen wie Firmen oder anderen ökonomisch tätigen Einheiten nicht durch Herrschaft gekennzeichnet sind.[5] Die dafür relevanten Fragen können von Abfindungen, Arbeitsplatzmanagement, Unternehmenseigentum bis zu Fragen wie der Arbeitszeitgestaltung und der Gewährung von Toilettenpausen reichen. Unter dem Gesichtspunkt, ob die Arbeitnehmer Gelegenheit haben, sich an der Zivilgesellschaft und am politischen Leben zu beteiligen, ob sie ihre gesamte Zeit für die Befriedigung ihrer Grundbedürfnisse aufwenden müssen oder ob die herr-

5 Elizabeth Anderson, *Private Regierung*, S. 82f.

schenden willkürlichen Arbeitsstundenzuweisungen dazu führen, dass sie keine anderen Aktivitäten planen können, ist die Arbeitszeitgestaltung besonders wichtig.[6] Und sie schließt mit einem Plädoyer für Gesetzesreformen, welche die Freiheit der Arbeitnehmer und ihre Beteiligung an der Unternehmensführung nach dem Modell des deutschen Mitbestimmungssystems fördern, das sie als gelungenes Beispiel würdigt. Auch Carol Gould wendet eine vom Eintreten für das Wohl der Demokratie ihren Ausgang nehmende Theorie der Gerechtigkeit auf die politische Ökonomie an und plädiert in diesem Rahmen ihrem Ideal entsprechend in den Betrieben für Mitarbeiterbeteiligung und Selbstverwaltung und als zweitbeste Möglichkeit für Mitbestimmung und Unternehmensdemokratie.[7] Der erste Schritt hin zu einer politischen Ökonomie ökonomischer Ermächtigung, wie Anderson und Gould ihn entwickelt haben, hat sich mit anderen Worten auf die Unternehmenstheorie konzentriert und eine Wiedereinführung von Prinzipien menschlicher Freiheit in die gesetzlichen Rahmenbedingungen für Arbeitgeber-Arbeitnehmer-Beziehungen und Unternehmensführung angestrebt.

In den Argumentationen von Anderson und Gould sind zwei besonders wertvolle Gedanken enthalten. Erstens eröffnen sie die Aussicht auf eine Neuentwicklung von Freiheit und sozialer Gleichheit am Arbeitsplatz selbst, und zwar sogar an Arbeitsplätzen mit zwangsläufig hierarchi-

---

6 Rose, *Free Time*.

7 Gould, »Democratic Management and International Labor Rights«, und außerdem dies., *Globalizing Democracy and Human Rights*, Cambridge 2004; dies., »Structuring Global Democracy. Political Communities, Universal Human Rights, and Transnational Representation«, in: *Metaphilosophy* 40.1 (2009), S. 24-41, und dies., *Interactive Democracy*. Vgl. Hacker, »The Institutional Foundations«; Polanyi, *The Great Transformation*.

scher Arbeitsteilung. Auf diese Weise bringen sie die Sache der Differenz ohne Herrschaft voran, weil sie Instrumente bestimmen, die verwendet werden können, um Arbeitsverträge so zu gestalten, dass die in einer kapitalistischen Ökonomie entstehenden Ausdifferenzierungsformen die egalitäre Ermächtigung nicht unterhöhlen.

Zweitens, was sogar noch wichtiger ist, erfolgt innerhalb ihrer ökonomischen Argumentationsweise eine Fokusverlagerung von Transaktionen auf Beziehungen. Sie fragen nicht in erster Linie danach, welche Lohn- oder Vergütungsstruktur in einem Betrieb bestehen sollte, sondern danach, welche Beziehungsstruktur herrschen sollte. Dem liegt die Annahme zugrunde, dass ein demokratieförderliches Beziehungsgefüge in einem Betrieb auch die Transaktionen in eine demokratieförderliche Richtung gehen lässt. Auch hier liefert das Beispiel Deutschland – wo die Bezahlung auf niedrigen Führungsebenen mit Mitarbeiterbeteiligung verknüpft ist – wieder Belege, die diese Hypothese stützen.

An dieser Stelle möchte ich kurz innehalten, weil sich meiner Meinung nach aus diesem Gedanken einer Fokusverlagerung von Transaktionen auf Beziehungen eine grundlegende Neuausrichtung der politischen Ökonomie ergibt. Dazu angeregt wurde ich durch die Arbeit des Ökonomen Glenn Loury, der einen neueren Aufsatz mit dem Bild eines Ökonomen beginnt, der den Albtraum, dass Ökonomie als Fach Rassenungleichheit weder erklären noch behandeln kann, dadurch abwehrt, dass er für sich eine Art tantrisches Mantra entwickelt:[8] »Beziehungen gehen vor Transaktionen, Beziehungen gehen vor Transaktionen, Beziehungen gehen vor Transaktionen …«, sagt der von Lou-

8 Glenn Loury, »Relations before Transactions. A Personal Plea«, in: Allen / Somanathan (Hg.), *Difference without Domination,* Kap. 7.

ry erfundene Ökonom in dem Versuch vor sich hin, sich von der nachdrücklichen Konzentration seines Faches auf Transaktionen zu befreien. Loury hat dieses Mantra sogar dazu genutzt, um innerhalb des ökonomischen Faches selbst einen relationalen Turn anzustoßen. Wenn er irgendeinen gesellschaftlichen Raum nach Ungleichheiten absucht, geht er mithin von der Annahme aus, dass die Erklärung für die betreffende Ungleichheit nicht in einer Reihe von Tauschgeschäften oder Transaktionen liegt, sondern in der zugrunde liegenden Relationalitätsstruktur, die als solche die betreffenden nicht-egalitären Transaktionen verursacht. In Zusammenarbeit mit seinem Kollegen Rajiv Sethi über Probleme des Verbrechens und Strafens hat Loury zum Beispiel gezeigt, dass schon Stereotypien zu sozialen Ungleichgewichten beitragen können, durch die sich unterschiedliche Kriminalitäts-, Verurteilungs- und Inhaftierungsraten erklären lassen. Wenn wir in Organisationen und Institutionen eine nicht-zufällige Verteilung von Menschen vorfinden, ist das in Lourys Augen Anlass für eine Untersuchung. Dann hat man Grund sich zu fragen, welcher nicht-zufällige Prozess zu diesem Ergebnis geführt hat. Doch die bloße Tatsache, dass ein nicht-zufälliger Prozess zu einem Ergebnis geführt hat, bei dem beispielsweise die Zahl der preisgekrönten Dichter im Land der Lyrikfans in keinem Verhältnis zur Bevölkerungszahl des Landes der Lyrikfans steht, spricht diesem Ergebnis als solchem nicht die Legitimität ab. Zunächst einmal muss man herausfinden, ob jener nicht-zufällige Prozess, der dazu geführt hat, dass sich in der Zahl der preisgekrönten Dichter nicht die Demografie der Landesbevölkerung widerspiegelt, seinerseits legitim oder illegitim ist. Zur Unterscheidung von illegitimen und legitimen sozialen und institutionellen Prozessen kann ein Prinzip der Nichtbeherrschung dienen. Legitime soziale Prozesse sind Prozesse, die frei von Herrschaft sind, auch wenn sie zu unterschiedlichen Ergebnissen führen. Um Probleme materieller und sozialer Ungleichheit in Angriff zu nehmen, sollte man sich deshalb nicht bloß auf transaktionale Verteilungskonzepte konzentrieren, sondern auf das Bewerkstelligen von Chancenverteilungsprozessen und -praktiken, die sich durch Nichtbeherrschung auszeichnen. Während die Überrepräsentation von Menschen aus dem Land der Lyrikfans bei Preisverleihungszeremonien kein Grund zur Besorgnis sein dürfte, ist das für die Unterrepräsentation von Frauen in den Wissenschaften sehr wohl der Fall. Bei Ersterer ist es nicht sehr wahrscheinlich, dass sie aus relationalen Herrschaftsstrukturen resultiert, bei Letzterer dagegen ziemlich wahrscheinlich.

Ich lege das so ausführlich dar, weil es dazu beiträgt, ein Kernproblem von Rawls' Differenzprinzip schärfer hervortreten zu lassen. In liberalen Demokratien steht Rawls' Differenzprinzip, wie gesagt, gegenwärtig im Zentrum einer großen Zahl von politischen Entscheidungsfindungsprozessen. »Soziale und ökonomische Ungleichheiten«, hat Rawls geschrieben, müssen der Bedingung genügen, dass sie »den größten Vorteil für die am wenigsten begünstigten Mitglieder der Gesellschaft bringen« (*Politischer Liberalismus*, S. 406). Dieses Prinzip ist fast ausschließlich dazu verwendet worden, Fragen zu behandeln, wie begabte, beruflich erfolgreiche Menschen vergütet und wie in einer von eben diesen begabten Fachleuten betriebenen Wachstumsökonomie die Löhne verteilt und wichtiger noch umverteilt werden sollten. Der Fokus liegt mit anderen Worten voll und ganz auf Transaktionen und richtet sich auf private Vergütungsverträge sowie öffentliche soziale Wohlfahrtsverträge. Lourys Mantra – Beziehungen gehen vor Transaktionen – will darauf hinaus, dass die Ökonomie der Gegenwart wie der Liberalismus Rawlsscher Prägung die Frage der einer Volkswirtschaft zugrunde liegenden sozialen Beziehungsstruktur vollständig übersieht, die Chancenverwertungsmuster, Produktionsmodelle und Verteilungsmuster erster Ordnung erzeugt, die aller steuerbasierten Umverteilung vorausgehen. Die neoliberale Wirtschaftsordnung – mit zunehmenden Renditen für Kapitaleigner und Besitzer von hohen Bildungsabschlüssen – führt zu einer asymmetrischen Verteilung, und Rawls' Prinzip bietet eine Möglichkeit, diese Asymmetrie durch Umverteilung zu korrigieren oder abzumildern. Aber Rawls' Prinzip gibt keine Mittel an die Hand, die zugrunde liegenden Relationalitätsstrukturen zu thematisieren, die diese hochgradig asymmetrische Verteilung überhaupt erst hervorbringen.

Loury fordert uns in seiner Eigenschaft als Ökonom auf, unsere Aufmerksamkeit wieder der grundlegenden Organisationsweise der Wirtschaft zuzuwenden. Anderson und Gould hatten eine solche Umkehr durch ihre Fokussierung auf die Struktur und Organisationsform von Betrieben angestoßen – die einen Schlüsselbestandteil unserer Organisationsweise von Arbeitskraft und Kapital darstellen. Wir könnten aber einen noch umfassenderen Identifizierungs- und Reformierungsversuch der Gesetze unternehmen, welche jene Relationalitätsformen strukturieren, auf denen alle bestehenden Ökonomien beruhen. Anderson und Gould haben eine Strategie vorgelegt, um Herrschaft am Arbeitsplatz zu beheben, aber es könnte sein, dass sie damit eher ein Symptom als die dem Problem zugrunde liegende Ursache angehen. Wie hat es überhaupt zu Herrschaft am Arbeitsplatz kommen können, und zwar in einigen Wirtschaftszweigen stärker als in anderen? Das Projekt der Schaffung von ökonomischer Ermächtigung oder, wie Marshall es ausgedrückt hat, von funktionsfähigen Ökonomien, »welche die Entstehung von politischen und sozialen Bedingungen erlauben, unter denen es freie Institutionen geben kann,« macht eine Verständigung darüber erforderlich, wie eine Organisationsweise von Grund und Boden, Arbeitskraft und Kapital aussehen müsste, welche die Entstehung von Herrschaft von vornherein unterbindet. Die Stärkung der Arbeitnehmerrechte ist sicherlich ein Teil der Lösung, aber nur ein Teil. Politische Ermächtigung in Bezug auf Wohnungsbau, Verkehrswesen, Gebietsaufteilung, politische und steuerliche Bezirkseinteilung ist ein anderer. Ich habe sie in Kapitel 3 mit Blick auf ihre sozialen Implikationen erörtert, aber sie haben natürlich auch ökonomische Implikationen, da diese Bereiche Chancen bieten und Mobilität fördern. Wenn man freie Arbeit bewirken will, geht es darum sicherzustellen, dass der Arbeitsplatz frei von Herrschaft ist, man muss aber auch sicherstellen, dass die Arbeitnehmer ein unbefriedigendes Arbeitsumfeld verlassen und sich auf Alternativen verlegen können. Wohnungsbau, Verkehrswesen und ähnliche Politikfelder müssen so organisiert werden, dass sie die Mobilität der Arbeitnehmer erhöhen, wenn freie Arbeit Wirklichkeit werden soll. Es gibt bereits Antworten auf all diese Probleme – häufig werden sie auf der Ebene der Städte und Bundesstaaten oder -länder entwickelt. Minneapolis hat seine Gebietsaufteilungsgesetze geändert, um eine größere Wohndichte zuzulassen und das Monopol der Reichen auf Wohnsitze in der Nähe der Arbeitsstelle zu brechen. Durch die Subventionierung einer für alle verpflichtenden, öffentlichen oder privaten Krankenversicherung erhält Massachusetts dauerhaft einen Markt aufrecht, der Krankenversicherung sowohl erschwinglich macht als auch zu einer angemessenen Gesundheitsversorgung werden lässt, und zwar unabhängig vom Arbeitgeber. In Massachusetts kann man einen Sprung wagen und seinen Job aufgeben, ohne auf den Zugang zu ärztlicher Versorgung verzichten zu müssen. Politische Programme, die sich positiv auf die Mobilität auswirken, beenden die Knechtschaft und verbessern die makroökonomische Gesamtlage. Wir müssen ein ganzes Bündel von politischen Programmen entwickeln, die in Menschen investieren, das Chancenmonopol einiger weniger aufbrechen, die Fallgruben des Wohnungswesens und der Gesundheitsversorgung (in den USA) beseitigen, aufgrund deren die Menschen an einem Ort verharren, und die Profite einer produktiven Wirtschaft allen zukommen lassen.[9]

Natürlich ist auch die Einwanderungspolitik für die politische Ökonomie von Belang, und zwar genau im Hinblick auf das Problem, dass die Freizügigkeit der Arbeitnehmer maximiert werden muss, ohne ihre politische Ermächtigung in den Aufnahmeländern zu untergraben. Das Problem notwendiger maximaler Arbeitskraftmobilität habe ich in Kapitel 4 über »Polypolitanismus« angesprochen. Dort habe ich eine Herangehensweise an die Einwanderungspolitik vorgeschlagen, die eine solche Mobilität unter der Auflage maximieren könnte, dass sich die Ausschlussgefahr der Arbeitnehmer von politischer Gleichheit sowie die Verwerfungen minimieren, die mit der Integration der Einwanderer einhergehen können. Als politisches Pro-

---

9 US-amerikanische Ökonomen haben damit begonnen, sich in der Wirtschaftspolitik auf »ortsbezogene« Modelle zu konzentrieren. Siehe zum Beispiel Reich, Jacobs, »All Economics is Local«; Jay Shambaugh, Ryan Nunn, *Place-Based Policies for Shared Economic Growth*, Brookings Hamilton Project, 28. September 2018 ⟨https://www.brookings.edu/multi-chapter-report/place-based-policies-for-shared-economic-growth/⟩; zu Wohnungswesen, Mobilität und Produktivität, siehe Gabriela Inchauste u. a., *Living and Leaving. Housing, Mobility and Welfare in the European Union*, World Bank Report on the European Union 2018 ⟨http://pubdocs.worldbank.org/en/507021541611553122/Living-Leaving-web.pdf⟩.

gramm habe ich ein Sponsorenmodell für die Einwanderung vorgeschlagen. Es lohnt sich, diesem Bild, wie eine Differenz ohne Herrschaft anstrebende Demokratie ihren Arbeitsmarkt strukturieren muss, ein weiteres Detail hinzuzufügen. Der Versuch, freie Arbeit zu gewährleisten, macht es nicht nur erforderlich, der politischen Stimme der Migranten in den wohlhabenden, entwickelten Demokratien, die sie aufnehmen, Gehör zu verschaffen; dafür ist es auch wichtig, in Bedingungen zu investieren, die freie Arbeit in den Entsendungsländern möglich machen würden. Während wir im Inland nach ökonomischer Ermächtigung streben und außerdem die Einwanderung steuern, um ein innenpolitisches Bekenntnis zu politischer Gleichheit sicherzustellen und das Aufkommen kontraproduktiver sozialer Verwerfungen zu verringern, sollten wir auch darüber nachdenken, wie an anderen Orten die Entstehung von ökonomischer Ermächtigung gefördert werden kann, damit wir unseren eigenen Wohlstand nicht auf die Ausbeutung anderer gründen, zum Beispiel auf die Arbeit von Arbeitnehmern ohne politische Stimme in instabilen Gesellschaften. Sogar die Außenpolitik kann für die politische Ökonomie von Belang sein. Die Gewährleistung freier Arbeit in wohlhabenden Ländern könnte es erforderlich machen, Investitionen zu tätigen, die in den Entsendungsländern die Entwicklung von Bedingungen für freie Arbeit begünstigen. Im Fall der USA würde sich dann zum Beispiel die Frage stellen, wie man zur Stabilisierung funktionsfähiger legaler Regierungen in Zentral- und Südamerika beitragen kann. Das Ziel besteht nicht darin, in anderen Ländern demokratische politische Institutionen zu schaffen, sondern lediglich darin, durch ökonomische Investitionen deren Entstehungsbedingungen zu verbessern – wie beim Marshall-Plan.

Eine politische Ökonomie freier Arbeit ist mit Themenkomplexen befasst, die von Arbeitnehmerrechten im Inland über Einwanderungspolitik bis zu Investitionen in Bedingungen reichen, die im Ausland freie politische Institutionen begünstigen können. Darauf müssen wir uns im Hinblick auf die Produktionsfaktoren konzentrieren. Jetzt sollten wir uns den Distributionsproblemen zuwenden.

IV. Demokratische Steuerung der Verteilung

Auf die Frage, wie in einer Volkswirtschaft die Produktivitätsgewinne verteilt werden, wird in den einzelnen Ländern mit politischen Entscheidungen der Legislative geantwortet. Doch hat in Bezug auf die Korrektur von problematischen Verteilungsmustern die Mehrheitsmeinung in der politischen Ökonomie ihr Augenmerk methodisch nicht darauf gerichtet, die politische Befähigung innerhalb der Bürgerschaft wiederherzustellen. Der Hauptvorstoß gegen Ungleichheit hat sogar eher zur Unterhöhlung der Grundlagen von politischer Gleichheit geführt.

In den späten 1980er Jahren haben Ökonomen zum ersten Mal eine dramatische Zunahme der Vermögens- und Einkommensungleichheit insbesondere in den Vereinigten Staaten und in Kanada festgestellt. Bis in die frühen 1990er Jahren hatten sie dann den technologischen Wandel, der hochqualifizierte Arbeitnehmer bei der Stellensuche bevorteilte, als den Hauptschuldigen ausgemacht. Aus dieser Diagnose zogen sie dann kurzerhand den Schluss, dass Bildung und Ausbildung, und zwar speziell in naturwissenschaftlichen, technischen und medizinischen Berufen Abhilfe schaffen würde. Das ließ sich aus Claudia

Goldins und Larry Katz' wichtigem Buch *The Race between Education and Technology* lernen.[10] Der beste Weg, die Lohnvorteile durch Bildung und Ausbildung zu verringern, behaupteten sie, bestände in der möglichst breiten Streuung von technologischen Qualifikationen in der Bevölkerung. Die breite Streuung dieser Qualifikationen würde Lohnvorteile durch Fachwissen schrumpfen lassen und die Einkommensverteilung komprimieren. Auf diese Weise entwickelten die Ökonomen eine rein technokratische Umgangsweise mit Einkommens- und Vermögensungleichheit.

In den USA hatten die politischen Entscheidungsträger im Bildungs- und Erziehungsbereich schon seit dem Wettstreit mit der Sowjetunion im Kalten Krieg damit begonnen, die Gestaltung der Bildungsinstitutionen verstärkt in Richtung Berufsausbildung unter besonderer Hervorhebung von Naturwissenschaft und Technik auszurichten. Das Argument der Ökonomen, dass die einzige Möglichkeit, die Dynamik wachsender Einkommensungleichheit umzukehren, in der schnelleren Verbreitung technologischer Qualifikationen in der ganzen Bevölkerung bestände, untermauerte diese politische Richtungsentscheidung noch, die höchste Regierungskreise sich weitgehend zu eigen machten. In seiner Rede zur Lage der Nation im Jahr 2013 kündigte Präsident Obama einen Wettbewerb zur »Neugestaltung von Amerikas Highschools« an. Die Schulen würden prämiert werden, sagte er, die mehr Klassen einrichteten, »die sich auf Naturwissenschaften, Technologie, Ingenieurswesen und Mathematik, das heißt auf jene Qualifikationen konzentrieren, nach denen Arbeitgeber bei der Besetzung von Posten heute und in der Zukunft su-

---

10 Claudia Goldin, Lawrence F. Katz, *The Race between Education and Technology*, Cambridge, MA, 2008.

chen«. Und im Jahr 2016 kündigte Obama in seiner Rede zur Lage der Nation eine »Informatik für Alle«-Initiative an, welche die Schüler »vom ersten Tag an reif für den Arbeitsmarkt« machen würde. Eine Folge dieser von Obamas Vorgängern geteilten Schwerpunktsetzung ist der in den USA während der letzten 15 Jahre zu beobachtende jähe Rückgang der Stundenzahl gewesen, die in den Schulen auf die Sozialwissenschaften, Künste und Geisteswissenschaften sowie auf Programme wie »Model United Nations« verwendet wurde, in dessen Rahmen junge Leute politische Entscheidungsfindungsprozesse nachstellen. Zeitgleich haben Colleges und Universitäten in diesen Fächern einen jähen Rückgang der Einschreibungszahlen erlebt, wohingegen die Studierenden in Scharen in die großen Vier strömen: Betriebswirtschaft, Informatik, Volkswirtschaft und Medizin.

In seinem Buch *Das Kapital im 21. Jahrhundert* verfolgt der französische Ökonom Thomas Piketty dieselbe Linie einer technokratischen Antwort auf Ungleichheit, indem er die wachsende Verteilungsungleichheit als eine unaufhaltsam voranschreitende, technologisch gesteuerte Angelegenheit behandelt. Abgesehen von seiner globalen Vermögenssteuer fügen seine anderen Vorschläge, die Frage der Ungleichheit anzugehen, sich passgenau in den mittlerweile konventionellen, auf die breite Streuung technologischer Qualifikationen gerichteten Rahmen ein. Entsprechend schreibt er: »Die historische Erfahrung deutet darauf hin, dass der wichtigste konvergenzfördernde Mechanismus [in Bezug auf Einkommen und Vermögen] die Ausbreitung von Wissen auf internationaler wie auf nationaler Ebene ist. Mit anderen Worten: Die Ärmsten schließen zu den Reichsten in dem Maße auf, in dem sie das gleiche technologische Wissen, die gleichen Qualifikationen, das gleiche Bildungs- und Ausbildungsniveau erreichen.«[11] Wo Piketty Empfehlungen für die Bildungspolitik abgibt, konzentriert er sich auf Zugänglichkeit, und wo er sich mit Lehrplänen befasst, äußert er sich lediglich zu Berufszielen. So plädiert er für ein breites Zugänglichmachen der Bildungseinrichtungen; Eliteeinrichtungen, die in erster Linie von privilegierten Jugendlichen aus den höchsten Einkommensklassen besucht werden, sollten Studierende anderer Herkunft aufnehmen; Schulen sollten effizient geleitet werden; und die Staaten sollten »sehr viel massiver in die Qualität der Berufsausbildung und Hochschulausbildung investieren« (S. 405).

Die Argumente, dass dem unaufhaltsamen Voranschreiten der Technik und der dadurch geschaffenen Ungleichheit nur durch die breite Streuung technologischer Qualifikationen und durch transaktionale Umverteilungspraktiken abgeholfen werden kann, weisen aber eine Schwachstelle auf. Wie die Ökonomen Daron Acemoğlu und Jim Robinson geltend machen, »bestimmen die Institutionen und das politische Gleichgewicht in einer Gesellschaft darüber, wie die Technik sich entwickelt, wie Märkte funktionieren und wie die Gewinne aus den unterschiedlichen ökonomischen Regelungen verteilt werden.« Ähnlich drückt es der Entwicklungsökonom Dani Rodrik aus: »Die heutige Weltwirtschaft ist das Produkt von Entscheidungen, die Regierungen in der Vergangenheit explizit getroffen haben. Die Regierungen haben beschlossen, die Regulierungen in der Finanzwirtschaft zu lockern und einen uneingeschränkten, grenzüberschreitenden Kapitalfluss anzuzielen, genauso wie es ihre Entscheidung war, diese politischen Maßnahmen trotz einer massiven globalen Finanzkrise unangetastet zu lassen.«

---

11 Thomas Piketty, *Das Kapital im 21. Jahrhundert.* Aus dem Französischen von Ilse Utz und Stefan Lorenzer, München 2014 [2013], S. 104.

Wenn man sich Pikettys Buch näher ansieht, zeigt sich denn auch sein Einverständnis mit der Auffassung, dass Lohnvorteile durch Qualifikationen die wachsende Einkommensungleichheit in den USA nur zum Teil erklären können: Politische Kräfte prägen die Verteilungsergebnisse, und das Maß, in dem die derzeitigen Bildungsvorteile durch die breite Streuung technologischer Qualifikationen abgemildert werden können, hat Grenzen. Seiner Meinung nach spiegelt das Einkommenswachstum am oberen Ende, das den von ihm so genannten »Supermanagern« zufließt, die soziale Akzeptanz einer schwindelerregend hohen Managervergütung wider, und er behauptet, dass solche sozialen Normen eine politische Ideologie erzeugen und verstärken, auf die sich eine »hypermeritokratische Gesellschaft« stützt (S. 348). Für die Zügelung der Einkommensungleichheit ist deshalb nicht nur die breite Streuung von Qualifikationen, sondern auch sozialer und politischer Wandel erforderlich.

Zu diesem Zweck plädiert Mal Salter dafür, dass Betriebe ihren Daseinszweck über Aktionärswertmaximierung und Profitmaximierung hinaus zu etwas erweitern sollten, das er »Gerechtigkeit auf Gegenseitigkeit« nennt.[12] Die Argumente, die er geltend macht, sind Teil seiner Bemühungen, einen am Interesse aller Beteiligten orientierten »Stakeholder-Kapitalismus« wiederzubeleben, der sich vom »Shareholder-Kapitalismus« unterscheidet, dem es vor allem um die Aktionäre geht. Während der Shareholder-Kapitalismus seine gesamte Aufmerksamkeit und transaktionale Energie auf die Kapitaleigner richtet, sieht der Stakeholder-Kapitalismus seinen Daseinszweck in den Folgen der geschäftlichen Aktivitäten nicht nur für die Aktionäre,

12 Salter, »Implications of Reciprocal Justice Theory for Corporate Purpose«.

sondern auch für Arbeiterschaft, Gemeinden und Politik. Salter schreibt:

> In ihrer schlichtesten Form wird Gerechtigkeit auf Gegenseitigkeit erreicht, wenn die Beziehungen (oder Transaktionen) zwischen den verschiedenen Parteien in einem Unternehmen dem Maßstab von ›Fairness‹ bzw. ›fairer Rendite‹ gehorchen. *Als direkte Folge* des Prinzips von Gerechtigkeit auf Gegenseitigkeit sollte sich in einem legitimen Unternehmenszweck ein fairer Interessenausgleich zwischen den Parteien widerspiegeln, aus denen das Unternehmen besteht und die von der Unternehmung betroffen sind. Dadurch wird anerkannt, dass alle diese Parteien verschiedene Mindestgrenzen an ›fairer Rendite‹ und fairer Behandlung benötigen, um aktiv oder mittelbar Teil dieses Unternehmens zu bleiben. Bei Angestellten wird dieses Minimum normalerweise durch Lohnwert und Verdiensthöhe definiert; bei Aktionären kann dieses Minimum durch die vom Riskantheitsgrad der betreffenden Investition abhängige Investitionsrendite definiert sein; bei der von der Unternehmung betroffenen Gemeinde fällt die Kostenrechnung möglicherweise nicht so quantitativ aus, kann aber trotzdem große Bedeutung besitzen.[13]

Die neue, immer häufiger erfolgende Verhängung der Auflage, dass Wirtschaftsunternehmen zur Rechtfertigung einer Investition Umweltverträglichkeitserklärungen abgeben, ist ein Beispiel dafür, wie innovative Kostenrechnungsformen zur Umorientierung kapitalistischen Verhaltens beitragen können. Nach Salters Einschätzung sind einige Wirtschaftszweige in den USA tatsächlich zu einer »stärker an einer Gerechtigkeit auf Gegenseitigkeit orientierten institutionellen Zielsetzung« übergegangen und haben unter Einbeziehung komplexer Interessengebiete, zu

---

13 Ebd.

denen auch die Interessen der demokratischen Gemeinschaft insgesamt gehören, die Fähigkeit zum Verhandeln entwickelt. Er schreibt:

> Einige Industriezweige (Automobil-, zivile Luftfahrt-, Textil-, Halbleiter-, Telekommunikations-, Gesundheitsversorgungsindustrie, um nur einige zu nennen) sind durch die ökonomischen und politischen Umstände dazu gezwungen gewesen, in verschiedenen Stadien ihrer Geschichte zu einer stärker an einer Gerechtigkeit auf Gegenseitigkeit orientierten institutionellen Zielsetzung und Führung überzugehen, als strenge Anhänger des Shareholder-Kapitalismus sie eingeschlagen haben. Zu diesen Umständen gehören eine Reihe von Faktoren, die (a) zwischen den verschiedenen Vertragsparteien, aus denen der Betrieb besteht und die das Weiterbestehen des Betriebes betreffen, einen fairen Werteaustausch erforderlich machen, und bei denen (b) die Möglichkeit zu und die Vorteile von Einschüchterung und räuberischem Verhalten gering sind.[14]

Der erste Faktor auf Salters Liste, der eine stärker an einer Gerechtigkeit auf Gegenseitigkeit orientierte institutionelle Zielsetzung hervorbringt, ist die »politische Sichtbarkeit des Industriezweiges«. Er fährt fort:

> Von allen diesen Faktoren scheint die politische Sichtbarkeit eine Schlüsselrolle bei der Auslösung der Gegenseitigkeitsdynamik zu spielen. Während die direkten Auswirkungen der übrigen Faktoren noch genauer überprüft werden müssen, deutet die bisherige Forschung über die oben erwähnten Industriezweige [...] darauf hin, dass die Betriebe in politisch sichtbaren Industriezweigen politischer eingestellt sind (und das auch sein müssen). Deshalb verstehen solche Betriebe sich tendenziell als Entitäten, in denen die

---

14 Ebd.

> Ansprüche der Beteiligten auf ihre Ressourcen sich überschneiden und konkurrieren. Zusätzlich zu den Aktionären (und Inhabern) stehen mithin Kunden, Angestellte auf allen Ebenen und Mitglieder der von der Unternehmenspolitik des Betriebes betroffenen Gemeinde für legitime Interessen, zwischen denen vermittelt werden muss und über die im Zusammenhang mit dem Organisationsziel und der Branchendynamik verhandelt werden muss.[15]

Die Lösung für das Problem ökonomischer Ungleichheit könnte mit anderen Worten durchaus darin liegen, dass die Betriebe politische Sichtbarkeit erlangen. Dafür ist die Wiederherstellung einer demokratischen Steuerung der Wirtschaft erforderlich, weil dies die Branchen und Betriebe politisiert. Der Gedanke einer demokratischen Steuerung der Wirtschaft schließt die demokratische Steuerung der einzelnen Betriebe mit ein, wie zum Beispiel durch Miteigentümerschaft der Angestellten, geht aber noch darüber hinaus. Zu ihm gehört auch eine umfassendere Steuerung der Vereinbarungen zu Grund und Boden, Arbeitskraft und Kapital durch die demokratische Bürgerschaft. Da politische Sichtbarkeit auf demokratische Steuerung zurückgeht, geht sie auch auf das Erlangen von politischer Gleichheit und egalitärer politischer Ermächtigung zurück. Der Weg zum Stakeholder-Kapitalismus führt also über politische Gleichheit.

Tatsächlich aber unterhöhlt die Standardantwort der Politik auf Einkommensungleichheit – die Streuung von Qualifikationen in den MINT-Fächern – politische Gleichheit. Die durch technokratische politische Maßnahmen vorangetriebene Ausbildungsweise scheitert anscheinend als solche daran, Menschen auf demokratische Partizipation

15 Ebd.

vorzubereiten. Zumindest in den USA scheinen Abschlüsse in den Geistes- und Sozialwissenschaften mit höherem politischem Engagement zu korrelieren, während Abschlüsse in den MINT-Fächern mit geringerem politischem Engagement korrelieren. Es besteht ein statistisch signifikanter Unterschied zwischen dem politischen Partizipationsgrad von Geisteswissenschaftlern und MINT-Absolventen. Daten aus dem amerikanischen Bildungsministerium zeigen, dass von den College-Absolventen des Jahres 2008 92,8 Prozent der Geisteswissenschaftler nach ihrem Universitätsabschluss mindestens einmal gewählt haben. Bei den MINT-Absolventen liegt diese Zahl bei 83,5 Prozent. Und im Zeitraum von zehn Jahren nach ihrem Universitätsabschluss hatten im Vergleich zu 30,1 Prozent der MINT-Absolventen 44,1 Prozent der Geisteswissenschaftler des Abschlussjahrgangs 1993 an öffentliche Funktionsträger geschrieben.[16] Als College-Absolventen haben die Studierenden in der Regel einen ähnlichen sozioökonomischen Hintergrund, was nahelegt, dass andere Faktoren als relativer Wohlstand oder Einkommen für den unterschiedlichen Grad an politischem Engagement verantwortlich sein müssen. Die technokratischen politischen Maßnahmen, über die wir verfügen, arbeiten gegen die Ziele, die wir brauchen. Die Betonung der MINT-Fächer bereitet anscheinend nur unzureichend auf bürgerschaftliches Engagement und bürgerschaftliche Ermächtigung vor.

Ob Studierende eher geisteswissenschaftliche oder eher MINT-Abschlüsse wählen, kann natürlich auch bedeuten, dass diese Daten bloß grundlegende Eigenschaften der Stu-

16 NYC Department of Education, Office of English Language Learners, 2013 Demographic Report, New York City Department of Education's, Division of Students with Disabilities and English Language Learners.

dierenden und nicht die Auswirkungen des Unterrichts widerspiegeln, den sie erhalten. Doch dasselbe Muster ergibt sich aus einer Studie der Politikwissenschaftlerin Sunshine Hillygus, die das vor dem Studium bestehende Interessenniveau der Studierenden untersucht. Hillygus stellt fest, dass der unterschiedliche Grad von politischem Engagement unter College-Absolventen auch in der Schulausbildung zum Ausdruck kommt. Hohe verbale Fähigkeiten beim SAT-Test (einem Leistungstest, der in den USA als Zulassungsprüfung fürs College verwendet wird) korrelieren mit einer höheren Wahrscheinlichkeit politischer Partizipation, während hohe mathematische Fähigkeiten beim SAT-Test mit einer geringeren Partizipationswahrscheinlichkeit korrelieren. Da sich sowohl die sprachlichen als auch die mathematischen Fähigkeiten durch sozioökonomische Auswirkungen auf die SAT-Noten in dieselbe Richtung bewegen, sagt diese unterschiedliche Weise, wie hohe sprachliche und hohe mathematische Fähigkeiten die Partizipationswahrscheinlichkeit beeinflussen, wiederum unweigerlich etwas über das Verhältnis von Abschlüssen in spezifischen Themengebieten und Partizipationsbereitschaft aus. Zudem hält der SAT-Effekt auch dann noch an, wenn die Auswahl aus dem Lehrplan auf dem College untersucht wird.

In einem wichtigen Text mit dem Titel »Why Does Democracy Need Education?« haben die Ökonomen Edward L. Glaeser, Giacomo Ponzetto und Andrei Shleifer im Jahr 2007 gezeigt, dass Bildung als ursächliche Kraft hinter Demokratie steht.[17] Ihr besonderes Augenmerk gilt der Beziehung zwischen Bildung und Partizipation, und im Hinblick auf die Frage, warum Erstere eine Quelle für

---

17 »Why Does Democracy Need Education?«, in: *Journal of Economic Growth* 12 (2007), S. 77-99.

Letztere sein könnte, ziehen sie drei Hypothesen in Erwägung: aufgrund von Indoktrinierung, aufgrund der Entwicklung von Fähigkeiten, die Partizipation erleichtern (Lesen und Schreiben sowie »soziale Kompetenzen«, wie die Fähigkeit zu Zusammenarbeit und Interaktion), und weil Partizipation größere materielle Vorteile eröffnet. (Die letzte Hypothese beruht auf dem Gedanken, dass Bildung ein höheres Einkommen zur Folge hat und Partizipation mit dem sozioökonomischen Status korreliert.) Die Autoren verwerfen die erste und die dritte Hypothese und sprechen sich für die zweite aus. Bildung, behaupten sie, begünstige Partizipation, weil sie die Menschen auf demokratisches Engagement vorbereite. Schließlich seien Lesen, Schreiben und Zusammenarbeit die grundlegenden Werkzeuge politischen Handelns. Und auch Glaeser, Ponzetto und Shleifer schließen daraus, dass Leistungen auf sprachlichem Gebiet mit Partizipationsbereitschaft korrelieren.

Eine Korrelation festzustellen, heißt natürlich nicht, Ursächlichkeit festzustellen, geschweige denn zu beweisen. Doch Menschen mit höher entwickelten sprachlichen Fähigkeiten und größeren soziopolitischen Analysekompetenzen sind zweifellos eher bereit, sich am bürgerschaftlichen Leben zu beteiligen. Eine andere Motivationsquelle könnte dazu geführt haben, dass sie sich politisch engagieren, und könnte sie, nachdem sie erst einmal damit begonnen hatten, dazu bewogen haben, die sprachlichen und analytischen Fähigkeiten anzustreben, die man für gelingende bürgerschaftliche Partizipation benötigt. Oder sprachliche Kompetenz und soziale Analysefähigkeiten könnten es ihnen leichter gemacht haben, sich überhaupt zu engagieren. Wir verfügen über keine Studie, die den Grad des Engagements vor und nach einer merklichen Erhöhung solcher Arten von Kompetenz betrachtet. Gleichwohl deuten die Daten darauf hin, dass zwischen den geisteswissenschaftlichen und sozialwissenschaftlichen Bemühungen um sprachliche Ermächtigung sowie Gesellschaftsanalyse und der Entwicklung von Partizipationsbereitschaft ein intrinsischer Zusammenhang besteht.

Natürlich haben Naturwissenschaften, Technik, Ingenieurwesen, Mathematik und Medizin viel zur Schaffung unserer gegenwärtigen Lage beigetraten. Dank der industriellen, aeronautischen, biomedizinischen und digitalen Revolution ist die weltweite Bevölkerungszahl in kaum mehr als 200 Jahren von einer auf sieben Milliarden gestiegen, was ein tiefer historischer Wandel ist. Es steht außer Frage, dass wir die MINT-Fächer benötigen, um durch diese neue Landschaft hindurchzusteuern. Doch so wie wir den MINT-Fächern die Masse in der »Massendemokratie« verdanken, haben Geistes- und Sozialwissenschaften uns die Demokratie geschenkt. Die europäischen und amerikanischen Siedler, die ein System repräsentativer Demokratie entwarfen, das kontinentale Ausmaße anzunehmen vermochte – in einer ganzen Reihe von historischen Situationen aber leider auch Völkermordtechniken einsetzten, so wie zum Beispiel die Amerikaner mit den indigenen Völkern verfuhren –, verfügten über eine breite und tiefgehende historische, geografische, philosophische, literarische und ästhetische Bildung. Für Bürgerschaftlichkeit ist eine solche Art von Bildung erforderlich. Schließlich müssen Bürgerinnen und Bürger beurteilen können, ob ihre Regierungen die Pflicht zur Gewährleistung der Grundfreiheiten und Bedingungen erfüllen, unter denen private und öffentliche Autonomie sich bilden können. Wenn eine Regierung ihre Kernziele verfehlt, haben die Bürgerinnen und Bürger die Aufgabe, dies herauszufinden und darüber zu entscheiden, wie sich das Ruder herumreißen lässt. Dafür ist eine Diagnose der sozialen Umstände erforderlich und man muss zu Urteilen über die Grundprinzipien von politischer Ordnung und über mögliche Alternativen zur formalen Organisationsweise staatlicher Macht in der Lage sein. Wenn alles richtig läuft, sollten die geistigen Anstrengungen der Bürgerinnen und Bürger zu einem probabilistischen Urteil führen, das eine Antwort auf die entscheidende Frage gibt, welche Mischung aus Prinzip und organisationeller Form die kollektive Freiheit, Sicherheit und Glückseligkeit am ehesten gewährleistet. Solche Anstrengungen werden am stärksten nicht durch die MINT-Bestandteile der Bildung, sondern durch ihre humanistischen, sozialwissenschaftlichen und kritischen Komponenten unterstützt. Auf die Wirkungsweise dieser letzteren menschlichen Fähigkeiten lässt sich häufig die Art von – ob nun politischer oder ökonomischer – Gleichheit zurückführen, deren Erreichen der Welt gelungen ist.

Die technologisch orientierte und auf den Beruf ausgerichtete Herangehensweise an Bildung und das Problem von Ungleichheit lässt der bürgerschaftlichen Alternative beinahe keinen Raum. Das liegt nicht daran, dass bürgerschaftliche Erziehung und Bildung sich nicht mit einer Berufsausbildung vereinbaren ließe, sondern daran, dass politische Entscheidungsträger, Bildungsexperten und viele Eltern – auch geringverdienende Eltern, bei deren Kindern es am wahrscheinlichsten ist, dass ihre bürgerschaftliche Erziehung und Bildung zu kurz kommt – ihr Blickfeld allein auf die Berufsausbildung verengt haben. Dabei haben sie die gesamte Palette der Ungleichheiten aus den Augen verloren, an denen unsere Gesellschaft leidet und die eine abgerundete Bildung und Erziehung lindern könnte. Wenn wir unser Augenmerk auf politische Gleichheit richten, nehmen wir die Verantwortung auf uns, Bildungsformen wiederzubeleben, die für Ermächtigung sorgen; diese tragen ihrerseits zur Schaffung von Bedingungen bei, unter denen die kapitalistische Operationsweise politische Sichtbarkeit zurückgewinnt. Dies sollte wiederum die demokratische Steuerung der grundlegenden Organisationsweise von demokratischen, politischen Ökonomien möglich machen. Bürgerschaftliche Erziehung und Bildung ist mithin eine Kernressource für die Schaffung von ökonomischer Ermächtigung. Die technokratischen politischen Maßnahmen, die uns zur Verfügung stehen, arbeiten den Zielen, die wir benötigen, entgegen.

Im Gegensatz zur technokratischen, transaktionalen Herangehensweise an die Rolle der Bildung für die Bekämpfung von Einkommens- und Vermögensungleichheit setzt meine, das Relationale aufgreifende Argumentationslinie signifikant andere Punkte auf die Agenda, die das Bildungssystem benötigt. Wenn politische Entscheidungen über die Regeln bestimmen, welche die Verteilungsmuster prägen, ist es sinnvoll, das Augenmerk auf die Gewährleistung von politischer Gleichheit und Formen von demokratischer Ermächtigung zu richten, welche die Bürgerinnen und Bürger dafür rüsten, ökonomische Regelungen zu treffen, die ihrerseits ihre Freiheit vergrößern, anstatt sie zu untergraben. Wenn wir uns am Ideal politischer Gleichheit orientieren – daran, alle zur kompetenten Partizipation am Leben in einem politischen Gemeinwesen zu ermächtigen –, rückt eine andere Auffassung über den Zweck, den Inhalt und die Tragweite von Bildung in den Blick.

Bis hierher hat meine Argumentation implizit vorausgesetzt, dass eine bürgerschaftliche Erziehung und Bildung nicht nur politische Gleichheit begünstigen, sondern auch zu größerer ökonomischer Fairness führen wird – dadurch, dass Entscheidungen über die Steuerung der Wirtschaft einer im umfassenden Sinne engagierten Öffentlichkeit aus gewöhnlichen Bürgerinnen und Bürgern zufallen. Wie Acemoğlu und Robinson zeigen, stand im 19. Jahrhundert in Großbritannien und im frühen 20. Jahrhundert in den Vereinigten Staaten die Ausweitung der politischen Partizipation hinter den egalitären Wirtschaftsreformen. Gegenwärtig erleben wir ein Wiederaufleben von Partizipation sowohl auf der Rechten als auch auf der Linken. Diese von vielen Kommentatoren als populistisch bezeichneten Bewegungen setzen Probleme der Verteilungsgerechtigkeit erneut auf die Tagesordnung. Die mit ihnen einhergehenden populistischen Gefahren rühren von einer direkten Verbindung zwischen charismatischen Parteiführern und mangelndem Respekt vor Gesetzgebungsverfahren, Repräsentationsprozessen sowie rekursiver Meinungs- und Kompromissbildung her. Trotzdem haben die Populisten im Fall der USA, des Vereinigten Königreichs und Frankreichs zu lange marginalisierte, berechtigte Fragen wieder auf die Agenda der politischen Ökonomie zurückgebracht. Sie haben Fragen in Bezug auf die Strukturierung des Arbeitsmarkts und deren Verhältnis zur Einwanderung aufgeworfen. Sie haben Fragen über die faire Verteilung der Produktivitätsgewinne aufgeworfen. Die Frage ist, ob der Populismus sich von der Erwartungshaltung, dass ein charismatischer Führer die Verhältnisse durch Exekutivbeschlüsse ändern wird, zu einem repräsentativen Regierungssystem weiterentwickeln wird, in dem Volksvertreter nach Kompromissen suchen, die ihnen erlauben, die Ökonomie auf eine Weise zu steuern, die auf den Ansichten der verschiedenen Interessengruppen in einem Land beruht. Ein solches Wiederaufleben des Populismus legt die Latte für die Erziehung der Menschen zu bürgerschaftlicher Partizipation höher. Während eine technologische Auffassung der Verbindung von Bildung und Gleichheit eine auf den Beruf ausgerichtete Herangehensweise an Lehrpläne und Pädagogik verstärkt, verlangt eine bürgerschaftliche Auffassung, den Blick von Neuem auf Geistes- und Sozialwissenschaften zu richten.

In diesem Kontext einer Unterhöhlung der einem gesunden Verteilungsmuster zugrunde liegenden Befähigung zu Bürgerschaftlichkeit überrascht es nicht, dass es den Wohlhabenden gelungen ist, den Bereich der politischen Entscheidungsfindung an sich zu reißen. Die Wohlhabenden sind nicht nur aufgrund ihres Reichtums in der politischen Sphäre überdurchschnittlich einflussreich. Darüber hinaus hat es zu ihnen kein politisch motiviertes Gegengewicht in Gestalt von zivilgesellschaftlichen Organisationen aus der Arbeitswelt im weitesten Sinne gegeben. Der Politologe Larry Bartels hat am Fall der USA gezeigt, dass die politischen Ergebnisse sich eng an die politischen Präferenzen der Wohlhabenden anlehnen. Das Projekt einer Rückgewinnung politischer Befähigung, um politische Gleichheit herzustellen und die Gestalt der Ökonomie politisch sichtbar zu machen, muss auch Strategien zur Zügelung des unverhältnismäßig großen Einflusses der Wohlhabenden auf die Politik beinhalten. Dies mag in den USA ein größeres Problem sein als an anderen Orten, und die Lösung liegt nicht in den Wahlkampffinanzierungsgesetzen, sondern in Abstimmungsverfahren, die allen Kandidaten Anreize bieten würden, ihren Wahlkampf auch über ihre eigene Partei hinaus zu führen. Ein Verhältniswahlrecht, das den Einfluss der Wohlhabenden auf den Wahlvorgang verringert, trägt mit anderen Worten tatsächlich als politisch-ökonomische Frage zur Funktionstüchtigkeit einer produktiven Ökonomie bei, die versucht, die Entstehung von Differenz mit Herrschaft zu vermeiden.

Der Fokus auf das Erreichen von Differenz ohne Herrschaft in der Welt der Ökonomie erweitert den Blickwinkel über Rawls' Verteilungsfragen hinaus und macht es, wie in der Welt des Sozialen, erforderlich, dass wir einen breiteren Ausschnitt der politischen Landschaft zur Kenntnis nehmen, als wir normalerweise dafür relevant halten, wie Grundfreiheiten geschützt werden sollen. Das Prinzip einer »Differenz ohne Herrschaft« ist in diesem Sinne entschieden egalitärer als das Differenzprinzip. Es unterwirft unsere Entscheidungen über den Schutz gleicher Grundfreiheiten höheren Ansprüchen und bezieht einen größeren Ausschnitt der politischen Landschaft in das Schutzgebiet ein, auf dem die gleichen Grundfreiheiten gelten.

V. Schluss

Um eine der »ökonomischen Ermächtigung« dienende politische Ökonomie zu entwickeln, habe ich mich vom Transaktionalen ab- und dem Relationalen zugewendet und die Frage gestellt, wie man Grund und Boden, Arbeitskraft und Kapital so organisieren kann, dass dabei soziale Gleichheit durch soziale Verbundenheit, die Ermächtigung der Arbeitskräfte in den Betrieben und eine politische Ermächtigung der Bürgerschaft herauskommt, welche die Steuerung der politischen Ökonomie wieder in den Wirkungsbereich eines demokratischen Volkes zurückverlegt. Bleibt noch die Frage, wie der Teufelskreis aus Einkommens- und Vermögensungleichheit sowie der politischen Dominanz der Wohlstandseliten in den demokratischen Institutionen in den *Circulus virtuosus* aus egalitärer Ermächtigung, sozialer Verbundenheit, relationaler Ökonomie und Stakeholder-Kapitalismus verwandelt werden kann, den ich hier zu beschreiben versucht habe. Die Antwort lautet: durch demokratische Machtausübung in den politischen Institutionen.

Eine solche Herangehensweise an politische Ökonomie schützt die Vertragsfreiheit und das Recht auf Eigentum, versucht aber auch sicherzustellen, dass das relationale Umfeld des Schließens von Verträgen die Grundlage für einen Stakeholder- und nicht Shareholder-Kapitalismus bildet. Dafür sind egalitäre politische Ermächtigung, soziale Verbundenheit und eine standardmäßige Kappung der Verbindung zwischen Differenz und Hierarchie auf der einen und Herrschaft auf der anderen Seite in allen – öffentlichen und privaten – Kontexten erforderlich. Eine solche politische Ökonomie bestimmt auch die politische Organisationsweise von Grund und Boden, Arbeitskraft und Kapital als Bestandteilen der Struktur, die für die Gewährleistung der positiven und negativen Grundfreiheiten und folglich für die Gewährleistung von privater und öffentlicher Autonomie erforderlich ist. Die Kombination aus egalitärer politischer Ermächtigung, sozialer Verbundenheit und einer relational ausgerichteten politischen Ökonomie sollte zu einer Produktionsstruktur führen, die egalitärere Verteilungsergebnisse erzielt als unsere gegenwärtige Produktionsstruktur. Doch selbst im Rahmen einer solch egalitären politischen Ökonomie entgehen die Verteilungsmuster, die sich aus den zugrunde liegenden Regelungen der Produktion ergeben, nicht dem Problem derjenigen, die aus dem Beschäftigungssystem herausfallen und deshalb, wenn es kein Auffangnetz gibt, unter die für politische Ermächtigung erforderliche Grenze an materieller Sicherheit fallen würden. Auch diese politische Ökonomie muss einen transaktionalen Wohlfahrtsstaat gewährleisten, aber konzeptionell ist der Zuschnitt der Dienstleistungen als zweiter Schritt zu verstehen, nachdem der Entwurf der auf dem Umgang mit Grund und Boden, Arbeitskraft und Kapital beruhenden relationalen Infrastruktur auf die Gewährleistung von egalitärer politischer Ermächtigung ausgerichtet worden ist. Ziel ist eine Ökonomie, die so organisiert ist, dass auch die am schlechtesten Gestellten noch

Zugang zu egalitärer politischer Ermächtigung haben, und das bedeutet ein Auffangnetz und eine Grundversorgung in Bezug auf Gesundheit, Bildung und materielle Unterstützung für diejenigen, die aus dem Beschäftigungssystem herausgefallen sind. Es bedeutet aber auch ein kapitalistisches Beschäftigungssystem, das mit politischer Handlungsmacht und demokratischer sozialer Verbundenheit vereinbar ist. Mit einem solchen Konzept könnte uns die Entwicklung einer politischen Ökonomie gelingen, die auf die Gewährleistung von Freiheit im umfassendsten Sinne abzielt – wozu nicht nur private, sondern auch öffentliche Autonomie gehört, die beide auf Herrschaftsfreiheit ausgerichtet sind.

Epilog
Gerechtigkeit mit demokratischen Mitteln

Nachdem er gehört hatte, dass Demokratie meiner Meinung nach für volles menschliches Wohlergehen wesentlich ist, schrieb ein Freund mir Folgendes: »Natürlich sollten wir alle wollen, dass mehr Menschen Demokratie für wichtig halten, aber für ›wesentlich‹? Meinst Du das wirklich? (Verstanden als ›absolut notwendig‹.) Würdest Du wollen, dass Deine Familie in einer Demokratie ohne Lebensmittel oder in einer Autokratie mit Lebensmitteln lebt?« Ich schrieb zurück, dass ich wirklich »wesentlich« meine und mich in der Tat für die Demokratie ohne Lebensmittel entscheiden würde. Diese Wahl treffe ich deshalb, weil Demokratien historisch in der Lage gewesen sind, Hungersnöte zu vermeiden, wie der Philosoph und Ökonom Amartya Sen gezeigt hat. In der Geschichte der Menschheit sei die Kategorie einer »Demokratie ohne Lebensmittel« eine Nullmenge gewesen, meint er, weil Demokratien in der Lage zu Kurskorrekturen sind. Im Gegensatz dazu sind Autokratien mit Lebensmitteln nicht unbedingt in der Lage, ihren Kurs in Richtung Demokratisierung zu ändern. Demokratie trägt auf einzigartige und durch nichts anderes zu ersetzende Weise zum menschlichen Wohlergehen bei. Durch Schutzstrukturen für beide Hälften der – negativen und positiven – Grundrechte sorgt Demokratie auch für materielles Wohl. Demokratie benötigt nämlich eine stabile ökonomische Grundlage, wie George Marshall geltend gemacht hat, die auf freier Arbeit, tragfähigen Verträgen und stabilen Preisen sowie egalitären Verteilungsmustern beruht. Der Schutz der Demokratie geht deshalb mit der Motivation einher, die Funktionstüchtigkeit der Wirtschaft zu schützen. Die betreffende ökonomische Grundlage muss so konzipiert sein, dass sie freie Institutionen fördert. Das heißt, Herrschaft sollte sie möglichst nicht in die soziale Ordnung einschreiben. Der Zusammenbruch der venezolanischen Volkswirtschaft – und die dortige Hungersnot – spricht nicht für Demokratie, sondern für Autokratie und die Auslöschung des Schutzes sowohl der negativen als auch der positiven Grundrechte.

Ich möchte deshalb zum Abschluss noch einmal die Frage stellen, wodurch sich die Entscheidung für eine Demokratie als Regierungsform überhaupt rechtfertigen lässt. Die Antwort liegt in den Grundbedingungen menschlicher Erfahrung – insbesondere in der Tatsache, dass Menschen zweckorientiert sind. Damit meine ich, dass Menschen Entscheidungen treffen, um etwas Bestimmtes zu tun, um ihr Leben in eine bestimmte Richtung zu lenken. Schon die amerikanische Unabhängigkeitserklärung beschreibt die Zweckorientierung der Menschen, wenn sie erklärt, dass wir alle nach »Glück streben«. Wichtig dabei ist, dass wir normalerweise unsere Urteile, was zu tun sei, in Kontexten fällen, in denen das Leben in einer Gemeinschaft zur Prägung der Parameter beiträgt, was wir für wählenswert halten, sodass unsere Zweckorientierung weniger durch einen rationalen Entscheidungsrahmen geprägt ist als durch etwas, das der Philosoph Amartya Sen als gerechtfertigte Wahl im Sinne einer vertretbaren Entscheidung bezeichnet hat. Wir entscheiden uns für das, was wir für vertretbar halten. Der Begriff der Vertretbarkeit umfasst nun aber sehr viel mehr als die technische Definition von Rationalität, die wir den Ökonomen und ihresgleichen verdanken. Wenn wir uns im Alltagsleben zu Handlungen entscheiden, die wir gegenüber uns selbst und der Gemeinschaft, als deren Angehörige wir uns verstehen, für vertretbar halten, bahnen wir uns unseren idiosynkratrischen Weg durchs Leben. Den Menschen als Gattung eine solche allgemeine Zweckorientierung zuzuschreiben, heißt dem Freiheitswunsch Inhalt zu verleihen, der in unseren Augen ohne Frage ein Attribut des Menschen darstellt. Allen Menschen eine solche allgemeine Zweckorientierung zuzurechnen, heißt auch, den Kerngehalt unserer menschlichen Gleichheit zu bestimmen. Die Zweckorientierung der Menschen erklärt mit anderen Worten ihren Freiheitswunsch und in welchem Sinne wir uns als gleich verstehen können. Wir alle hoffen darauf, unsere Zwecke bzw. Ziele verwirklichen zu können.

Die moralische Gleichheit der Menschen geht mit anderen Worten zurück auf das menschliche Bedürfnis, Autor des eigenen Lebens zu sein, das für das grundsätzliche Wohlergehen von Menschen unverzichtbar ist. Kern des Gedankens menschlicher Gleichheit ist ein Begriff von Autonomie als notwendigem Bestandteil von Wohl und Wert. Aber dabei kommt es unmittelbar zu einer Komplikation. Für ein auf Autonomie beruhendes Wohl reicht es nicht aus, als Individuum in einem autonomen Raum Autor des eigenen Lebens zu sein. Wir alle leben unter einer ganzen Reihe von gesellschaftlichen Zwängen. Es ist einfach nicht möglich, durch die Welt zu gehen, ohne eine ganze Reihe von Zwängen anzuerkennen und sich ihnen zu beugen, die von Gesetzen, gemeinsamen kulturellen Praktiken, sozialen Normen und so weiter herrühren. Die einzige Möglichkeit, vollständig autonom zu sein – das heißt die eigene Zweckorientierung in vollem Umfang zu aktivieren –, besteht deshalb im Grunde darin, diese sozialen Zwänge sowohl in politischer als auch in kultureller Hinsicht mitzugestalten. Menschliches Wohlergehen ist folglich eine Frage sowohl privater Autonomie als auch öffentlicher Autonomie, wobei letztere eine sinnvolle Beteiligung an der kollektiven Entscheidungsfindung nach sich zieht. Kurzum ist für menschliches Wohlergehen dadurch, dass es öffentliche Autonomie verlangt, auch die Erfahrung von politischer Gleichheit erforderlich. Auf theoretischer Ebene ist Demokratie die politische Regierungsform, die in vollem Umfang Gelegenheit zur Entwicklung der menschlichen Zweckorientierung – zur Verknüpfung von Freiheit und Gleichheit – gibt. Es stellt sich mithin heraus, dass die intellektuelle Belastung, die das Leben in einer Demokratie den Menschen zwangsläufig auferlegt, sich am ehesten als Fortsetzung der intellektuellen Anstrengungen verstehen lässt, die schlicht und einfach der menschlichen Zweckorientierung innewohnen.

Den Blick auf die menschliche Zweckorientierung als einem Grundbestandteil menschlicher Erfahrung zu richten, sagt nun aber nichts darüber, was die Zwecke bzw. Ziele der Menschen sind bzw. sein sollten, sondern zeigt bloß, dass unsere Zweckorientierung prägend für unseren Weg durch die Welt ist – jedenfalls in dem Maße, wie Herrschaftsfreiheit es uns ermöglicht, unsere Ziele bzw. Zwecke zu verfolgen. Die politischen Formen, die am ehesten für Herrschaftsfreiheit und gleiche Freiheit sorgen, tragen am meisten zur Förderung menschlichen Wohlergehens bei.

An dieser Stelle möchte ich klarstellen, dass die Rechtfertigung, die ich hier für Demokratie und zugleich für die intellektuelle Belastung vorgebracht habe, die dem Leben in einer Demokratie intrinsisch ist, drei Komponenten hat: Die von mir vorgelegte Rechtfertigung ist nicht nur instrumentell, sondern auch intrinsisch und konstruktiv. Auch dabei stütze ich mich wieder auf Amartya Sen. Die instrumentelle Rechtfertigung liegt erstens darin, dass die demokratische Rechtsstruktur und Entscheidungsfindung der Ausübung unserer Zweckorientierung Schutz bieten. Darin besteht unverkennbar das Argument, das diejenigen anführen, die sich auf negative Freiheiten konzentrieren. Gedankenfreiheit, Vereinigungsfreiheit, Religionsfreiheit und Recht auf Eigentum sind die negativen Freiheiten, die unserer Zweckorientierung Schutz bieten. Der zweite instrumentelle Bestandteil dieser Rechtfertigung besteht darin, dass die Ausübung unserer Zweckorientierung nur durch unsere Beteiligung an kollektiven Entscheidungen vollen Schutz zu genießen vermag. Auch positive Freiheiten – das Recht auf Teilhabe bzw. Partizipation – bieten unserer Zweckorientierung Schutz. Die intrinsische Rechtfertigung von Demokratie liegt in dem Argument, dass bürgerliche Partizipation eben gerade deshalb ein Bestandteil der Äußerung von Zweckorientierung ist, weil einige Aspekte unserer Zweckorientierung *nur* durch gemeinsame Entscheidungsfindung Ausdruck finden können. Und die konstruktive Rechtfertigung konzentriert sich schließlich genau auf die intellektuellen Anstrengungen, zu denen Demokratie Anlass gibt. Weil sie Willensbildung verlangt – und deshalb Gesprächs-, Verhandlungs-, Diskussionsprozesse und Auseinandersetzungen – prägt Demokratie ohne Unterlass die Präferenzen ihrer Mitglieder. Dabei handelt es sich um konstruktive Anstrengungen. Durch demokratische Partizipation ändern Bürgerinnen und Bürger die Modalitäten und Bedingungen vertretbarer Entscheidungen und in dieser Hinsicht sind sie folglich immer wieder mit einer Neudefinition der Bedingungen ihrer eigenen Herangehensweise an Zweckorientierung beschäftigt. Die Willensbildungsprozesse dienen als richtungsweisender Zweck, da sie nicht nur die Bedingungen für das kollektive Handeln im Namen des Volkes vorgeben, zu dem auch die Wirtschaftspolitik gehört, sondern auch fortlaufend den Entscheidungsrahmen für die Mitglieder der Gemeinschaft neu bestimmen. Insofern Gemeinschaften sich auf eine gemeinsame Richtung einigen müssen, bildet die Tatsache, dass demokratische Institutionen und Verfahren sich besonders gut für diese konstruktiven Anstrengungen eignen, einen dritten Bestandteil ihrer Rechtfertigung. Ein polypolitanes Konzept von demokratischer Zugehörigkeit sorgt bei der Verfolgung dieses konstruktiven Willensbildungsprojekts für Flexibilität, weil es mehr Wege eröffnet, wie die Stimmen der Bewohner eines politischen Gemeinwesens sich Gehör verschaffen können.

Insgesamt beruht mein Plädoyer für Gerechtigkeit mit demokratischen Mitteln auf folgenden Voraussetzungen: dass Menschen zweckorientiert handeln; dass das Maß nationalen Erfolgs in der durch die Verpflichtung, andere nicht zu beherrschen, begrenzten Ermächtigung der Nation, ihrer Bürgerinnen und Bürger und ihrer Bewohnerinnen und Bewohner liegt; dass Demokratie die notwendige Grundlage menschlichen Wohlergehens bildet und dass Märkte eine Stütze der Demokratie sein sollten. Eine auf diesen Voraussetzungen beruhende Politik wird ihr Augenmerk sowohl auf politische Ermächtigung, auf soziale Verbundenheit, auf persönliche Freiheit als auch auf legitime und effektive politische Institutionen sowie die Schaffung von Wohlstand richten. Doch die Schaffung von Wohlstand muss mit sozialer Verbundenheit, persönlicher Freiheit sowie legitimen und effektiven politischen Institutionen vereinbar sein. Für den Fall, den ich dargelegt habe, ist wichtig, dass Demokratie nicht gleichbedeutend mit Mehrheitsbeschlüssen ist. Vielmehr läuft sie auf Institutionen, politische Programme und kulturelle Gewohnheiten hinaus, die (positive und negative) Freiheit schützen, über Schutzmechanismen für Minderheiten verfügen und der Entstehung von Herrschaft entgegenwirken.

Der Zweck des Strebens nach Gerechtigkeit mit so verstandenen demokratischen Mitteln besteht darin, die bestmöglichen Aussichten für das individuelle und kollektive Wohlergehen der Menschheit zu schaffen.

Danksagung

Ich danke Axel Honneth und seinen Kolleg*innen am Institut für Sozialforschung für die Einladung zu diesen Vorlesungen sowie für die intellektuelle Inspiration, diese Überlegungen zu verfolgen, und das kritische Engagement, das notwendig ist, um eine Argumentation voranzubringen und zu verbessern. Ich danke Joan Scott und den Kolleg*innen am Institute for Advanced Study in Princeton sowie den Mitgliedern des IAS in den Jahren 2007-2015 für ein intellektuelles Milieu, das die Beschäftigung mit drängenden Fragen ermöglicht hat, die alle Sozialwissenschaften angehen. Ich danke den Kolleg*innen und Stipendiat*innen am Edmond J. Safra Center for Ethics für eine Weiterführung dieses multidisziplinären Kontexts, und zwar insbesondere den Teilnehmer*innen des Workshops »Diversity, Justice, and Democracy« und des Workshops »Political Economies and Justice«. Ich danke Ira Katznelson, Alondra Nelson und dem Social Science Research Council für weitere Gelegenheiten, die hier vorgestellten Argumente zu erproben und zu verfeinern. Ich danke Christine Pries für die hervorragende Übersetzungsarbeit und Eva Gilmer und Philipp Hölzing im Suhrkamp Verlag für ihre Unterstützung und die umsichtige Begleitung des Projekts. Die Forschungsarbeit ist unabgeschlossen und geht weiter; alle Fehler sind meine eigenen. Und schließlich wäre ich für Leser*innen dankbar, die Fragen stellen und das Gespräch weiter vorantreiben und damit die Arbeit, Inspiration und Ermutigung all derer ergänzen, denen ich hier gedankt habe.

Namenregister

Acemoğlu, Daron 30, 162, 215, 225
Adenauer, Konrad 50
Anderson, Elizabeth 34, 48f., 110f., 202-204, 208
Arendt, Hannah 49, 62, 193
Aristoteles 44f., 65, 76, 124-127, 156, 199

Bartels, Larry 227
Beccaria, Cesare 198
Bentham, Jeremy 164f.
Berlin, Isaiah 17, 52
Berman, Elizabeth Popp 18
Bhabha, Homi 118f.
Bidart, Frank 149
Borges, Jorge Luis 149

Cohen, G. A. 96
Constant, Benjamin 16f., 52, 55
Crenshaw, Kimberlé 119

Du Bois, W. E. B. 59, 97

Ellison, Ralph 116f.

Gilens, Martin 24, 201
Goldin, Claudia 212f.
Gould, Carol 34, 202, 204, 208
Granovetter, Mark 85, 89, 106f., 121

Habermas, Jürgen 49-51, 56, 65, 118
Hacker, Jacob 24, 30, 204
Hirschman, Albert O. 157
Honneth, Axel 106, 122, 143
Hume, David 164f.

Jacobs, Ken 130, 210
Jefferson, Thomas 31f., 198f.

Kant, Immanuel 52
Katz, Lawrence 114, 213
Kirp, David 130

Lincoln, Abraham 31, 50, 156-158
López-Guerra, Claudio 170
Loury, Glenn 110, 205-208

Marshall, George 40f., 194, 199, 208, 231
Merkel, Angela 11

Mill, John Stuart 52, 69

Obama, Barack 213f.
Okin, Susan Moller 60, 96

Pettit, Philip 69f.
Pickett, Kate 109, 173
Piketty, Thomas 9, 214-216
Polanyi, Karl 30, 204
Posner, Eric 35-39, 163-165, 167-174, 179f., 183, 191
Putnam, Robert 133-136, 138-140

Rawls, John 12-17, 46, 48-51, 53-62, 65f., 68, 73, 77, 81, 83f., 91, 93-97, 101f., 150-152, 191, 202, 207f., 227
Reich, Michael 130, 210
Robinson, James 30, 162, 225
Rodrik, Dani 215
Rose, Julie 26, 34, 204

Salter, Malcolm 34, 216-218
Schlesinger Jr., Arthur 115, 118
Sen, Amartya 47, 65f., 69, 150, 231f., 234
Smith, Adam 164f.
Sugrue, Thomas 100, 110

Taylor, Charles 117f.
Thukydides 72
Trump, Donald 11, 19, 43

Waldron, Jeremy 20
Washington, George 50
Weyl, Glen 35-39, 163-165, 167-174, 179f., 183, 191
Wilkinson, Richard 109, 173

Young, Iris Marion 119